H. G. Martin

Deutschlands Fußball
Geschichte eines rasanten Aufstiegs

Fotografierte Zeitgeschichte
Droste

H. G. Martin

Deutschlands Fußball

Geschichte eines rasanten Aufstiegs

Vereine, Spieler, Trainer, Tore seit 1945

Droste Verlag

Fotonachweis:
AP 138, 140 Baader 153, 158 Burdenski 13, 15, 29, 30, 31, 36, 37, 39, 50, 173, 174
Cramer 65, 66, 67, 68, 69 FMS 151 Hagemann 142 Hartung 34, 71, 103, 108, 109
Horstmüller 1, 51, 55, 58, 60, 61, 70, 77, 84, 87, 88, 89, 94, 95, 96, 97, 98, 99, 100, 102, 105, 107, 110, 111, 112, 113, 115, 116, 117, 118, 120, 121, 129, 141, 143, 145, 146, 148, 149, 152, 156, 161, 163, 164, 166, 167, 170, 172, 188
Keystone 79, 80 Kösegi 114 Lubej 134 Lucas 14, 78 Martini 82 Mehrens 22, 74, 75
Metelmann 40, 43 Moenkebild 106 Moll 17 Morlock 25 Passage 81, 157 Pfeil-Foto 137, 168 Pliska 62 Preißler 175, 176
Rauchensteiner 6, 165 Rzepka 53, 133, 139 Schirner 57, 64, 101 Sven Simon 122, 177 Schmidt 119 Schmidtpeter 41, 42, 47, 49, 54
Schön 5 Teutopress 104 VSW 52 Werek 2, 59, 72, 127, 128, 131, 132, 135, 136, 144, 150, 159, 160, 171
Dr. Wichelhaus 23, 24 Windelen 154 Witters 162 UPI 123 Archiv 4, 8, 33, 63, 73, 83, 91, 130, 147, 155, 169

Der Autor dankt allen Informanten und Gesprächspartnern,
insbesondere auch dem Deutschen Fußball-Bund und
seinem Generalsekretär Dr. Wilfried Gerhardt
für die freundliche Unterstützung bei den Recherchen für dieses Buch.

Über den Autor:
H. G. Martin, Jahrgang 1939, ist seit über 25 Jahren Sportjournalist
mit dem Schwerpunkt Fußball.
1964 trat er in die Redaktion der Rheinischen Post ein, deren Sportchef er seit 1970 ist.
Als Berichterstatter von rund 250 Länderspielen und zahllosen Bundesliga-Begegnungen
baute er Kontakte zu vielen Spitzenspielern und -klubs auf
und gewann dabei Einblick in die vielen Verästelungen der bunt schillernden Fußballszene.
Seit 1966 bei allen WM-Turnieren dabei.

CIP-Titelaufnahme der Deutschen Bibliothek

Deutschlands Fußball: Geschichte eines rasanten Aufstiegs;
Verein, Spieler, Trainer, Tore, Titel seit 1945 / H. G. Martin. –
Düsseldorf: Droste, 1990
(Fotografierte Zeitgeschichte)
ISBN 3-7700-0896-0
NE: Martin, Hans Günter [Bearb.]

Einband- und Buchgestaltung: Helmut Schwanen
Gesamtherstellung: L. N. Schaffrath, Geldern
ISBN 3-7700-0896-0

Inhalt

Gipfelpunkt Rom: Ein Aufstieg wie im Märchenbuch

8. Juli, Olympiastadion Rom, 22 Uhr. Es ist geschafft. Die deutsche Fußball-Nationalelf ist zum dritten Mal Weltmeister geworden. Stimmung und Laune sprudeln über. Und während auf den Rängen Freudengesänge angestimmt werden, tanzen unten vor der Ehrentribüne die Spieler mit dem Weltpokal ausgelassen wie die Kinder, in ihrer Nähe das Staatsoberhaupt, Richard von Weizsäcker, und Bundeskanzler Helmut Kohl, die eigens für das Finale in die Ewige Stadt gekommen sind. Zur gleichen Zeit beginnen überall in Deutschland Freudenfeste, spontan fast alle, friedlich die meisten. Stundenlang feiern die Menschen den Titelgewinn, und es sind nicht nur Fußballfans.

Der deutsche Fußballsport hatte in diesen Stunden wieder einmal einen Gipfelpunkt des Ansehens erreicht, seine ganze Macht als Sport- und Unterhaltungsfaktor entfaltet, mächtig und mitreißend. Aber wie war das 45 Jahre zuvor gewesen? Umgeben von Trümmern, hungernd und schlecht ernährt, viele noch in fernen Gefangenenlagern, hatten die Deutschen andere Sorgen, als Fußball zu spielen. Und doch ging das Spiel wenige Wochen nach dem Kriegsende schon wieder los, wenngleich es ein ganz anderes Spiel war. Welch ein Unterschied zwischen den Spitzenspielern der

1 *Geschafft! Ausgelassene deutsche Spieler nach der Siegerehrung in Rom. Mit dem Cup Kapitän Matthäus. Ganz rechts (halb verdeckt) Teamchef Beckenbauer. Links dessen Nachfolger Vogts, davor, zur Gratulation von der Ehrentribüne aufs Spielfeld gekommen, Staatsoberhaupt v. Weizsäcker und Kanzler Kohl.*

Jahre 1945 bis 1948, die dankbar für eine warme Mahlzeit waren oder glänzende Augen angesichts der Extraration Wurst des dem Verein verbundenen Metzgers hatten, und den Stars, die nun da unten in der römischen Prachtarena feierten und sich feiern ließen!
Was für eine Welt lag dazwischen! Damals der schnelle, dennoch so mühsame Neubeginn mit Geld, das nichts mehr wert war, mit Bällen, die, weil es keinen Ersatz für sie gab, wie rohe Eier behandelt wurden, mit Fußballschuhen, die zehnmal geflickt werden mußten, ehe man sich einmal überlegte, ob sie weggeworfen werden sollten. Und jetzt? Die Durchschnittsbezüge in der Bundesliga liegen mittlerweile bei rund 300 000 Mark jährlich, Spitzenverdiener kommen leicht über eine halbe Million. Und die jungen Männer, die da nach ihrem 1:0-Erfolg über Argentinien auf der Weltbühne des Ruhms standen – lauter Millionäre sind sie, Geschäftsleute mit Werbeverträgen, Jung-Unternehmer mit Immobilien, Beteiligungen.
Aber man braucht nicht in die Bundesliga zu gehen, um schwindelerregende Vergleiche anzustellen. Selbst in den höheren Amateurklassen lächeln die Spieler heute nur noch müde über das, was ihre Vorläufer seinerzeit hintenherum „schwarz" zugesteckt bekamen für ihre Mitwirkung in der Spitzenklasse. Vereine in der höchsten Amateurliga, der Oberliga, bieten heutzutage über im Hintergrund wohltätig wirkende Gönner ihren Spitzenspielern schon Jahresbezüge von 100 000 Mark und mehr. Mit einem Bruchteil davon mußte sich 1947 selbst ein Ausnahmespieler wie Fritz Walter zufriedengeben.
Zweifellos – das Spiel mit der Lederkugel von 68 bis 71 Zentimeter Umfang sowie 396 bis 453 Gramm Gewicht hat einen atemberaubenden Aufstieg erlebt seit dem Zusammenbruch. Gewiß, beliebt war es auch schon im ersten Jahrzehnt dieses Jahrhunderts, geliebt haben es Millionen schon in den zwanziger, dreißiger Jahren. Aber zum

2. Die Spieler wußten, wem sie den Triumph auch zu verdanken hatten: Beckenbauer umringt von den jubelnden Seinen.

So wuchs der DFB

	1951	1964	1974	1984	1990
Mitglieder	1 416 256	2 199 246	3 413 076	4 676 427	4 829 698
Vereine	13 076	15 169	17 175	20 943	21 826
Mannschaften	54 053	69 353	103 392	129 166	121 912

spektakulären Geschäft, zu einer mächtigen Bewegung, zu einem der wichtigsten Freizeitfaktoren, der seinerseits wieder vielen hundert Menschen Job bedeutet, ist der Fußballsport erst in den vergangenen 30, 40, 45 Jahren geworden. Der Deutsche Fußball-Bund (DFB) hat seine Mitgliederzahl von 1951 bis 1989 deutlich mehr als verdreifacht, die Zahl der Mannschaften mehr als verdoppelt. Er bietet – etwa seit Mitte der siebziger Jahre – auch Frauen und Mädchen die Möglichkeit, Fußball unter Leistungskriterien zu spielen. Rund eine halbe Million Angehörige des weiblichen Geschlechts geht inzwischen schon dieser sportlichen Betätigung nach, und im Juli 1990 nahm sogar erstmals eine zweigeteilte Bundesliga für Fußballspielerinnen ihren Betrieb auf.

Und wie sind die Sportanlagen überall aus dem Boden geschossen! 1960, bei seiner ersten Erhebung für den Goldenen Plan, zählte der Deutsche Sportbund 21 900 Sportplätze. Mitte der achtziger Jahre war die Zahl auf 39 900 geklettert – vom Münchner Olympiastadion bis zum kleinen Sportplatz direkt am Wald. 1945 wurden täglich 20, höchstens 30 Paar Fußballschuhe in der Adi-Dassler-Sportschuhfabrik in Herzogenaurach angefertigt; mehr wäre schon aus Gründen des Materialmangels nicht möglich gewesen. Inzwischen verlassen pro Tag zwischen 70 000 und 80 000 Paar Fußballschuhe die Produktionsstätten von adidas, dem Sportartikel-Giganten in mittlerweile französischem Besitz.

Gewachsen ist auch die Struktur des Verbandes – nach außen, nach innen, nach unten. Heute ist der DFB eine wohlorganisierte Massen-Vereinigung, deren Mitgliederzahl die der IG Metall und der Gewerkschaft ÖTV, der beiden größten Einzelgewerkschaften des Deutschen Gewerkschaftsbundes, übertrifft und der sich Mitte 1990 konkret darauf vorbereitete, noch einmal einen Wachstums-Schub zu erleben – durch die Vereinigung mit dem Deutschen Fußball-Verband der DDR. Und dieser DFB erbringt – auch wenn meist nur von der Handvoll Lizenzspielervereine und ihren hochbezahlten Akteuren, Trainern, Managern die Rede ist – vor allem im Amateur-, Schüler- und Jugendbereich große Leistungen. Die jüngste Verbands-Statistik verrät, daß es 41 900 Mannschaften mit bis zu 14jährigen gibt, zudem über 17 000 mit 14- bis 18jährigen. Kein Zweifel – die Masse der anonym wirkenden Spieler, Betreuer, Trainer und Funktionäre, für die Fußball einfach eine herrliche Nebensache ist, die ihrer Freizeit Sinn gibt, bildet die starke Basis des DFB.

Da aber zwischen der Basis und der kleinen, eminent leistungsstarken Spitze ein steter, wechselseitiger Austausch erfolgt, Impulse von unten nach oben und von oben nach unten gehen, war die stürmische Entwicklung des Fußballsports nur mit beiden Teilen des Ganzen machbar. 1954 und 1974 lösten die von der Nationalelf gewonnenen Weltmeistertitel einen Ansturm junger Menschen auf die Vereine aus. 1990 wurde ein ähnlicher Trend nach dem Triumph von Rom erwartet. Und die starke Ausweitung der Fußball-Berichterstattung in den Medien, in den letzten Jahren gerade auch in den elektronischen, sorgt seit den fünfziger, sechziger Jahren dafür, daß die Leistungen der Großen wie Fritz Walter, Uwe Seeler, Berti Vogts, Franz Beckenbauer, Karl-Heinz Rummenigge oder Lothar Matthäus Anstoß und Ansporn zugleich geben.

Zahlen, die für die Anziehungskraft des Fußballspiels sprechen: Am 1. Juni 1954, vor der Weltmeisterschaft, waren erst 27 592 Fernsehgeräte in der Bundesrepublik angemeldet – am 31. Juli 1954, nach der WM, stand die Zahl schon bei 40 980. Mit dem Siegeszug des Fernsehens und der Ausweitung des Sportteils in den Zeitungen, die in den ersten Nachkriegsjahren aus Papiermangel nur zweimal wöchentlich und mit kümmerlich wenigen Sport-Nachrichten erschienen waren, gewann auch der Fußballsport immer mehr an Popularität, Ausbreitung, Beachtung. Heute schnellen die Fernseh-Einschaltquoten bei wichtigen Spielen auf über 50 Prozent hoch (das bedeutet weit mehr als 20 Millionen Zuschauer); beim WM-Finale in Rom wurde der eindrucksvolle Spitzenwert von 64 Prozent ermittelt – Fußball vor der Schwarzwald-Klinik! Die Zeitungen, insbesondere die Boulevard-Blätter, verkaufen sich mit der Schlagzeile vom großen Fußballspiel oder – wenn's sein muß – vom großen Fußballknatsch am nächsten Morgen fast von allein. Aber die Wechselwirkung ist auch hier nicht zu übersehen: So wie die Medien die Fußball-Popularität gemehrt haben, konnte der Fußball nur der große Medien-Renner werden, weil er so große Popularität genießt.

Viele Ältere mögen den Fußball, wie er heute dargeboten wird, nicht mehr ganz als «ihren» Fußball verstehen: Meldungen von Schuldenbergen, Berichte über Transfers mit horrenden Summen, Skandale, Affären, Ärger – das Spiel ist, obwohl in seiner Substanz praktisch unverändert, zum Spektakel geworden, vor allem natürlich in der Spitze. Doch seine Faszination hat darunter nicht gelitten: Der Fußball ist heute gleichermaßen ein Spiel von, für, mit und um Millionen. Seinen Weg bis zu diesem Beliebtheitsgrad hätten 1945 selbst Menschen mit übersprudelnder Phantasie nicht vorherzusagen gewagt.

Ende ohne Fußball

1945. Das Reich, den Deutschen für tausend Jahre versprochen, war nach zwölf Jahren am Ende. Die Fronten befanden sich in Auflösung, die Städte waren gespenstische Ruinen- und Trümmergebilde, die Menschen hatten keine Hoffnung, aber viel Hunger. Viele hausten in Notquartieren, irrten ziel- und heimatlos umher, vegetierten in Gefangenenlagern, lagen in Lazaretten oder Hospitälern.

Bis dicht vor dem Zusammenbruch hatte trotz aller Verheerungen in vielen Städten noch Fußball stattgefunden. Ein Spiel als kleiner Trost und bescheidene Ablenkung. Es wurde natürlich viel improvisiert dabei, die Mannschaften hatten von Mal zu Mal ein anderes Gesicht, nach den Spielgenehmigungen der Akteure fragte kein gegnerischer Obmann oder Schiedsrichter mehr, und oft wurden die Teams erst im letzten Moment durch Fronturlaubs- oder Gastspieler komplettiert. Häufig geschah es, daß die Funktionäre noch nervös die Ankunft des letzten Zuges vor dem Anstoß abwarteten und den Spätankömmling aus der Flak-Batterie-Stellung oder einer zur Auffrischung nach hinten verlegten Einheit sogleich zum Sportplatz verfrachteten. Seit 1944 durfte mit DFB-Billigung sogar in Siebener-Teams gespielt werden, wenn die Not ganz groß war. Vielerorts wurden auch benachbarte Mannschaften zu sogenannten Kriegs-Spielgemeinschaften vereinigt, um in Abwesenheit der vielen Millionen Frontsoldaten noch eine einigermaßen leistungsstarke Elf aufbieten und einen improvisierten Spielbetrieb aufrechterhalten zu können. Ausgesprochene Soldaten-Mannschaften wie die des Luftwaffensportvereins (LSV) Hamburg oder der «Roten Jäger» (mit Fritz Walter) des Jagdgeschwaders 52 spielten führende Rollen, weil findige Offiziere es verstanden hatten, hervorragende Fußballer der Vorkriegs- und Kriegszeit auf ihre Einheiten zu konzentrieren.

Die letzte Deutsche Meisterschaft vor dem Kriegsende, 1944 ausgetragen, liest sich noch wie eine schaurige Demonstration großdeutscher Macht: LSV Hamburg, Vienna Wien, FC Mülhausen (Elsaß), Mölders Krakau, SDW Posen: Das DFB-Geschichtsbuch ist in diesen Passagen eine heutzutage kaum noch verständliche Wirklichkeit. Aber die Passagen sind nicht einfach wegzustreichen, denn es handelte sich bei den genannten Klubs um für einen regulären Wettbewerb qualifizierte Teilnehmer. Wenige Monate nach dieser letzten Meisterschaft, im Februar, März 1945, war fast überall Schluß mit dem Fußballspielen, schon allein wegen der ständigen Bomber- und Tieffliegerangriffe, die eine große Gefahr darstellten. Daß in München noch am 23. April, gut zwei Wochen vor der Kapitulation und wenige Tage vor dem Einmarsch der amerikanischen Truppen, das Lokalderby FC Bayern – TSV 1860 (3:2) stattfand, darf als höchst erstaunlich bezeichnet werden.

Fußballspieler und Fußballfreunde waren schließlich zwar spät, aber vollends auf Nulldiät gesetzt. Nichts ging mehr in dem mit Kreidelinien begrenzten Rechteck. Als am 7. Mai 1945 durch die Kapitulation der deutschen Wehrmacht in Reims mit Wirkung vom 9. Mai 1945 der Schrecken des Krieges ein Ende hatte, marschierten im Verband des berühmten Jagdgeschwaders 52 mit Kommodore Hermann Graf und Erich Hartmann, dem erfolgreichsten Jagdflieger des Weltkrieges, auch zwei bekannte Fußballer in amerikanische Gefangenschaft: Fritz Walter und Hermann Eppenhoff. Ihre Erleichterung, in West-Böhmen gerade noch der Roten Armee entkommen zu sein, war jedoch verfrüht, denn «zwei Wochen später», so Fritz Walter, «wurden wir an die Russen ausgeliefert». Die Amerikaner hielten sich mit dieser für die deutschen Gefangenen folgenschweren Entscheidung an eine vorher getroffene Vereinbarung: Die Tschechoslowakei war sowjetisches Einflußgebiet, und die US-Division, der sich das Jagdgeschwader 52 ergab, operierte weit östlich, gewissermaßen in fremdem Revier. Auf Fritz Walter und Hermann Eppenhoff wartete nach der Übergabe des Geschwaders an die Rote Armee das ganze Schrecknis und die Ungewißheit der Gefangenschaft.

Fritz Walter und Hermann Eppenhoff boten nur zwei Beispiele dafür, daß es im damaligen Chaos kein Privileg mehr war, ein sehr guter Fußballspieler zu sein. Je näher das Ende der Naziherrschaft rückte, je verworrener die Verhältnisse in Deutschland wurden, desto gleicher

Ein Fußball-Turnier

Wuppertal. Nicht unerwähnt darf bleiben, daß sich auch im Sport bereits die ersten Kräfte geregt haben. Zahlreiche Wuppertaler Sportvereine haben verwaltungs- und übungsmäßig ihren Betrieb aufgenommen. Diese Beobachtung machen wir namentlich bei den ausgesprochenen Spielvereinen, die sich auf dem Sportplatz in der Eschenbeek zu einem Fußball-Turnier trafen. Trotz der Hitze hatte sich eine große Schar von Freunden des Lederballs eingefunden, und wenn man berücksichtigt, daß um diese Jahreszeit in normalen Zeiten der Fußball vollkommen ruhte, so war dies ein Beweis für die große Zugkraft, die der Sport immer wieder ausübt. Der Erfolg dieser ersten Veranstaltung wird bestimmend dafür sein, in Kürze weitere Veranstaltungen folgen zu lassen. Vielleicht werden auch andere Sportarten sich bald dem Vorbild der Spielvereine anschließen. Am ersten Turnier waren beteiligt der SSV. Elberfeld, SC. Union Elberfeld, SC. Sonnborn, SC. Cronenberg, Germania Elberfeld, TBV. Vohwinkel und Schwarz-Weiß Barmen.

3 *In der ersten Ausgabe der «Neuen Rheinischen Zeitung» war der Sport mit dieser Meldung vertreten. Das war am 18. Juli 1945, 71 Tage nach Kriegsende. Das Blatt, eines der ersten in den westlichen Besatzungszonen, erschien erst nur mittwochs, später mittwochs und samstags. Es wurde herausgegeben von der britischen Besatzungsbehörde.*

4 Nur zwei Monate lang hatte der Fußball in München Pause. Dann rollte er wieder. Und bald war das Stadion an der Grünwalder Straße, mit Freiplätzen auf dem Gemäuer einer Ruine, wieder Schauplatz von Punktespielen. Hier einer der Bayern der ersten Nachkriegsstunde, Bertl Moll (links) beim Abwehrversuch gegen Adam Schmidt (Eintracht Frankfurt).

waren alle, die den grauen Soldatenrock tragen mußten. Das erfuhr auch ein junger Wuppertaler, der im Begriff war, Bremer zu werden, weil es der Krieg beim unberechenbaren und schicksalhaften Kartenmischen so wollte. Richard Ackerschott, Jahrgang 1921, war als junger Flaksoldat über Stettin, Zirndorf und die Flak-Artillerie-Schule Berlin-Heiligensee zum Einsatz nach Bremen gekommen. Bei der 8. Flak-Division schob er seit September 1941 direkt an der Weser Dienst gegen westalliierte Bomberverbände. Über drei Jahre lang hatte es der gelernte Elektromeister nicht schlecht: «Ich spielte sowohl in der Divisions-Mannschaft, die recht stark war, als auch für Werder, und wenn es ging, sprang ich auch noch für den SSV Wuppertal, meinen Heimatverein, ein.» Freistellungen für die Spiele waren kein Problem, denn der damalige Werder-Obmann «Abbi» Drewes hatte, wie es sich für einen tüchtigen Funktionär gehörte, einen guten Draht zur Divisions-Führung, Anruf genügte . . .

Seit Ende April, Anfang Mai 1945 ging es jedoch in der Batterie des Obergefreiten Ackerschott drunter und drüber: «Wir lagen unter dem Artilleriebeschuß der anrückenden Engländer. Da hat dann der Batteriechef angeordnet, daß wir uns nach Norden absetzen.» Einige Tage brachte Richard Ackerschott mit seinem verlorenen Haufen bei Bauern in der Gegend von Uthlede zu, einem Ort an der Straße nach Bremerhaven, «dann ließ uns der Chef antreten und sagte, der Krieg sei verloren. Er gab uns provisorische Entlassungspapiere und erklärte, wir würden nicht geschlossen in Gefangenschaft gehen. Jeder sollte sehen, daß er durchkommt.» Ackerschott kam zugute, daß er sich mittlerweile in Bremen auskannte. Er tauchte in der großen Stadt erst einmal für einige Zeit bei Freunden unter.

Bertl Moll, damals 28, war ein wenig besser dran. Als Außenläufer hatte er schon seit 1934 in der ersten Mannschaft der Münchner Bayern gespielt. Jetzt, beim Kriegs-Finale, tat er in seiner Heimatstadt

5/6 *Genau 46 Jahre liegen zwischen diesen Fotos. Links der Dresdner Richard Hofmann mit der Victoria nach dem Endspielsieg des Dresdner SC 1944 gegen den Luftwaffensportverein Hamburg. Neben Hofmann Helmut Schöns Ehefrau Annelies. Es war das letzte Fußballfinale vor dem Zusammenbruch; die Fronten näherten sich schon dem Reichsgebiet, und die Luftangriffe wurden immer häufiger. Rechts die jubelnden Münchner (von links) Raimond Aumann, Stefan Reuter, Klaus Augenthaler, Hans Pflügler und Olaf Thon im Mai 1990 mit der Meisterschale, die 1949 als Ersatz für die Victoria entstand. Der «Kuchenteller», wie die Trophäe vielfach spöttisch genannt wird, besteht aus 5,5 kg Sterlingsilber, 180 g Feingold sowie 5 großen und 11 kleinen Turmalinen. Der Gesamtwert der Meisterschale wird heute auf 50 000 Mark geschätzt. Lange galt die Victoria als verschollen. Die Bronzestatue hatte auf jeden Fall die Kriegswirren in Dresden überstanden. 1949, zum zweiten Nachkriegsendspiel in Stuttgart, wollte sie ein Dortmunder in den Westen schmuggeln. Am Dresdner Hauptbahnhof fiel er mit der voluminösen Siegesgöttin jedoch auf, und man nahm sie ihm ab. Es wird vermutet, daß die Victoria seither in Ost-Berlin unter Verschluß gehalten wurde. Tatsächlich tauchte sie dort Anfang 1990, nach der Wende in der DDR, wieder auf. Angeblich hatte sie ein dunkles Leben im Kohlenkeller des Deutschen Fußball-Verbandes der DDR geführt – mißachtet als Requisit des «bürgerlichen Fußballsports». Interessant übrigens: Die Victoria, aus Reichsmitteln gestiftet, war 1901 für ein Rugbyspiel Frankreich–Deutschland in Paris bestimmt. Als der Deutsche Fußball-Bund die von Professor Rauch geschaffene Figur 1903 zum Wanderpeis für den jeweiligen Deutschen Fußballmeister erkor, erklärten die damals noch zum DFB gehörenden Rugby-Vereine aus Protest gegen diese «Zweckentfremdung» ihren Austritt aus dem Verband und machten sich selbständig.*

als Wachtmeister in einer Nachrichten-Einheit Dienst. Er erinnert sich: «Wir von den Bayern waren bei den Funkern in der 2. Kompanie, auch unser Nationalspieler Jackl Streitle. Die Sechziger waren dagegen alle bei den Fernsprechern in der 1. Kompanie zusammengefaßt.» Die Trennung zwischen den Fußball-Lokalrivalen funktionierte mit einer Ausnahme: In den Reihen der 1. Kompanie diente gleichsam wie ein einsamer Terrier unter lauter Doggen der «Bayer» Luggi Goldbrunner (39 Länderspiele), Mitglied der berühmten «Breslau-Elf» aus den dreißiger Jahren. Als München von den Amerikanern besetzt wurde, hatte es Bertl Moll nicht weit, um nach Hause zu kommen und sich auch erst einmal zu verdünnisieren.

Für viele Fußballer war das Ende des Waffendienstes schon vorher gekommen. Der Schlesien-Auswahlspieler Fritz Langner etwa geriet bereits Anfang 1945 bei Breslau in die Gefangenschaft der in seine Heimat einrückenden Roten Armee. Er kurierte gerade eine Verwundung aus, als die Eroberer ihn schnappten. Max Michallek, junger Soldat aus Dortmund, hatte Ende 1944 nach zwei Jahren Ostfront «die Schnauze derart voll», daß er sich freiwillig zu einer Fallschirmjäger-Division meldete. Der exzellente Ball-Techniker, der 1939 als 17jähriger in die erste Mannschaft von Borussia aufgerückt war, lag an der Weichsel dem Baranow-Brükkenkopf gegenüber, aus dem die Rote Armee am 12. Januar nach einem infernalischen Artillerieschlag zur Großoffensive Richtung Oder antrat. Viele Landser hatten das drohende Unheil wohl gewittert. Auch Michallek: «Ich sagte mir, bevor du in russische Gefangenschaft kommst, meldest du dich erst mal zu den Fallschirmjägern.» So kam er an die Westfront, machte noch eine Reihe von Absprüngen auf das Gebiet der Niederlande mit, kam einmal in Gefangenschaft, büxte wieder aus, wurde verwundet und fiel schließlich Anfang Mai in Hamburg-Wandsbek den Briten in die Hände.

Hochdekoriert mit Kriegsorden erlebte Fritz Pliska das Ende in Bad Kissingen. Dort, im Fränkischen, tat der 29jährige bei einem Panzerpionier-Bataillon Dienst. Als Pionier-Soldat hatte er wie viele seiner Altersgenossen besonders gefahrvolle Pflichterfüllung betrieben, ohne lange über die Absurdität des Kriegs zu philosophieren: 1941 war ihm das Deutsche Kreuz in Gold verliehen worden, weil es ihm beim Vormarsch im Nord-Abschnitt der Ostfront gelungen war, die Sprengung mehrerer Brücken durch die zurückweichenden Sowjets zu verhindern; 1943, beim Rückzug, erhielt er das Ritterkreuz, weil er eine Brücke in die Luft gejagt und so das Vorrücken der Sowjets für ein paar Stunden verzögert hatte. Jetzt, bei Kriegsende, schlug sich Pliska von Bad Kissingen in seine Heimatstadt Gelsenkirchen durch – «ohne Entlassungsschein, den hat mir einige Zeit später erst der britische Standort-Kommandant besorgt, als ich mit den Schalkern gegen eine englische Militär-Mannschaft gespielt hatte».

Ähnlich wie Bertl Moll konnte auch Helmut Schön dem Kriegsende in seiner Heimat entgegensehen. Der Nationalspieler des Dresdner SC litt unter dauernden Knie-Beschwerden, aber nicht sie, sondern die Tatsache, daß sein Arbeitgeber in Radebeul als «kriegswichtiger Betrieb» seine Freistellung erwirkt hatte, bewahrte ihn vor dem Frontdienst. Indes – Schöns Glück war nur relativ: Als Luftschutzleiter in einer Arzneimittelfirma erlebte er am 13. Februar 1945 das apokalyptische Bombardement Dresdens mit. Den Tod der Heimatstadt hat er in seinen Memoiren (Helmut Schön: Fußball/Verlag Ullstein) bewegend geschildert: «Feuer, überall Feuer. Brennende Häuser fielen zusammen. Auf den Straßen lagen Frauen, schwarz verkohlt oder ausgetrocknet wie ägyptische Mumien. Sie hatten Kinder im Arm: Aschenbündel. Alle tot, verbrannt, in den wahnwitzigen Hitzegraden des Feuersturms in Sekundenbruchteilen mumifiziert. Skelette lagen da. Daß es sich um Männer handelte, sah man noch an der Gasmaske vor dem Gesicht . . .»

Ganz früh, eigentlich ehe er richtig begann, nämlich schon im Mai 1940, war der Krieg für den Aufklärungsflieger Herbert Widmayer zu Ende. Über der belgischen Atlantikküste wurde er abgeschossen. Als er mit dem Fallschirm gelandet war, kassierten ihn kanadische Soldaten. Bis Mai 1945 blieb Widmayer, vor dem Krieg Niedersachsen-Auswahlspieler von Eintracht Braunschweig, in kanadischer Gefangenschaft.

Während für Widmayer (geboren am 17. November 1913) mit 32 Jahren die Aktiven-Zeit beendet war, fing sie für Horst Buhtz erst richtig an. Knapp 16 Jahre alt, hatte der talentierte Stürmer bei Kriegsausbruch schon per Sondergenehmigung in der ersten Mannschaft der zweitklassigen Fortuna Magdeburg gespielt. Mit 23 Jahren, somit im besten Fußballer-Alter, kehrte er 1947 aus französischer Gefangenschaft zurück. «Mein dritter Fluchtversuch war geglückt.»

Als Angehöriger der Flieger-Hitlerjugend meldete sich der junge Dettmar Cramer freiwillig zur Wehrmacht, nicht enthusiastisch, sondern weil er es für eine Selbstverständlichkeit hielt. «Mein Vater», berichtet er, «war kaiserlicher Offizier im Ersten Weltkrieg gewesen, und zu Hause galt Hitler nur als Gefreiter. Es war eine private Résistance da.» Cramer wurde 1942 «freiwilliger Soldat, weil man uns vorgegaukelt hatte, das Vaterland müßte verteidigt werden». Der 17jährige ging zu den Fallschirmjägern, holte sich in Süditalien Malaria tropica, erlebte seine letzten Kriegseinsätze wie Michallek in den

Der Sport vom Sonntag

Borussia M.-Gladbach gegen Sportclub M.-Gladbach 4:3 (3:3)

M.-Gladbach. Das am 5. August 1945 vorgeführte Spiel der beiden Traditionsmannschaften von Borussia und Sportclub berechtigt zur Annahme, daß der Fußballsport in M.-Gladbach in Zukunft wieder auf dem Plan ist. Den zahlreich erschienenen Zuschauern wurde durchweg ein schönes Kampfspiel gezeigt. Borussia ging anfänglich mit 2:0 in Führung. Sportclub hatte aber im Handumdrehen durch zwei Tore aufgeholt. Dann erreichte Borussia durch ein weiteres Tor abermals die Führung. Aber Sportclub erreichte nochmals den Ausgleich. Nach der Pause setzten beide Mannschaften alles dahinter, um den Sieg zu erringen. Borussia ist hierbei glücklicher und kann das Siegestor erzielen. Der Sieger Borussia erfreute durch ein technisch schönes Spiel. Das von Sportclub gezeigte Kampfspiel konnte sehr begeistern.

7 «Neue Rheinische Zeitung» vom 11. August 1945: Die Borussen, die 30 Jahre später in der Bundesliga für Furore sorgen sollten, tun ihre ersten Schritte nach dem Zusammenbruch. Die sechs Tage nach dem Spiel erscheinende Meldung bildete übrigens den bescheidenen «Sportteil» dieser Zeitungsausgabe. So klein fing damals alles an.

Niederlanden, marschierte nach der Kapitulation mit seiner Einheit in Richtung Niedersachsen und geriet dabei in Gefangenschaft. «Da sind wir unterwegs noch mal gefilzt worden, und wahrscheinlich, weil ich dekorierter Fallschirmjäger-Offizier war, wurde ich von der Einheit getrennt. Und dann habe ich erst einmal in Amsterdam im Gefängnis gesessen.» Der gerade 20jährige erinnert sich: «Es war Zelle A 4/8. Das sind so Zahlen, die man in seinem Leben nicht mehr vergißt. Als Unbescholtener in einem Gefängnis: Wenn da die Stahltür hinter einem zuschlägt, denkt man, man wird verrückt.» Der Kriegsgefangene Dettmar Cramer war später noch etliche Monate in einem ehemaligen Nazi-Arbeitslager bei Papenburg. «Da bin ich dann Anfang April 1946 wegen meiner schweren Fieber-Anfälle auf die Straße gesetzt worden.»

Als für Cramer der Krieg begann, war er für Erwin Seeler zu Ende – jedenfalls für den Wehrmachts-Angehörigen Erwin Seeler. Im Hamburger Stadtteil Rothenburgsort aufgewachsen, hatte Erwin Seeler (Jahrgang 1910) stets eine enge Beziehung zum nahen Hafen der Hansestadt. «48 Jahre lang habe ich dort gearbeitet – als Schipper, das sind die Leute, die mit dem Be- und Entladen der Schiffe zu tun haben.» Die Nähe zur Arbeit, die hart und robust machte, brachte es mit sich, daß Erwin Seeler dem Arbeitersport nahestand. Jahrelang spielte er für den Arbeitersportverein Lorbeer 06. «Da bin ich groß geworden, wurde zweimal Deutscher Meister, spielte einige Male für Deutschland und nahm an der Arbeiter-Olympiade in Wien teil.» Der damals noch selbständige Arbeitersport aber wurde von den Nationalsozialisten 1933 sogleich verboten. Erwin Seeler wechselte zu Victoria Hamburg, spielte dort bis 1938 und wurde dann Mitglied beim Hamburger SV. Im Krieg diente er zunächst beim Heer, dann bei der Marine. «Einen Landekahn haben sie mir an die Hand gegeben, für das ‹Unternehmen Seelöwe› gegen Großbritannien.» Als daraus nichts wurde und der Kahn im Hafen von Ostende von einer Briten-Bombe zerstört worden war, «haben sie mich freigegeben für die Firma in Hamburg, bei der ich lange gewesen war. Die fuhr Kohle und hatte keine Leute mehr.» Dem Soldatendienst entronnen, mußte Erwin Seeler fortan den Bombenkrieg in seiner Heimatstadt miterleben – «das war genauso schlimm und gefährlich». Hinzu kam die Sorge um seine Familie, Frau Anni und die Kinder, von denen Uwe, der jüngste, gerade erst sechs, sieben Jahre alt war.

Max Morlock «war noch zwei Jahre dabei». Soldat in Schwabach, Ausbildung in Dänemark, dann Ende 1944 Fronteinsatz als Funker bei einem Panzerpionier-Bataillon. «Bei Kolberg sind wir eingeschlossen worden, der Russe hatte alles zugemacht.» Morlock sah, wie Flüchtlings-Trecks aus Ostpreußen und Pommern zusammengeschossen wurden. «Es war ein Sau-Glück, daß wir da noch entkommen sind. Eine Fahnenjunker-Division hat uns rausgehauen.» Danach war Morlocks Kampfverband zur Auffrischung in Rathenow, 60 Kilometer westlich von Berlin, stationiert. Dort, so schildert Morlock, «hieß es Anfang Mai nur noch: Rette sich, wer kann». Dem jungen Nürnberger glückte es vier Tage vor seinem 20. Geburtstag in der Nacht zum 7. Mai 1945, zusammen mit einigen Kameraden die Elbe zu erreichen, an deren westlichem Ufer bereits die Amerikaner standen. In ihre Gefangenschaft ist Max Morlock dann recht gern gegangen. Die Alternativen wären gewesen, zum sinnlosen Entsatz Berlins antreten zu müssen oder von SS-Einheiten aufgegriffen und schlimmstenfalls «wegen Fahnenflucht» standrechtlich erschossen zu werden.

Als Gefangener mußte sich Max Morlock in Quedlinburg (unweit von Halle) zunächst «mit einem Kochgeschirr voll Wassersuppe und einer Scheibe Brot» pro Tag zufriedengeben. Dann, plötzlich und über Nacht, waren die Amerikaner weg und die Russen da, Morlock gelang es aber, 40 Kilometer weiter nördlich bei Hammersleben zu den Bri-

ten zu kommen. «Ende August sind wir dann von denen entlassen worden.»
In dieser Zeit, als es drunter und drüber in Deutschland ging, als Leben Überleben hieß und die Kunst der Improvisation hoch im Kurs stand, als Hunderttausende ausgebombt oder vertrieben mit auf Handwagen verstauten Habseligkeiten durch die Lande zogen, als heimkehrende Kriegsgefangene fassungslos vor den Ruinen ihrer früheren Wohnungen standen und andere in fernen Gefangenenlagern vegetierten, in dieser Zeit begann auch schon die Zukunft, die heute Fußball-Gegenwart ist. Es war am 9. Mai, einen Tag nach dem Ende des Krieges, als im Mönchengladbacher Stadtteil Holt den Eheleuten Anna und Mathias Heynckes das neunte Kind geboren wurde, ein Sohn. Sie gaben ihm den Namen Josef.
Und in München, wo Bertl Moll nun nicht mehr Funker bei der 1. Kompanie zu sein brauchte, richteten sich Franz und Amalie Beckenbauer darauf ein, in absehbarer Zeit ihr zweites Kind zu bekommen. Es kam am 11. September 1945 auf die Welt, gut vier Monate nach dem Zusammenbruch, und wurde Franz genannt.

Aber schnell geht's wieder los

Unterdessen warteten viele hunderttausend Kriegsgefangene immer noch wehmütig, hungernd, krank und schwersten Arbeitsbelastungen ausgesetzt auf ihre Rückkehr; viele hatten aber auch schon wieder ein provisorisches oder gar endgültiges Zuhause gefunden. Und was fast unglaublich ist: In diesem leidgeprüften Land, das mittlerweile in vier Besatzungszonen geteilt worden war, wurde schon wieder Fußball gespielt. Als Franz Beckenbauer geboren wurde, hatte der FC Bayern schon vier Spiele hinter sich – zwei gegen den FC Wacker München, zwei gegen die Sechziger. Das erste war am 24. Juni 1945 fällig gewesen; die Bayern verloren es gegen Wacker mit 3:4. 47 Tage nach der Kapitulation schon wieder Fußball – in wohl keinem anderen Sport- und Freizeitbereich ging die durch die Umstände erzwungene Nulldiät für Spieler und Zuschauer so schnell zu Ende.
Allerdings: In München hatte die rasche Wiedergeburt des Fußballsports für einen Mann höchst unangenehme Folgen. Das erste Spiel war nämlich ohne Genehmigung der Militärregierung durchgeführt worden. Und in der Chronik des FC Bayern heißt es: «Als Verantwortlicher mußte deshalb der provisorische Vorsitzende Heilmannseder dafür ins Gefängnis wandern. Nur durch persönliche Fürsprache des damaligen Polizeipräsidenten von Seisser wurde er von der Militär-Regierung nach 48 Stunden wieder auf freien Fuß gesetzt.»
Fußballer waren in den schweren Zeiten des Krieges und gleich danach findige Leute. Und sie vergaßen die Liebe zu ihrem Hobby nie, nicht einmal, wenn sie als Landser irgendwo in einem Dreckloch Dekkung suchen mußten. Der junge Max Michallek sprach, natürlich mit einem Schuß Übertreibung, für viele, wenn er berichtete: «Meine Beine lagen, wenn es brenzlig wurde, immer tiefer als der Kopf, denn ich wollte doch weiter Fußball spielen.» Findig, mutig und mit Improvisationsgabe führten die Funktionäre nun auch die ersten Nachkriegsspiele durch – das Beispiel Bayern München zeigt es.
Organisatorisch standen die Fußballfunktionäre und -spieler allerdings im Mai 1945 vor einer gänzlichen Leere, was ihre Leistungen nur noch erstaunlicher macht. Zu den ersten Handlungen der Siegermächte hatte es nämlich gehört, alle politischen und gesellschaftlichen Strukturen des daniederliegenden Deutschland zu zerschlagen. Davon wurde natürlich auch der vom Hitler-Regime gebildete Nationalsozialistische Reichsbund für Leibesübungen (NSRL) nicht verschont. Mit seiner Auflösung per Dekret der Besatzer ging die Auflösung aller Turn- und Sportvereine einher. Das Deutschland der ersten Nachkriegswochen war vereins- und versammlungslos. Beides – Vereine wie Versammlungen – war den Siegern suspekt: sie fürchteten die Bildung von Widerstandszellen – so absurd dies heutzutage erscheinen mag, da man weiß, daß den Deutschen damals keine Spur von Auflehnung, sondern allein die Sorge ums tägliche Brot und ums Überleben innewohnte.
Aus dieser Einebnung aller Formen des gesellschaftlichen Lebens ergab sich im geschlagenen Deutschland die paradoxe Situation, daß mancherorts die Fußballmannschaften schon wieder gegeneinander spielten, als es die Vereine noch gar nicht oder nur in ersten Ansätzen gab. Vielerorts mußten die alten Klub-Funktionäre, die ihrer «braunen Weste» wegen von den Besat-

zern nicht geduldet wurden, durch neue Männer mit lupenreiner politischer Vergangenheit abgelöst werden. Auf die Parteigenossen und Nazi-Sympathisanten wartete indessen die Entnazifizierung, die sich in den Stufen 1 bis 5 vollzog und lange hinziehen konnte. Dort, wo die Vorstände politisch «sauber» waren, fehlte es nicht an mutigen Bittgängen zu den Stadtkommandanturen, um Genehmigungen zur Austragung von Spielen zu erreichen.

Wie in München hatte der Fußballsport auch in Hamburg einen Blitzstart. Schon fünf Wochen nach der Kapitulation, Mitte Juni 1945, erfreute der Hamburger SV die Fußballfreunde mit dem ersten Spiel am unbeschädigt gebliebenen, jedoch zunächst als Gefangenen-Sammellager benutzten Rothenbaum; es endete mit einem 2:0-Erfolg des HSV gegen Altona 93. «Als der Krieg zu Ende war», erinnert sich Erwin Seeler, «ging das mit dem Trainieren und Spielen gleich los. Und der HSV hatte auch bald schon wieder eine starke Mannschaft.» Schlimm sah es indessen in der traditionsreichen Gelsenkirchener Glückauf-Kampfbahn aus. Schalkes Heimstatt war von Bombeneinschlägen schwer mitgenommen und eine trostlose Trichterlandschaft. Der «Kreisel» tanzte deshalb in den ersten Nachkriegs-Monaten ausschließlich auf gegnerischen Plätzen. In München, so erinnert sich Bertl Moll, «war die Tribüne des Sechziger-Stadions zusammengebombt». Die Arena an der Grünwalder Straße konnte fürs erste nicht benutzt werden. «Wir haben», berichtet Moll, «unser erstes Spiel nach dem Krieg auf dem Sportplatz der Hypo-Bank in der Nähe des Stadions ausgetragen.» Zur Rückkehr ins wiederhergerichtete Stadion an der Grünwalder Straße fand am 26. August 1945 ein Privatspiel gegen 1860 München statt. Bertl Moll: «Unsere Aufstellung lautete: Fink, Haringer, Streitle, Reitter, Moll, Mayer, Seidl, Heibach, Fritz, Stepberger, Simetsreiter. Die Einnahmen von 12 000 Zuschauern wurden an die Verfolgten des Hitler-Regimes abgeführt.»

Das Bökelberg-Stadion in Mönchengladbach wurde von den britischen Besatzungstruppen als Panzerwerkstatt genutzt. Heinz Ditgens, in den dreißiger Jahren Borussias erster von inzwischen 27 Nationalspielern, weiß zu berichten: «Bis zu 50 Zentimeter tiefe Panzerrillen zogen sich über das Spielfeld.» Bald indessen hatten die Söhne aus dem Mutterland des Fußballsports ein Einsehen in ihr frevelndes Treiben, schütteten die Furchen zu, deckten eine Torfschicht darüber und ließen das erste Grün sprießen – Symbol für die sich zaghaft ankündigende bessere Zukunft.

Viele Sportplätze und Stadionanlagen waren von den Siegern kurzerhand beschlagnahmt worden. So auch das Nürnberger Stadion. Dort regierten anstelle der Spieler des deutschen Rekordmeisters die Amerikaner, und der «Club» genoß für seine «Heimspiele» eine Zeitlang die Gastfreundschaft des alten Rivalen SpVgg Fürth.

Ende August 1945 meldete sich beim 1. FC Nürnberg der gerade 20 Jahre alt gewordene Max Morlock zurück. Ehe er Soldat geworden war, hatte er als knapp 17jähriger schon in der ersten Mannschaft gespielt. Sogar der damalige Reichstrainer Sepp Herberger war bereits auf den wendigen, torgefährlichen Stürmer aufmerksam geworden: «Der hat mich mit 17 Jahren zum Lehrgang nach Frankfurt geholt. Da habe ich den Fritz Walter kennengelernt, den Kupfer, den Kitzinger.» An einem Spiel gegen Luxemburg – «das war damals der Gau Moselland» – nahm er auch schon teil, und ohne die Kriegswirren hätte er gewiß bald sein erstes Länderspiel bestritten. So mußte er bis 1950 darauf warten.

Obwohl er in Hammersleben schon zusammen mit vielen Kameraden den ersehnten Entlassungsschein von den Briten ausgehändigt bekommen hatte, wäre Max Morlock die rasche Rückkehr zum «Club» um ein Haar gründlich mißglückt. Als der Zug mit den deutschen Kriegsgefangenen von Hammersleben nach Bamberg gekommen war, «hat's», berichtet Morlock, «plötzlich geheißen: ‹Alle raus und Entlassungspapiere abgeben!› Das hat mir überhaupt nicht gefallen. Deshalb bin ich zusammen mit meinem Freund, einem Unteroffizier der Luftwaffe, stiftengegangen». Morlock bewies damit einen ähnlich guten «Riecher» wie bei Torchancen auf dem Fußballplatz. Mit einem Zug, der Ölfässer transportierte, gelangten die beiden nach Fürth. Und später erfuhr Morlock, was mit dem Gefangenen-Transport in Bamberg geschehen war. «Die sind alle nach Frankreich ins Bergwerk gebracht worden. Einige Jahre Zwangsarbeit.» Zu Fuß, weil weder Bahnen noch Busse fuhren, ging Max Morlock von Fürth nach Nürnberg. Als er die Trümmer- und Ruinenkulisse seiner Heimatstadt sah, «sind mir zum ersten Mal richtig die Tränen gekommen».

Morlock gehörte als Früh-Heimkehrer zu den «Spielern der ersten Stunde.» Wie Fritz Pliska, der zunächst sechs Wochen lang bei einem Kriegskameraden im Münsterland untertauchte, weil er keinen Entlassungsschein hatte. Wie Heinz Lucas, der es verstand, nach nur eintägiger Gefangenschaft seine Freiheit zurückzugewinnen. Das war in der Nähe von Lübeck. Der von den britischen Besatzungssoldaten zur Bewachung des Lagers herangezogene deutsche Hauptfeldwebel – vielfach wurden damals deutsche Unteroffiziere und Offiziere als Wachen für ihre eigenen Landsleute eingesetzt – schaute einfach weg, «weil ich ihm versprochen hatte, einen Brief an seine Verlobte in Heidelberg mitzunehmen». Der Berliner Lucas, vor dem

8 *Richard Ackerschott (rechts), der Bremer aus Wuppertal, in einer für ihn typischen Aktion, hier gegen den Bremerhavener Presche. Das Foto, entnommen dem «Großen Werder-Buch», entstand bei einem Spiel am Bremerhavener Zollinlandplatz.*

Englische Fußballklasse

Nord-Rhein-Armee — Army F. A. XI 2:2 (2:0)

Meisterschaften-Fußball gab es im Düsseldorfer Rheinstadion. Vor 35 000 Zuschauern spielte die Auswahl der Nord-Rhein-Armee gegen die Army F. A. XI und erzielte ein 2:2 (2:0). In beiden Mannschaften sah man bekannte englische Nationalspieler, so u. a. Swift (Manchester City), Mercer (Everton), Martin (Aston Villa) und Lawton (Everton) bei der Army F. A. XI und Mould (Stoke City), Ormeston (Stocke) und den 15fachen schottischen National-Halbrechten McKennan bei der Nord-Rhein-Armee.

9 *Auch das lockte damals die Fans. Aus «Neue Rheinische Zeitung» vom 17. Oktober 1945.*

Krieg für Hertha 06 und in der Stadtmannschaft der Hauptstadt aktiv, landete im fränkischen Kitzingen bei einer Cousine.

Auch Max Michallek hatte Glück. Etwa sechs Wochen lang war er «in den Ölfeldern bei Büsum» nahe der Nordseeküste Gefangener. Unruhig wie eine eingesperrte Raubkatze sann er täglich darüber nach, wie er in die Freiheit kommen könnte. «Ich habe mich täglich freiwillig für etwas gemeldet. Einmal hieß es, landwirtschaftliche Arbeiter rechts raus – da war ich landwirtschaftlicher Arbeiter. Einen Tag später wurden Bergleute gesucht, da war ich Bergmann – links raus.» Jedes Mal dachte Michallek, die Leute würden aus der Gefangenschaft entlassen. Und dann ging seine Rechnung tatsächlich auf: «Eines Tages mußten die Rheinländer raustreten, da war ich Rheinländer – und siehe da, wir wurden abtransportiert.» Dem jungen Dortmunder passierte noch ein Lapsus, der zu seinem Glück im allgemeinen Durcheinander ohne Folgen blieb: «Ich wurde natürlich gefragt, wo ich wohne. Ich sagte: ‹Düsseldorf, Adolf-Hitler-Str. 55›, das vergesse ich nie. Aber ich dachte in diesem Moment nur, jede große Stadt hat eine Adolf-Hitler-Straße.»

Da auf den Papieren als Entlassungsort Wesel vermerkt war – «dort war ich kurz vor Kriegsende auch verwundet worden» – nutzte Michallek nördlich von Dortmund eine Rast der Fahrzeug-Kolonne, um abzuhauen:. «Ich dachte, was sollst du in Wesel? Also bin ich im Graben liegengebliegen, bis der letzte Lastwagen abgefahren war. Und dann habe ich mich nach Dortmund durchgeschlagen.»

Richard Ackerschott wendete das Gefangenen-Los gleich zweimal mit Glück und Geschick ab. Erst bewies auch er einen guten Riecher, als er einem Plakat-Aufruf der Besatzer an den Litfaßsäulen mißtraute: «Da stand, daß sich alle ehemaligen Wehrmachtsangehörigen, die noch keine ordnungsgemäßen Entlassungspapiere hatten, bei der Militärverwaltung melden sollten.» Er ging nicht hin, wohl aber «einige Leute von meiner früheren Batterie, so auch die Werder-Spieler Heinz Mosch und Heiner Heinrich, und die wurden prompt kassiert: Heinrich kam nach Belgien und hat dort lange im Bergwerk gearbeitet, Mosch brachten sie nach England, und da hat er später einige Zeit als Profi für Leeds United gespielt». Paradoxerweise fanden sich die verspäteten Kriegsgefangenen Heinrich und Mosch zunächst im Weserstadion wieder, da es wie das Stadion am Rothenbaum als Sammelstelle für deutsche Gefangene diente. Ackerschott – «ich habe bis heute noch keine Entlassungspapiere» – wurde zweimal von den Besatzern geschnappt: Einmal büxte er bald nach dem Abtransport aus, beim zweiten Mal, als er mit seiner Freundin eine Fahrradtour nach Oyten gemacht hatte und dabei geschnappt worden war, ließ ihn ein englischer Soldat auf der Fahrt zum Gefangenenlager Weserstadion laufen. «Da hatte ich erst einmal die Nase voll vom Rausfahren.»

Kalorien- und Kartoffelspiele

Kalorien waren damals in Deutschland das Zauberwort. Erstaunlicherweise hatten die Menschen Geld in Überfülle. Während des Krieges war fleißig gespart worden, einerseits weil es kaum etwas Schönes zu kaufen gab, andererseits weil viele glaubten, Geld für den Notfall auf die hohe Kante legen zu müssen. So verfügten die Bürger des besiegten Deutschland bei Kriegsende über hohe Spareinlagen. Nur – ihr Geld war nichts mehr wert. Auf fast allen Gebieten des täglichen Lebens herrschte zudem Mangel. Es fehlte an Heizmaterial, an Lebensmitteln, an Kleidung, Schuhen, Wäsche. Und diese Mangelware ließ sich vielerorts mit noch so viel Geld nicht kaufen. Das Angebot stand in kläglich bescheidenem Verhältnis zur Nachfrage. Wichtige Lebensmittel waren bald rationiert, es gab sie nur noch auf Marken. Und wem das öde Marken-Dasein nicht genügte, der mußte sich entweder Beziehungen verschaffen. Oder auf Hamstertouren über Land Teile seines Besitzstandes gegen Speck, Wurst oder Kartoffeln tauschen. Oder auf dem «Schwarzen Markt» agieren, ohne sich erwischen zu lassen.

Oder – auch das war eine Version des besseren Lebens – sehr gut, gut, mindestens aber einigermaßen gut Fußball spielen können. Kalorienspiele, Kartoffelspiele – so hieß die Losung der ersten Nachkriegszeit. Dettmar Cramer, eine der markantesten Trainer-Persönlichkeiten des deutschen Fußballs seit 1945, stellt fest: «Wer im deutschen Fußball nichts gekriegt hat, der hat auch nichts gekonnt. Und wenn er mehr konnte, hat er auch mehr gekriegt.» Diese einfache Wahrheit, die anzuerkennen sich viele Generationen von Funktionären geziert haben, galt schon immer. Schon in den zwanziger Jahren. Schon 1930, als 14 Schalker vom Westdeutschen Spielverband zu Professionals erklärt wurden, weil sie unerlaubte Zuwendungen erhalten hatten. Sie galt solange, bis mit der Einführung des Lizenzfußballs seit 1963 mehr und mehr alle Grenzen der Spieler-Bezahlung verschwanden. Sie hat sich wie ein roter Faden von Heuchelei durch mehr als sieben Jahrzehnte deutschen Fußballs gezogen.

Unmittelbar nach dem Krieg bezog sich Cramers Wahrheit auf die begehrten Naturalien, die viel mehr bedeuteten als die lumpige Reichsmark, für die sich niemand mehr etwas Rechtes kaufen konnte. «Für Butter und ein paar Eier hat man damals überall gespielt», berichtete Paul Janes, der zwischen 1932 und 1942 in 71 Länderspielen eingesetzt wurde (31mal als Kapitän) und der ohne den Krieg vielleicht Deutschlands erster Nationalspieler mit 100 Einsätzen geworden wäre. Janes, als Marine-Artillerist in Norddeutschland stationiert, war während seiner Soldatenzeit Gastspieler u. a. beim Hamburger SV gewesen und verließ seinen Heimatklub Fortuna Düsseldorf nach Kriegsende noch einmal, um für ein paar Monate das Trikot von Eintracht Frankfurt überzustreifen. Seine Verteidigerklasse und sein unglaublich harter Spannschuß («davor hatten alle Angst») wurden bei dem hessischen Spitzenklub besser in Naturalien entgolten als in Düsseldorf. Aber auch dort mußte kein Spieler hungern: «Wir haben bei den Bauernvereinen», erzählt Matthes Mauritz, «so viel gefressen, daß wir danach manchmal nicht mehr laufen konnten.» Mauritz, der 24 Amateur-Länderspiele bestritt und 1959 (gegen Polen) mit fast 35 Jahren als ältester Debütant der deutschen Fußball-Geschichte auch noch ein A-Länderspiel mitmachen durfte («eine nette Geste von Sepp Herberger»), war schon ein Hockeyspieler der Spitzenklasse, als ihn der spätere Spielausschuß-Vorsitzende des DFB, Hans Körfer, in Düsseldorf bei einem Spiel ehemaliger Schüler des Rethel-Gymnasiums gegen Fortunas dritte Mannschaft entdeckte. Körfer, den Fortunas damaliges Vorstandsmitglied Hubert Ebert «unseren Schrittmacher» nannte, weil er besonders ausgeprägt über die in den harten Zeiten so notwendige Gabe der Improvisation und Organisation verfügte, leitete die Begegnung als Schiedsrichter. Und der damalige kommissarische Vorsitzende des Vereins, Toni Rudolph, köderte den begabten Stürmer Mauritz mit dem Angebot: «Du kriegst zwei Pfund Fleisch, zwei Brote und dreimal ein Abendessen pro Woche.» Mauritz: «Das war ein unheimlicher Reichtum damals.»

Um was es bei den Kalorienspielen der damaligen Zeit konkret ging, schildert Fortuna-Nationalspieler Felix Zwolanowski: «In Bünde spielten wir für eine Kiste Zigarren pro Mann. Nichtraucher bekamen eine Kanne Milch. In Bielefeld gab es Hemdenstoff, in Bremerhaven eine Kiste Fisch, in Weißenthurm soviel Starkbier, daß wir reihenweise umfielen.» Mauritz stellt fest: «Ich habe nie mehr in meinem Leben soviel Fußball gespielt wie damals. Andauernd waren wir auf Tour. In Glehn spielten wir für zwei Eimer Marmelade, die auf dem ‹schwarzen Markt› für 600 Reichsmark pro Eimer verschoben werden konnten. In Mariadorf gab es für jeden Spieler einen Zentner Kartoffeln.» Bei aller verständlichen Wertschätzung solcher Kostbarkeiten, die vielen Menschen unzugänglich blieben, verhehlt Mauritz aber nicht, daß die Cramer-Wahrheit seinerzeit auch schon auf Geldscheine Anwendung fand: «Bei wichtigen Spielen habe ich in der

10 *Was richtige Sportler sind... Eine bemerkenswerte Notiz aus der Zeitschrift «Sport» vom 12. März 1947. «Sport», auf Intervention des Züricher «Sport» später in «Sport-Magazin» umbenannt, erschien als Ersatzobjekt für den «Kicker» im Nürnberger Olympia-Verlag. Der «Kicker» durfte nach den Kontrollratsgesetzen zunächst nicht erscheinen. Seine erste Nachkriegsausgabe trägt das Datum vom 22. November 1951.*

Und wenn wir barfuß spielen ... !

e. d. **MÜNCHEN.** — Münchens Stadtamt für Leibesübungen will wieder — wie aus Schulkreisen mitgeteilt wird — die bekannten Rundenspiele der Volksschulen im Fußball und evt. auch Handball zu neuem Leben erwecken, nachdem sie 1938 durch den Einfluß der HJ eingestellt werden mußten. Der Mangel an Schuhwerk soll kein Hindernis sein, und so dürften die Spiele in diesem Jahr auf die bessere Jahreszeit beschränkt bleiben und notfalls barfuß ausgetragen werden. Der seinerzeitige Begründer und bis zum Verbot tätige Betreuer des Münchener Volksschulfußballs, Rektor Eugen Stark, wird allen Schwierigkeiten zum Trotz wieder die Organisation übernehmen.

11 *So halfen die Sieger den Besiegten, wenn es um die wichtigen kleinen Dinge des damals so kargen Alltags ging. Aus «Sport» vom 6. November 1946.*

47 500 Paar Fußballschuhe

FRANKFURT. — Rund 47 500 Paar amerikanische Soccer-Fußballschuhe (Soccer ist der „europäische" Fußball!) sollen demnächst vom Amerikanischen Red Cross und „Reuter - Special - Services" durch die Militärregierung an die deutsche Jugend in der US-Zone verteilt werden. (Stars and Stripes)

12 *Ganz unten startete der Fußball im britischen Einflußgebiet. Die Notiz aus der seit 2. März 1946 erscheinenden «Rheinischen Post» vom 3. April 1946 belegt es, denn zu diesem Zeitpunkt standen in Süd- und Südwestdeutschland fast schon die ersten Oberligameister der Nachkriegszeit fest.*

Benrath Stadtmeister!

Oberkassel behauptet die Führung in Gruppe II

Der VfL. Benrath hat im letzten Spiel gegen Vorwärts Bilk 13 den erwarteten Sieg erzielt, der mit 6:0 (2:0) eindrucksvoll ausfiel. Damit wurde der Schlußstrich unter die Gruppenmeisterschaft gesetzt, die der augenblicklich besten Düsseldorfer Vereinself verdient zugefallen ist. Vor 3000 Zuschauern lieferte vor allem Hohmann ein großes Spiel und schoß allein drei Tore. Kirchberg, Stoffels und Freibeuter waren die weiteren Torschützen. Bilk ohne Petri und Ahrenz recht schwach.

Halbzeit in der Kabine nachgesehen, wieviel sie mir in die Jackentasche gesteckt hatten. Wenn es mir zuwenig war, tat mir plötzlich das Knie weh.» In solchen Fällen verschaffte dann nicht der Klubarzt, sondern ein Vorstandsmitglied Linderung.

Kalorien- oder Kartoffelspiele führten damals gerade die berühmten Mannschaften des deutschen Fußballs nur allzu gern in die Provinz. Im Norden bestrich der Hamburger SV emsig sein weites südliches und nördliches Hinterland und spielte, so Erwin Seeler, «für Butter, Speck, ein paar Sack Kartoffeln und all so was», Fortuna fuhr vorzugsweise in die Dörfer des unteren und mittleren Rheingebiets, und die Schalker waren damals wie die Nürnberger als Vorkriegs-Meister von legendärem Ruf besonders häufig reisende Fußball-Touristen. Zwei Spiele in der Woche waren durchaus an der Tagesordnung. Fritz Pliska, bei Kriegsende immerhin schon fast 30 Jahre alt, bekennt: «Ich habe bei den Schalkern Fußball gespielt, um mich über Wasser zu halten.» Das gelang ganz gut. Neben einigen hundert Reichsmark pro Spiel gab es Butter, Speck oder Tabakwaren, die auf dem Tauschmarkt eine besonders harte Währung darstellten. Zwar war es in der Schalker Mannschaft üblich, daß die eingespielten Geld- und Warengüter je nach

13 *Der große alte Szepan gibt dem jungen Burdenski Tips in der Halbzeit des Spiels bei der SpVgg Erkenschwick auf dem damals zu den «Fußball-Tempeln» des Westens gehörenden Stimberg.*

Rang der Spieler unterschiedlich verteilt wurden (Pliska: «Die erste Kategorie bildeten Fritz Szepan und Ernst Kuzorra»), aber auch für Mitläufer oder tiefer eingestufte wie ihn und später Herbert Burdenski blieb genug übrig.

Auch Burdenski war eine lange Gefangenschaft erspart geblieben. Im April 1945 hatten ihn die Sowjets im eingeschlossenen Königsberg geschnappt. Nach kurzer Lagerzeit, während der er auch das Berliner Fußball-Idol Hanne Berndt traf, kam er wieder heim nach Gelsenkirchen. Als er erstmals für den Vorortverein Erle 08 gekickt hatte, gab es lediglich zehn Reichsmark, was «Budde» veranlaßte, dem Klubvorsitzenden freundlich zu erklären: «Das war mein erstes und letztes Spiel für euch.» Bei Buer 07, einem anderen Vorortklub, gab es wenigstens schon einmal einen Liter Öl oder einen Zentner Kartoffeln. Aber erst als Burdenski im Herbst das Schalker Trikot über-

14 *Auch Fußball in der Provinz war in den ersten Nachkriegsjahren ein Spiel vor vollen Rängen. Hier beim Würzburger Lokalderby der spätere Bundesligatrainer Heinz Lucas (links) und – mit damals begehrter Wattehose – 04-Torhüter Schliemann. Davor Jupp Cremer. Würzburg war nach Kitzingen eine süddeutsche Zwischenstation des Berliners Lucas.*

15 *Das war im November 1945: Schalker Gastspiel bei Hessen Kassel. Der Gelsenkirchener Meisterklub tingelte damals emsig durch die Provinz – und überall gab es zumindest die begehrten Naturalien. Obere Reihe: Torhüter Klodt, Pliska, Schweißfurth, Burdenski, Sontov, Tibulski; untere Reihe: Dargaschewski, Szepan, Hinz, Kuzorra, Berndt.*

streifte, konnte er die Segnungen auskosten, die guten Fußballspielern in diesen Notzeiten beschieden waren.

Spieler von guter Qualität konnten damals bei der Wahl ihres Klubs kaum etwas falsch machen. Einerseits war die Frage der Spielberechtigung noch ganz und gar nebensächlich (theoretisch konnte man in dieser verbandslosen Zeit täglich den Verein wechseln; Helmut Schön spielte 1947 und 1948 sogar wechselweise für den FC St. Pauli und die von den Kommunisten anstelle des liquidierten Dresdner SC gegründete Sportgemeinschaft Friedrichstadt), andererseits wurden Leistungen fast überall im Sinne der herrschenden Mangel-Situation großzügig honoriert. «Viele Spieler», so Heinz Lucas, «blieben damals in den kleinen Städten hängen, wo es mit der Verpflegung besser klappte.» Bei Bayern Kitzingen, wo Lucas bald seinen Stammplatz als Mittelläufer sicher hatte, war so eine kleine Berliner Filiale entstanden. Neben Lucas spielte dort auch Hermann Manske, vor dem Krieg Mitglied der ruhmreichen Elf von Hertha BSC. Manske arbeitete als Bäcker in einem amerikanischen Gefangenenlager, und je erfolgreicher er für die Kitzinger Bayernliga-Mannschaft Fußball spielte, desto mehr Ausgang erhielt er von seinen Bewachern. Später, 1946, stieß noch Werner Wienecke von Minerva 93 dazu. Lucas: «Der Piepel, das sagen die Berliner zu einem, der klein ist, war ein Klassefußballer. Als er zu uns nach Kitzingen kam, sah er so abgemagert aus, als ob er nächste Woche sterben müßte. Der Hermann Manske, der an allen Körperteilen etwas von den Amerikanern bei sich trug, wenn er durch die Wache ging, hat ihm zur Ankunft fünf Koteletts auf einmal gebraten. Als er die verputzt hatte, sagte er: ‹Mensch, ick komm' mir vor wie im Himmel!›» In Kitzingen hatte jeder Spieler, so Lucas, «einen sogenannten Paten-Onkel».

Dem oblag es, die zufriedenstellende Kalorienzufuhr seines Schützlings zu gewährleisten. Lucas' Paten-Onkel war ein Metzger: «Bei dem war ich in der Woche zweimal zum Essen eingeladen, und der hat mir auch Wurstpakete mitgegeben.»

Heinz Lucas verstand sich damals nicht nur auf die Organisation von Abwehrreihen. Auch sonst wußte er zu organisieren. So machte er in Nordheim einen fränkischen Weinbauern ausfindig: «Von dem habe ich für eine Packung Ami-Zigaretten zwei Bocksbeutel Nordheimer Vögelein bekommen. Und bei den Amerikanern habe ich für einen Bocksbeutel wieder zwei Packungen Zigaretten gekriegt.» Ein Handel, von dem allein man damals schon zur Not hätte leben können. Freilich – noch besser dran waren die Fußballer des benachbarten 1. FC Bamberg. Lucas: «Da gab es einen Gärtnereibesitzer, der hat furchtbar in den Verein hineingesteckt.» Ergebnis: Die Bamberger, in deren Reihen sich gerade der junge Karl Bögelein mauserte, der später National-Torhüter des VfB Stuttgart werden sollte, schafften 1946 vor Bayern Kitzingen den Aufstieg in die Oberliga Süd.

Erfolgreiche und große Vereine wußten damals schon höchst wirkungsvoll ihre Cracks mit Geld- und Sachzuwendungen zu erfreuen. Max Morlock über die Zeit, in der das Knurren der hungrigen Mägen wie ein anhaltender Brummton über Deutschland lag: «Gelitten haben wir Gott sei Dank nicht. Die größten Fanatiker in Nürnberg, das waren nämlich die Metzger.» Zudem hatte es ein glücklicher Umstand gefügt, daß «unser Spielführer, der ‹Zapf› Gebhardt, Gastwirt war. ‹Zum Hippel› hat die Wirtschaft geheißen.» Dorthin brachten die Metzger ihre Fleischportionen, «und sie haben Ehrenkarten dafür gekriegt». Auch beim «Club» hatte, so Morlock «jeder Spieler seinen Metzger, da hat man ohne Marken kaufen können».

Bertl Moll weiß, daß auch der FC Bayern München «tatkräftige Mäzene wie Metzger und Bäcker» hatte. Schmunzelnd berichtet der gelernte Maschinensetzer, der es bis zum Dozenten der Münchner Fachhochschule für das Graphische Gewerbe gebracht hat: «Wir waren damals im Süden eine der am besten verpflegten Mannschaften.» Was unter den besonderen Umständen der Zeit gleichbedeutend damit war, zu den interessantesten Mannschaften zu zählen. «Als wir einmal auf der Rückfahrt im Zug die Spieler von Schwaben Augsburg trafen, haben die groß gestaunt über unsere Brotzeiten.» Ohne Ausnahme sind sich die damaligen Akteure heute einig darin, gegenüber dem darbenden Normalbürger unschätzbare Vorteile gehabt zu haben. Kalorienspiele einerseits, mit denen Zusatznaturalien oder Tauschobjekte bis hin zum Speise-Service für ein «Club»-Gastspiel in Selb (so erinnert sich Morlock) erworben wurden, und erstklassige Verpflegung durch die Heimatklubs andererseits machten den Fußballsport zu einer Insel des Wohlbefindens in einem Meer von Entbehrung. Max Michallek: «Eines muß ich sagen, wir haben als Fußballer nie zu hungern brauchen. Selbst wenn es nur einfache Pellkartoffeln gab – der Hunger war schon weg.» Heinz Lucas: «Uns ging es erheblich besser als dem Normalbürger.»

Heiligtum Ball Ratschläge für die Pflege kostbaren Geräte und Kl

Neubeschaffung von Sportgeräten und Sportausrüstungen ist zur Zeit nahezu unmöglich. Es muß daher der Pflege und Instandsetzung der noch vorhandenen Geräte und Ausrüstungen die liebevollste Aufmerksamkeit gewidmet werden, besonders Lederbällen aller Art und dem Schuhwerk. Man kann sich vor viel Aerger und Verlust schützen, wenn man Schäden bereits bei ihrer Entstehung behebt und nicht wartet, bis ein kleiner Defekt sich so erweitert hat, daß Bälle und Schuhe unbrauchbar geworden sind.

Der Ball ist ein kleines Heiligtum geworden.

Sehr günstig hat sich bereits bei den Vereinen die Aufstellung erfahrener und fachkundiger Gerätewarte ausgewirkt. Schenken wir heute unsere Ratschläge dem populärsten aller Sportgeräte — dem Fußball.

Witterungseinflüsse und intensive Benützung hinterlassen nachteilige Spuren. Im Sommer bei trockenem, heißen Wetter und staubigem Boden wird das Leder spröde und die Nähte mürbe, und bald zeigen sich durchgeschliffene Stellen; die Nähte springen auf. Um dem vorzubeugen, bedarf es einer besonderen Sorgfalt und Pflege der Bälle.

1. Grundsätzlich muß nach Beendigung eines jeden Spieles der Ball genau kontrolliert werden, ob sich irgendeiner der oben erwähnten Mängel zeigt. Man bürstet den Ball auf seiner ganzen Fläche und vorwiegend die Nähte ab, fettet ihn leicht ein, besonders die Nähte. Dann hängt man die Hülle in einem luftigen, trockenen Raum auf.
2. Bei nassem Wetter muß der Ball unmittelbar nach Gebrauch von dem gröbsten Schmutz mit einem flachen Holz — niemals mit einem Messer

nimmt dem Ball die Blase und häng oben zum Trocknen auf. Auf k darf der Ball in unmitte des Ofens gebracht werd fast ausgetrocknet ist, behandelt ma Nr. 1 erwähnt.

3. Vor Beginn eines Spieles auf Schnee es sich, den ganzen Ball leicht mit reiben. Dadurch bleibt der Schnee n ten und die zersetzende Wirkung d wird bedeutend verringert. Nach Sp und einfetten wie unter Nr. 2.
4. Wird ein Ball während seiner Benüt ist es ratsam, ihn sofort aus dem S die Luft auszulassen. Auf keinen Fa mit weiterspielen. Erfahrungsgemäß Blase aus, was zur Folge hat, daß Meistens ist die Blase dann derart nicht mehr zu reparieren ist. Blasen noch schwerer zu bekommen als Hüll
5. Die Reparaturen an Lederbällen soll geschäften mit entsprechender Erfah da bei unsachgemäßer Bearbeitung d kürzt oder erweitert werden und der Form verliert.

Für die Sportschuhe wesentlichen die gleichen Anl für Lederbälle. Alles Wascher Trocknen und Nicht-Einfetten trägt zu baldigen Schäden b soll man die Sohlen nich ten, da diese dann zu weich die Nägel für die Klötzchen halten.

Das Schuhgelenk muß ir fettet werden, damit es ela und nicht bricht.

Die aufgeschlagenen Klö man nach Möglichkeit nicht reißen, da dadurch an diesen zeitig ein Loch entsteht. V es, einzelne runde Lederschei chen Durchmesser des alten bis zur gewünschten Höhe

Auch hier gilt der Grundsa

16 *Als Bälle und Schuhe Raritäten waren: «Sport» gibt seinen Lesern Tips, wie die Lebensdauer solch seltener Gegenstände zu verlängern ist.*

1. FC. Nürnberg zum siebtenmal Deutscher Meister

„Club" hält Walter-Sturm in Schach

Nürnberger Angriff überrumpelte schwache Abwehr

Kaiserslautern erst nach Halbzeit Klassemannschaft — 65 000 im Endspielfieber

(Eigenbericht für „RP-Sport" von H. E. Beutner)

Mannschaften:

1. FC. Nürnberg: Schaffer; Übelein I, Knoll; Bergner, Kennemann, Gebhardt; Herbolsheimer, Morlock, Pöschl, Winterstein, Hagen.

1. FC. Kaiserslautern: Hölz; Huppert, Kohlmeyer; Liebrich I, Liebrich II, Klee; Grewenig, F. Walter, O. Walter, Baßler, Christmann.

VfR Mannheim — Ulm 46 3:0 (2:0)

VfR Mannheim: Jöckel; Rihm, Krieg; Müller, Rößling, Keuerleber; Stiefvater, de la Vigne, Lottke, Altig, Striebinger.
Ulm 46: Turek; Bertele, Maier; Baumeister, Klöpf, Wienecke; W. Schmid, O. Schmitt, Göbel, Schöy, Loy.
Schiedsrichter: Ruhmann (Regensburg).
Tore: 1:0 de la Vigne (13. Min.); 2:0 de la Vigne (44. Min.); 3:0 Löttke (88. Min.).
Zuschauer: 8000.

Rotweiß Frankfurt-Aschaffenburg 5:1 (1:0)

Rotweiß Frankfurt: Remmert; Steger, Hergenhan; Sieber, Herz, Daßbach; Hammer, Riegl, Wirth, Trapp, Elter.
Viktoria Aschaffenburg: Riecker; Scholl, Meining; Janny, Bundschuh, Mautz; Rarsch, Schütze, Wuttke, Lehner, Budion.
Schiedsrichter: Glaser (Neckarsulm).
Tore: 1:0 Wirth (44. Min.); 2:0 Elter (47. Min.); 3:0 Wirth (53. Min.); 4:0 Hammer (67. Min.); 5:0 Hammer (85. Min.); 5:1 Budion (89. Min.).
Zuschauer: 18 000.

Phönix — BC. Augsburg 5:0 (2:0)

Phönix Karlsruhe: Bartelmeß; Tachowsky, Miklosch; Bayer, Nied, Kunz; Sommerlatt, Kucan, Skozen, Makar, Auer.
BCA: Niggel; Fischer I, Leipold; Sebald, Behner, Haider; Ludwig, Schlumpp, Hilner, Späth, Fischer II.
Schiedsrichter: Hirsch-Stuttgart.
Tore: 1:0 Skozen (3. Min.); 2:0 Auer (14. Min.); 3:0 Sommerlatt (60. Min.); 4:0 Skozen (68. Min.); 5:0 Auer (89. Min.).
Zuschauer: 11 000.

Schweinfurt — Kickers Stuttgart 1:1 (0:0)

FC 05 Schweinfurt: Käser; Baier, Amend; Kupfer I, Kitzinger, Bernard; Zimmermann, Spitzenpfeil, Gornik, Kupfer III, Lotz.
Kickers Stuttgart: Jahn; Vetter, Sing; Otterbach, Sälzler, Kronenbitter K.; Frey, Rath, Conen, Kronenbitter S., Makar.
Schiedsrichter: Müller (Frankfurt).
Tore: Conen (72. Min.) 0:1, Gornick (73. Min.) 1:1.
Zuschauer: 6000.

An Turreks Pracht-Paraden gescheitert

35 000 von Nürnbergs Feldspiel und Eintrachts rheinischer Torwart-Verstärku…

Telephonischer Bericht von E. Wick (Frankfu…

Eintracht — 1. FCN. 1:1 (0:1)

Eintracht Frankfurt: Turrek; Bechtold, Liesem; Ad. Schmidt, Gärtner, Schädler; Muth, Wirsching, Akamkiewicz, Adam Schmitt, Heilig.
1. FC Nürnberg: Lindner; Billmann, Knoll; Uebelein I, Kennemann, Gebhardt; Spieß, Uebelein II, Pöschl, Morlock, Herbolsheimer.
Schiedsrichter: Schmetzer (Mannheim).
Tore: Morlock (10. Min.) 0:1); Adamkiewicz (55.

Schalke 04: Klodt I; Berg, Schweißfurth; Burdenski, Tibulski, Dargaschewski; Klodt II, Gawliczek, Winkler, Kuzorra, Hinz.

Borussia Dortmund: Kronsbein; Rumhofer, Halfen; Michalek, Koschmieder, Janowski; Sandmann, Preisler, Lenz, Ibel, Podgorski.

Eintracht — Kaiser…n 4:3 (2:2).

Eintracht Frankfurt: Turrek; Kolb, Bechtold; Farschon, Gärtner, Schädler; Heilig, Wirsching, Muth, Baas, Krauß II.
1. F. C. Kaiserslautern: Berndt; Huppert, Kohlmeier; Liebrich I, Liebrich II, Christmann II; Grewenig, Fritz Walter, Ottmar Walter, Baßler, Christmann I.
Schiedsrichter: Schmetzer (Mannheim).
Tore: 0:1 Baßler (15. Min.) Elfmeter; 1:1 Wirsching (20. Min.); 2:1 Heilig (22. Min.); 2:2 O. Walter (30. Min.), 3:2 Baas (43. Min.; 3:3 Baßler (50. Min.); 4:3 Baas (60. Min.)
Zuschauer: 40 000.

St. Pauli-Sturm mit Torjäger Lehmann unwide…

FC St. Pauli Hamburg — Holstein Kiel 5:0 (3:0).

St. Pauli Hamburg: Thiele; Miller, Hempel; Stender, Dzur, Appel; Börner, Mach… Schaffer, Famula.
Holstein Kiel: Vitols; Krohn, Gräf; Slebioda, Krüger, Becker; Schmidt, Knob… Hein, Taslinka.
Schiedsrichter: Meyer (Leer).
Tore: 1:0 Lehmann (25. Min.); 2:0 Famula (35. Min.); 3:0 Machate (41. Min.); 4… (50. Min.); 5:0 Lehmann (80. Min.).
Zuschauer: 15 000

Oberhausen startete schwach und spielte dann glänzend weiter.

TSV Braunschweig: Knäblein; Lippert, Naab; Hagenacker, Fricke, Lieše; Ploch, Broschat, Rohrberg, Wilhelm, Ender.
Rotweiß Oberhausen: Jürissen; Pyta, Ickeltrath; Rütter, Schröder, Jezewski; Stahl, Groß, Günther, Höffken, Otten.
Schiedsrichter: Burmeister (Hamburg).
Tore: 1:0 Wilhelm (20. Min.); 2:0 Rohrberg (35. Min.); 2:1 Groß (65. Min.); 2:2 Ickeltrath (40 m-Freistoß, 74. Min.); 2:3 Günther (111. Min.).
Zuschauer: 20 000 in Hannover.

Schön bei St. Pauli

ssk **HAMBURG.** — Der internationale Stürmer des früheren deutschen Meisters DSC Dresden, Helmuth Schön, ist seinen Kameraden an die Alster gefolgt. Er hat sich St. Pauli angeschlossen, wo er u. a. wieder mit seinem Mittelläuferkameraden Dzur zusammentrifft. Schön wurde noch 24 Stunden vor Beginn der neuen allgemeinen interzonalen Sperrbestimmungen für den Hamburger Verein freigegeben.

Kuzorra-Schüler besiegen den Lehrmeister

Schalke 04 — SpVgg Erkenschwick 1:2 (0:1)

Schalke 04: Kwiatkowski; Scheuer, Berg; Preuß, Tibulski, Dargaschewski; Kallinowski, Burdenski, Winkler, Kuzorra, Klodt II.
SpVgg. Erkenschwick: Cicutek: Smigelski, Heinemann; Sperl, Silvers, Berger; I enhárd, Metcka, Rachuba, Ludorf, Silken.
Schiedsrichter: Raspel (Düsseldorf).
Tore: 1:0 Rachuba (32. Min.); 2:0 Ludorf (64. Min.); 2:1 Klodt II (76. Min.).
Zuschauer: 25 000.

Kickers Stuttgart — SV. Waldhof 2:1 (2:1)

Kickers Stuttgart: Jahn; Vosseler, Vetter; Oswald, Sing, K. Kronenbitter; Frey, Rath, S. Kronenbitter, Warzecha, Makar.
Waldhof Mannheim: Vetter; Konrad, H. Mayer; Schall, Krämer, R. Maier; Herbold, Lipponer, Fanz, Rube, Siegel.
Schiedsrichter: Schneider (Union Niederrad).
Tore: Makar (15. Min.) 1:0; S. Kronenbitter (24. Min.) 2:0; Herbold (37. Min.) 2:1.
Zuschauer: 8000.

Offenbach — VfB Stuttgart 2:0 (0:0)

VfB. Stuttgart: Schmid; Pröfrock, Steimle; Kraft, Richt, Langjahr; Läpple, Binkert, Schlienz, Bökle, Lehmann.
Kickers Offenbach: Patzl; Keller, Kasper; Mohler, Nowotny, Keim; Schallmayer, Schreier, Picard, Maier, Weber.
Schiedsrichter: Pennig (Mannheim).
Tore: 1:0 Picard (35. Min.); 2:0 Maier.

Köln — Frankfurt 2:2

Frankfurt: Kreß; Kaufmann, Dehm (FSV.); Bechthold (Eintracht), Schuchardt (FSV.), Adam Schmidt, Adolf Schmidt; Heilig, Baas (alle Eintracht), Schieth (Rödelheim), Hermann II, Kircher (FSV.).

Köln: Herkenrath; Wittkampf (Dellbrück), Schlomer (Schwarzrot Köln), Jäger (VfR. Köln), A. Funk, Moog (FC. West Köln), Weyer (VfL. 99); Schmidt (Dellbrück), Röhrig (Zündorf), Bars (VfL. 99), Harth (Dellbrück), Schäfer (1. FC.).

Zonenmeister HSV fand beim BSV unerwartet starken Widerstand

Bremer Sportverein — Hamburger Sportverein 1:3 (0:2)

BSV Bremen: Albrecht; Neuhaus, Zembski; Tünnermann, Kurzawski, Simon; Merz, Lüllmann, Preuße, Osterhorn, Fahrenholz.
HSV Hamburg: Warning; Friedo Dörfel, Holdt; Werner, Abramczyk, Seeler; Voigtmann, Trenkel, Boller, Spundflasche, Schild.
Schiedsrichter: Peschke (Hannover).
Tore: 0:1 Boller (41. Min.); 0:2 Boller (45. Min.); 0:3 Boller (56. Min.); 1:3 Fahrenholz (84. Min.).
Zuschauer: 15 000.

Ulm 46 — Spielvereinigung Fürth 1:0 (0:0)

46 Ulm: Höchenberger; Stierle, Bertele; Schmid O., Maier, Eberle; Schmidt W., Brunner, Holdschuer, Ziebach, Juert.
SpVgg. Fürth: Niemann; Schwab, Pröll; Pfeifer, Zollhöfer, Roth; Hofmann, Vorläufer, Kurz, Spitz, Winkler.
Schiedsrichter: Dehm (Karlsruhe-Durlach).
Tore: 1:0 Schmidt W. (60. Min.).
Zuschauer: 5000.

1860 München: Sembritzki; Pledl, Glas; Hammerl, Bayerer, Sommer; Lammers, Schmidthuber, Thanner, Janda, Fottner.
1. FC. Kaiserslautern: Hölz; Huppert, Kohlmeyer; Liebrich I, Liebrich II, Klee; Grevenig, Walter, F., Walter, O., Basler, Christmann.
Schiedsrichter: Raspel, Düsseldorf. Zuschauer: 27 000.
Torschützen: 35. Minute: Christmann 1:0, 58. Minute Schmidthuber 1:1, 61. Minute O. Walter 2:1, 76. Minute Christmann 3:1, 83. Minute Basler 4:1, 88. Minute Basler 5:1 (Elfmeter).

Spvgg. Neuendorf — SV. Rastatt 3:1

Neuendorf: Adam; Oster, Schäfer; Miltz, Unelbach, Reuter; Oden, Gutendorf, Voigtmann, Ahlbach, Warth.
SV. Rastatt: Ball; Jung, Renaud; Klumpp, Felix, Herold; Knörr, Dotterer, Kunkelmann, Müllmeier, Neurohr.
Tore: 10. Min. Oden 1:0, 20. Min. Müllmeier 1:1,). Min. Miltz 2:1, 52. Min. Ahlbach 3:1.
Schiedsrichter: Glöckner, Pirmasens.

Hamburger SV — Borussia Dortmund 1:0

Hamburger SV: Warning; R. Dörfel, Holdt; Werner, Reinhardt, Seeler; Fr. Dörfel, Boller, Jessen, Spundflasche, Ebeling.
Borussia Dortmund: Kronsbein; Rumhofer, Halfen: Michallek, Koschmieder, Janowski; Sandmann, Preißler, Lenz, Ibel, Podgorski.
Schiedsrichter: Raspel (Düsseldorf).
Tore: 1:0 Boller (16. Min.).
Zuschauer: 60 000.

Oberhausener Spielkunst kapituliert vor Hamborner Abwehr

Rotweiß Oberhausen — Hamborn 07 0:1 (0:0)

Rotweiß Oberhausen: Jürissen; Pyta, Ickeltrath; Ostrycharczyk, Schröder, Jezewski; Stahl, Groß, Günther, Cornelissen, Otten.
Hamborn 07: Konstanschek; Duch, Arts; Beczkowiak, Rupieta, Oles II; Oles I, Petri, Hetzel, Pucher, Diepenbruck.
Schiedsrichter: zur Mühlen (Köln).
Tore: 0:1 Diepenbruck (87. Min.).
Zuschauer: 33 000.

Das ist so nach dem Herzen der Berliner Jungen: Baseball lernen, und von amerikanischen Sportlehrern obendrein! Wie viel hörte man immer von diesem Sport, zu dem sich drüben die Massen drängen. Nun lernen sie es nach den geduldigen Anleitungen ihrer Betreuer. Ueberall nehmen sich jetzt die amerikanischen Soldaten der deutschen Jugend an, und auf den Spielfeldern, da verstehen sie sich am besten! Dana-Bild.

Sie helfen unserer Jugend!

General McNarney: „Vielleicht wichtiger als irgend eine andere unserer Aufgaben."

Unsere Jugend muß von der Straße fort! Sie muß den demoralisierenden Einflüssen der Umwelt möglichst entzogen, vor den bösen Einflüsterungen der Versuchung zu zeitbedingten Lasten bewahrt werden! Das ist die beschwörende Formel unserer Tage, überall, wenn man an morgen denkt. Alles was wir hören und sehen, nährt die Besorgnis um die Zukunft unserer jungen Generation.

Die große, starke Hoffnung für sie — für uns, das ist der Sport!

Das weiß auch die Besatzungsmacht. Auf welche Weise man glaubte, die Nürnberger Jugend einem anständigen, ordentlichen Leben zurückgeben zu können, erläuterte der Sportoffizier des Nürnberger Stadions, Oblt. William C. Schroeder, dem Mitarbeiter des „Sport".

Im Stadion von Nürnberg soll eine Sportschule für deutsche Kinder erstehen, eine Art „Sportklub des Stadions". Eingeladen sind alle Jugendlichen zwischen 10 und 18 Jahren. Sie werden altersmäßig in verschiedene Sportklassen mit abgestuften Leistungsprogrammen eingeteilt. Ueber die Erfolge aller Beteiligten unterrichten genaue Protokolle, um die Aktivität und das Interesse jedes einzelnen „Schülers" zu verfolgen. Die Ausbildung übernehmen zunächst ausgesuchte amerikanische Trainer. Sie leiten auch die verwaltungsmäßige Betreuung. Aus den Schulen sollen im Laufe der Zeit die für Menschenführung geeigneten Kräfte als Hilfslehrer oder für die Verwaltung ausgewählt werden. Später steht die Organisation vielleicht einmal ganz auf eigenen deutschen Füßen.

Dem Unterrichtsplan sind alle Sportarten zugedacht. Außer den in Deutschland bereits eingeführten Spielen werden auch die typisch amerikanischen Sports, wie der rugbyähnliche USA-Football, Basketball und natürlich das Nationalspiel Baseball theoretisch und praktisch gelehrt.

Die Sorge um Sportkleidung und Sportgeräte soll den Nürnberger Jungen keinen Kummer bereiten. Alles leihen ihnen die amerikanischen Dienststellen. Wie Oberleutnant Schroeder erzählt, ist hierfür Gerät und Kleidung ausreichend für zwei Jahre, in den USA bereits bestellt und wird schon in Kürze erwartet.

Da ähnliche Bestrebungen der Besatzungsarmee im ganzen amerikanisch besetzten Gebiet sich verwirklichen werden, plant man für das kommende Jahr eine Städte-Wettkampf-Serie der US-Zone für die Tüchtigsten der jungen Generation.

18 *Das stand am 6. November 1946 in «Sport». Baseball und American Football dienten seinerzeit auch der «Gesundung» und Umerziehung der deutschen Jugend.*

19 *Noch einmal das von der Münchner Ruinenkulisse gesäumte Stadion an der Grünwalder Straße: Die Bayern beim Oberligaspiel gegen den VfB Stuttgart mit (von links) «Schimmi» Simetsreiter, Bertl Moll und Hans Meier.*

◁ 17 *Namen, die man damals las und kannte: Die Aufstellungen erschienen 1947 und 1948 im Fachblatt «Sport». Viele altbekannte und – seinerzeit – neue Namen tauchen darin auf. Zu den «neuen» gehörte auch Toni Turek, dessen Schreibweise manchen Journalisten offenbar noch nicht geläufig war. Auch die Erkenschwicker Cichútek und Mateka beispielsweise sind falsch geschrieben.*

20 *Das erste Fußballspiel im Stuttgarter Neckarstadion nach dem Krieg fand zwischen Frankreich und Rußland statt, das heißt, es spielte eine Soldatenmannschaft gegen eine Mannschaft aus russischen Fremdarbeitern. Das Endspiel um den Ehrenpreis des Oberbürgermeisters gewann der VfB Stuttgart gegen die Stuttgarter Kickers mit 1:0 am 6. Oktober 1945.* ▷

With consent of the Military Government	Mit Genehmigung der Militär-Regierung

Sonntag, **26.** August 1945

Fußballspiele - Football - Matches

Um den Ehrenpreis des Oberbürgermeisters

der Stadt Stuttgart

Kickersplatz Degerloch:	14.30 Uhr	**Kickers—Botnang**	In Münster:	16.15 Uhr	**Reichsbahn—Gaisburg**
	16.15 „	**MTV.—Sportfreunde**	In Ludwigsburg:	14.30 „	**Prag—Heilbronn**
In Gaisburg:	13.00 „	**Sportclub Reserve—Kickers Reserve**		16.15 „	**Ludwigsburg—Birkach**
	14.30 „	**Sportclub—Obertürkheim**	In Zuffenhausen:	15.00 „	**Zuffenhausen—Feuerbach**
	16.15 „	**Gablenberg—Sindelfingen**	In Kaltental:	15.00 „	**Kaltental—Münster**
In Münster:	13.00 „	**VfB.Reserve—Sportfreunde Reserve**	In Wangen:	15.00 „	**Untertürkheim—Mettingen**
	14.30 „	**VfB.—Eintracht**	In Hedelfingen:	15.00 „	**Hedelfingen—Wangen**

50 000 sahen Schalke — HSV.

Großartig und typisch für die Fußballbegeisterung an der Ruhr war der Rahmen des Spieles Schalke 04 — HSV. am Samstag. Obwohl der Stehplatz zugunsten der Hochwasser-Geschädigten auf 2 RM kam, waren 42 000 Karten verkauft Zehntausend und mehr fanden keinen Einlaß stürmten die Tore und „belagerten" das Spielfeld so daß die Mannschaften es nicht leicht hatten, überhaupt zu einem regulären Spiel zu kommen. Schalke gewann 2:0 Ein Schuß Winklers rutschte Reinhard vom Fuß ins Tor. Den zweiten Treffer erzielte Gawlitzek, der sich als rechter Läufer in eine Kombination der linken Flanke (!) einschaltete und einen flachen Schuß anbrachte. Spundflasche vergab zwei große Torgelegenheiten. — Übrigens: Schalke „kreiselte" nicht, sondern paßte sich mit einem betonten Zweckmäßigkeitsfußball dem Kampfstil des HSV an, der damit zum ersten Male nach dem Kriege gegen eine deutsche Mannschaft verlor

21 *Fußballgenuß für zwei Reichsmark. Aus der «Rheinischen Post» vom 18. September 1946.*

22 *«Ich habe voll durchgezogen.» Herbert Burdenski (links) erzielt per Elfmeter das erste Länderspieltor der Nachkriegszeit. Ein Bilddokument aus dem Stuttgarter Neckarstadion.*

23 *Der STV Horst-Emscher war kurz nach dem Wiederbeginn im Westen eine Fußballmacht: In der Oberliga wurde er 1947/48 und 1948/49 jeweils Dritter. Dieses Foto entstand im Horster Fürstenberg-Stadion beim Spiel gegen eine Studentenauswahl (vor solcher Kulisse!); die Akteure sind Franz Wichelhaus (rechts) und Berni Klodt, der von Schalke zu Horst und später wieder von Horst zu Schalke wechselte, wo er dann ganz groß herauskam.*

Pappkartons und Holzvergaser

Was heutzutage im Spitzenfußball Abteilungsleiter- oder gar Manager-Gehälter bewirken, wurde damals durch die lebensunmittelbaren Zuwendungen oder, wie Dr. Franz Wichelhaus, nacheinander Vertragsspieler beim STV Horst-Emscher, bei Bayer Leverkusen, dem 1. FC Köln und schließlich Borussia Mönchengladbach, betont, «durch gute Arbeitsstellen oder Existenzen wie Toto-Annahmestellen» erreicht. Eine von der Glückssonne beschienene Minderheit waren die Kicker jedenfalls auch schon in den ersten Nachkriegsjahren. Allerdings unter erheblich schwierigeren Bedingungen organisatorischer und praktischer Art. Allein die Spieler-Ausrüstung war ein Kapitel für sich. Fußballschuhe bedeuteten ein unschätzbares Kapital. Und waren sie noch so alt oder abgetragen – sie wurden gehegt und gepflegt und lieber noch ein paarmal geflickt, ehe man sie endgültig ausrangierte. Welch ein Gegensatz zur heute üppigen Versorgung besonders von Profimannschaften mit allem erstklassigen Material, wenn Matthes Mauritz sich erinnert: «Wir hatten Schuhe, da kamen im Laufe des Spiels oft aus den Stollen die Nägel heraus.» Statt Ledertaschen für die Ausrüstung trugen die ersten Nachkriegsspieler ihre Sportsachen noch im Pappkarton zur Kabine. Um überhaupt das nötige Schuhzeug zusammenzutragen, baten die Vorsitzenden und Obleute der kleinen Vereine die Witwen gefallener Kameraden um Überlassung des raren Fußwerkzeugs.

Ein Abenteuer waren oft die Reisen. In den ersten Monaten nach dem Kriegsende bewegten sich die Fußball-Mannschaften vornehmlich mit Holzvergaser-Autos voran. Die Technik dieser aus der Not geborenen Vehikel funktionierte grob vereinfacht dargestellt so: In einem auf der Ladefläche installierten Kessel wurden durch Holzverbrennung Gase erzeugt, die sich auf dem Weg zum Aggregat verflüssigten und so den Treibstoff bildeten. Richtiges Benzin nämlich hatten in Deutschland nur die Truppen der Siegermächte zur Verfügung. Die Qualität des Holzes und der Grad seiner Trockenheit bestimmten maßgeblich die Reisegeschwindigkeit der eigentümlichen Fahrzeuge. Mit rappeltrockenem Buchenholz ließen sich zwar 70 Stundenkilometer erzielen. Doch in der Regel tukkerten die Autos mit 40 bis 50 Stundenkilometer über Land. Schnell genug, denn auf den Ladeflächen kauerten, oft ohne Verdeck über dem Kopf, die Mannschaften auf grobgezimmerten Holzbänken. Niemand von ihnen konnte sich damals vorstellen, daß ihre Nachfahren der siebziger und achtziger Jahre in modernen Reisebussen dahingleiten würden – mit Klubsessel-Komfort, Getränkebar und Farb-Fernsehen an Bord.

Von 1946 an wurde in zunehmendem Umfang die Eisenbahn das übliche Fortbewegungsmittel. Doch in den überfüllten Zügen der damaligen Zeit waren Bahnreisen oft eine Tortur. Bertl Moll weiß noch, «daß wir, wenn wir von Frankfurt nach München zurückfuhren, oft nur auf den Gängen Platz bekamen». Wie die damaligen Ballartisten auf längeren Reisen übernachteten, schildert Max Morlock: «Wenn wir in Mannheim spielten, waren wir privat untergebracht. Die meisten Hotels waren ja zerbombt.»

Ein weiteres Hemmnis für die Spieler stellte auf langen Spielreisen die Sperrstunde dar, die die Besatzer eingeführt hatten, um die Deutschen besser kontrollieren zu können. Vor 6 Uhr morgens durfte sich niemand auf der Straße blicken lassen; jede Konfrontation mit einer Militärstreife hätte höchst unangenehm sein können. Bayern-Spielführer Moll weiß noch, als wäre es vorgestern gewesen: «Wenn wir sonntags in Frankfurt gespielt hatten, kamen wir gegen halb fünf am Montagmorgen wieder in München an. Dann mußten wir im Löwenbräu-Keller warten, bis es 6 Uhr war.» Von dort ging es dann gleich zur Arbeit. Daß sich die bekannte

24 *Das Horster Torwart-As Flotho (links) schaut wie sein Mitspieler Wichelhaus dem Ball nach, den der Kölner Bars allerdings nicht mehr erreicht. Eine Szene vom Spiel 1. FC Köln gegen STV Horst-Emscher aus der Frühzeit der Oberliga West.*

Münchner Lokalität damals den Bayern-Spielern zu solch ungewohnter Stunde öffnete, verdankten sie dem Pächter Xaver Heilmannseder, der ein Vorstandsamt im Verein bekleidete und durch seinen kurzen Gefängnisaufenthalt als Organisator des ersten Nachkriegs-Spiels noch keineswegs genug vom Fußball hatte.

So genügsam die erste Fußballer-Generation nach der Stunde Null auf Reisen zu sein hatte, soviel Verhandlungsgeschick mußte die erste Funktionärs-Generation im Umgang mit den Besatzern beweisen. Anfangs, bei den allerersten Spielversuchen, erteilten die Kommandanten Genehmigungen ohnehin lediglich für ihr Stadtgebiet. Als später auch weitere Fahrten bewilligt wurden, halfen den Vereinen oft gute Kontakte zu den Militärdienststellen über Schwierigkeiten hinweg, machte die Fahrbereitschaft der Besatzer auch einmal «nur» für ein Fußballspiel ein Automobil flott, sahen die Militärposten weg, wenn heimkehrende Fußball-Mannschaften von ihren Kalorienspielen allerlei Lebensmittel mitbrachten. «Man mußte», betont das damalige Düsseldorfer Fortuna-Vorstandsmitglied Hubert Ebert, «für alles Beziehungen haben». In der britischen Zone – die Briten hatten im Juni 1945 vielerorts nach der endgültigen Festlegung der Besatzungszonen die zunächst anwesenden Amerikaner abgelöst – entwickelten sich gute Kontakte zu den Militär-Dienststellen häufig schon allein durch das gemeinsame Hobby Schon im Sommer 1945 traten britische Soldaten-Teams, in deren Reihen viele Profis standen, häufig gegen deutsche Mannschaften an.

Außer in der Viersektorenstadt Berlin waren Grimm oder Mißtrauen der Besatzer gegenüber den Deutschen nicht von langer Dauer. Schon bald durften sich in den westlichen Besatzungszonen auch die zunächst aufgelösten Vereine

25 Diese Holzbude war die Grundlage von Max Morlocks Existenz. Nahe dem Nürnberger Hauptbahnhof betrieb der Nationalspieler schon bald nach Einführung des Totos zusammen mit seinem Schwiegervater eine Annahmestelle mit Kartenvorverkauf. Der damals (noch ohne Lotto-Konkurrenz) mächtige Fußball-Toto war eine wichtige Stütze auch für die Vereine.

Neußer Stadtelf gegen Royal Artillery

Neuß. Als ein schöner Beweis des guten Einvernehmens zwischen der Besatzung und der Neußer Bevölkerung kann ein erstmalig seit Kriegsende zwischen Soldaten der Royal Artillery und einer Neußer Stadtelf durchgeführtes Fußballspiel gebucht werden. Das Treffen fand in Gegenwart von rund 3000 Zuschauern statt, einer Zahl, wie sie seit vielen Jahren nicht mehr den Turnierplatz des Stadions umsäumte. Außer zahlreichen britischen Soldaten bemerkte man auch den Neußer Stadtkommandanten unter den Zuschauern. Das Spiel wurde in äußerst fairer Weise durchgeführt. Die Neußer Stadtelf fand sich schnell und konnte in frischem Draufgängertum bis zum Spielschluß zehn Treffer buchen, denen die englischen Gäste, die trotz der Niederlage ein schönes Spiel vorführten, nur einen entgegenzusetzen vermochten. Die Höhe dieses Ergebnisses wird dem Kampfverlauf nicht gerecht und dürfte in dem Rückspiel eine Berichtigung erfahren.

26 Fußballalltag damals. Die Besatzer traten vielerorts gegen die Besiegten an. Aus «Neue Rheinische Zeitung» vom 8. August 1945.

Gründung von Sportvereinen

Veranstaltungen nicht mehr genehmigungspflichtig

Sportvereine dürfen jetzt in der britischen Zone gegründet werden, ohne erst die Genehmigung der Militärregierung einzuholen. Die Vereine dürfen Sportveranstaltungen jeder Art, Fußballkämpfe oder leichtathletische Treffen, ohne vorherige Genehmigung der Militärregierung durchführen. Diese Erlaubnis zählt zu den Erleichterungen bei der Durchführung öffentlicher Versammlungen, die vor kurzem in Kraft getreten ist.

27 Ein bißchen mehr Selbständigkeit. Aus «Neue Rheinische Zeitung» vom 12. Dezember 1945.

Vierzehn Sportgemeinschaften

Stadtamt für Leibesübungen zu neuem Leben erwacht

Wuppertal. Im Einvernehmen mit der Militärregierung werden im Bereich der Stadt Wuppertal zunächst vierzehn Sportgemeinschaften gebildet, die sich auf die verschiedensten Stadtbezirke und Stadtteile verteilen. Jede dieser Gemeinschaften wird in ihren zehn Untergliederungen alle in den bisherigen Vereinen gepflegten turn- und sportlichen Disziplinen erfassen. Zweck dieser Konzentration des Turnens und des Sports ist eine ersprießliche Zusammenarbeit mit der Stadtverwaltung und der Militärregierung anzustreben. Verbindungsglied zwischen beiden — Sportgemeinschaften und Militärregierung bzw. Verwaltung — ist das ebenfalls wieder ins Leben gerufene Stadtamt für Leibesübungen, dessen Leitung Stadtturnwart Paul Immel übernommen hat. Immel war in gleicher Weise bereits bis 1933 tätig. Der Leiter des Stadtamtes für Leibesübungen hatte kürzlich zu einer Zusammenkunft der Vertreter aller Wuppertaler Turn- und Sportvereine in der Gaststätte des Stadions zusammengerufen. Hier wurde in angeregter Aussprache Stellung zu diesem Plan genommen und ihm schließlich, wenn auch hier und da Bedenken gegen ihn laut wurden, zugestimmt. Man will jedoch zur gegebenen Zeit die Entwicklung überprüfen.

28 *In manchen Städten hatten es die traditionellen Sportvereine am Anfang schwer. Aus «Neue Rheinische Zeitung» vom 25. August 1945.*

29 *Schalke gegen Fortuna: 1946 war dieser West-Schlager in Recklinghausen ein Kassenfüller. Hier in Aktion (von links) Fortuna-Torwart Alfred Borkenhagen, Herbert Burdenski, Berni Klodt (beide Schalke), Paul Mehl und Kurt Borkenhagen.*

wiedergründen; Fortuna Düsseldorf beispielsweise existierte bereits ab 1. August 1945 wieder. Versuche der Alliierten, den Vereinssport in kommunalen Sportgemeinschaften an eine Art politische Kandare zu nehmen, verebbten bald. Erich Fette, später einige Jahre lang Lizenzspieler-Obmann des Wuppertaler SV und schon 27 Jahre Mitglied der niederrheinischen Verbandsspruchkammer, hat die künstlichen Gebilde solcher in Stadtteilen zusammengefaßten Gemeinschaften als «ein kurzes Zwischenspiel» in Erinnerung. «Über eine gemeinsame Versammlung hinaus ist die Sache in Wuppertal nicht gediehen.» Bald gingen die Vereine fast überall wieder ihrer Wege, ohne daß die Besatzer sie hinderten. Länger dauerte es aber beispielsweise im amerikanisch besetzten Bremen. Dort gehörte Wer-

der monatelang zur sogenannten «Sportgemeinschaft Bremen-Mitte». Erst Ende März 1946 durfte der SV Werder wieder seinen traditionellen Namen führen. Dagegen hatte die «Neue Rheinische Zeitung», ein von den Briten ins Leben gerufenes, samstags und mittwochs erscheinendes Blatt, im Dezember 1945 gemeldet, Sportvereine dürften nun wieder «in der britischen Zone gegründet werden, ohne erst die Genehmigung der Militärregierung einzuholen». Außerdem konnte man nun auch «Fußballkämpfe . . . ohne vorherige Genehmigung . . . durchführen».
Zu dem Zeitpunkt genossen Vereine und Zuschauer auch schon wieder einen regelmäßigen Spielbetrieb. Und obwohl die wenigen bereits erscheinenden Zeitungen aus Papiermangel nur zweimal wöchentlich herauskamen, ihr Sportteil zudem von sehr bescheidenem Umfang war, strömten die Massen zu den Spielfeldern. Handgeschriebene Aushänge und vor allem Mundpropaganda kündigten bevorstehende Spiele nicht weniger wirkungsvoll an, als es heute durch das flächendeckende, breitgefächerte Medien-Angebot geschieht: Fußball-Begegnungen waren als einsames, konkurrenzloses Freizeitangebot willkommene Ablenkung vom freudlosen Alltagsleben.
Auch in Berlin wurde seit Herbst 1945 wieder Fußball gespielt. Doch in der verwüsteten Metropole sorgte besonders die sowjetische Besatzungsmacht beharrlich dafür, daß die traditionsreichen Vereinsnamen als Sinnbilder zerschlagener bürgerlicher Tradition nicht verwendet werden durften und die Vereine wie in der östlichen Besatzungszone durch «Sportgruppen» ersetzt wurden. Der erste Berliner Nachkriegs-Meister hieß deshalb nicht BSV 92, sondern Wilmersdorf, der zweite nicht Alemannia 90, sondern Prenzlauer Berg. Richard Genthe, Anfang der zwanziger Jahre Torhüter bei Weißensee

30 *Kuzorra und Jürissen (vorn) führen die Mannschaften von Schalke und Oberhausen auf das Spielfeld der Glückauf-Kampfbahn. Das war 1948. In diesem Spiel gegen die Oberhausener, die seinerzeit zu den Großen des West-Fußballs gehörten, brach sich der glänzende Techniker Ötte Tibulski (Herbert Burdenski: «Er war ein Spielertyp wie später Franz Beckenbauer») das Schienbein – Ende der Karriere für eine der letzten großen Stützen der Schalker Altmeister-Mannschaft.*

31 *Die Schalker im kalorienarmen Jahr 1947, bereit zum Training.*

1900 und Minerva 93, später als verdienstvoller Funktionär DFB-Ehrenmitglied geworden, erlebte als Leiter der bereits im Mai 1945 gegründeten, kommunalen «Sparte Fußball» im Zentralen Sportausschuß der Stadt das jahrelange Ringen der alten Vereinsvertreter mit den Stadtkommandanten, das erst 1948 erste Erfolge bescherte, als unter anderem die Reinickendorfer Füchse, der VfB Pankow und der SC Südring wieder als Vereine zugelassen wurden. Andere wie Hertha BSC, Alemannia 90, Blau-Weiß 90, der SC Charlottenburg oder BFC Preußen mußten noch länger auf die Wiederzulassung ihrer Traditionsnamen warten. Immerhin gelang es – bemerkenswerte Sonderentwicklung bei der sich abzeichnenden deutschen Spaltung – noch bis 1950, einen Gesamtberliner Fußballbetrieb aufrechtzuerhalten, obwohl seit Mitte 1947 politische Bestrebungen wirksam waren, die sowjetische Besatzungszone in einen separaten deutschen Ost-Staat umzuwandeln, der auch ein fußballsportliches Eigenleben entwickelte (Seite 42). Währungsreform, Einführung des Totos und des Vertragsspielerstatuts sowie unversöhnlicher werdende politische Gegensätze machten dann auch im Fußballsport die Teilung Berlins zur Wirklichkeit; den Sportgruppen der Sowjetzone und des Ostteils der Stadt wurden Reisen nach West-Berlin untersagt, der Vorhang bekam eiserne Qualität.

Der «Sonderfall Saargebiet»

Besonders bemerkenswert war die Entwicklung des Nachkriegsfußballs an der Saar. Zwar hatte sich der 1. FC Saarbrücken schon 1946 mit dem Titel des ersten Meisters der französischen Zone schmücken dürfen und dabei knapp den 1. FC Kaiserslautern hinter sich gelassen. Doch 1948 zollte der Saar-Fußball dem französischen Bestreben Tribut, das Saargebiet von Deutschland zu separieren. Der 1. FC Saarbrücken wurde als Gastmannschaft in die zweite französische Liga eingereiht, wo er – ohne Aufstiegsberechtigung! – gleich im ersten Jahr Platz eins belegte. Hermann Neuberger, der profilierteste Sportführer, den das Saarland nach dem Krieg hervorbrachte, war zu dieser Zeit noch als Jugendleiter an der Saar tätig. Nach kurzer Gefangenschaft in der Nähe von Rimini in Oberitalien hatte der damals 25jährige Hauptmann der Wehrmacht Anfang November 1945 schon wieder nach Saarbrücken zurückkehren dürfen und sich gleich bei der Gründung des Landessportausschusses für das Saarland nützlich gemacht. Als am 25. Juli 1948 der Saarländische Fußball-Bund (SFB) gegründet wurde, spielte Neuberger schon eine Rolle als treibende Kraft. Genau ein Jahr später gehörte er zu jenen 609 Delegierten des Verbandes, die den von der Saar-Regierung unterstützten Antrag auf Beitritt zum Französischen Fußballverband ablehnten (299 Ja-Stimmen, 55 Enthaltungen). Am 22. Juni 1950 führte der inzwischen zum SFB-Präsidenten gewählte Neuberger seinen Verband in die FIFA-Familie, drei Monate bevor der DFB aufgenommen wurde (22. September). Bis 1956 war der SFB selbständiges FIFA-Mitglied. 1953 (Stuttgart) und 1954 (Saarbrücken) bestritt seine Auswahlmannschaft die denkwürdigen Weltmeisterschafts-Qualifikationsspiele gegen die bundesdeutsche Nationalelf (0:3, 1:3); die von Helmut Schön betreuten Saarländer trugen insgesamt 19 Länderspiele aus, ehe sich

Keine Fußball-Spiele mehr zwischen saarländischen und deutschen Mannschaften

Der französische Fußballverband tagte unter Vorsitz seines Präsidenten Jules Rimet und in Anwesenheit von Vertretern der saarländischen Regierung und des saarländischen Sports am Freitag in Paris, wobei folgende Entscheidungen getroffen wurden:

1. Ab 20. Mai dürfen keine Freundschaftsspiele mehr zwischen saarländischen und deutschen Fußballmannschaften ausgetragen werden.
2. Ab sofort können alle saarländischen Vereine völlig frei mit französischen Fußballmannschaften Freundschaftsspiele austragen.
3. Die 4 saarländischen Fußballvereine, die in der Zonenliga Nord spielen, dürfen die Meisterschaft zu Ende führen, allerdings nur bis Ende Juni.
4. Ab 1. Juni können die Saarvereine im Einverständnis mit dem franz. Fußballverband mit allen Ländern, die dem Internationalen Fußballverband angeschlossen sind, Freundschaftsspiele austragen.

Weiterhin wurde auf der Sitzung beschlossen, eine gemeinsame französisch-saarländische Kommission zu bilden, deren Aufgabe darin besteht, die künftigen Sportbeziehungen zwischen beiden Ländern zu regeln.

32 Der «Sonderfall Saar». Aus «Sport» vom 5. Mai 1948.

der SFB nach der Wiederangliederung des Saargebiets an die Bundesrepublik 1956 als Landesverband unter der Bezeichnung «Saarländischer Fußball-Verband» endlich dem DFB anschließen durfte. Infolge der besonderen Saar-Lage trug der damals sehr talentierte Heinz Vollmar vom SV St. Ingbert Länderspiele sowohl für das Saarland (4) als auch für Deutschland (12) aus. Noch erstaunlicher ist, daß die Saar als ein selbständiges FIFA-Mitglied von 1951 an mit ihren beiden stärksten Vereinen 1. FC Saarbrücken und Borussia Neunkirchen an den Spielen der Oberliga Südwest teilnahm. Neuberger hatte dies – «damit wir an der Saar nicht eine regelrechte Inzucht betreiben mußten» – in zähem und geschicktem Taktieren beim damaligen FIFA-Vizepräsidenten Drewry (England) durchgesetzt. Um ihn zumindest schon einmal für diesen Teilanschluß saarländischen Spitzenfußballs an die Bundesrepublik zu gewinnen, was bei der damals auch in der FIFA herrschenden Stimmung gegenüber den Deutschen sehr schwierig war, zechte Neuberger eine ganze Nacht lang mit dem als trinkfest und gesellig bekannten Engländer, der auch Präsident des Klubs Grimsby Town war. Neuberger berichtet darüber: «Ich hatte mich vorher mit dem Öl von zwei Ölsardinendosen präpariert, um alles gut zu überstehen, und tatsächlich brachte ich Drewry in den nur Männern zugänglichen Klubräumen von Grimsby Town dazu, für uns zu stimmen.» Das Mehrheitsverhältnis im FIFA-Exekutivkomitee war schließlich dennoch denkbar knapp – 4:3. Aber immerhin: Saarbrücken und Neunkirchen konnten als sportliche Vorreiter die Rückkehr der Saar um fünf Jahre vorwegnehmen. «Ein Jahr später», erinnert sich Neuberger, «haben wir dann Saar 05 Saarbrücken als dritten Saarverein in die Oberliga Südwest hineingeschmuggelt.»

Die ersten Vertragsspieler

Durch die Gliederung Rest-Deutschlands in vier Besatzungszonen und das Fehlen einer einheitlichen Verbandsführung (erst 1950 erfolgte die Wiedergründung des DFB) ging es organisatorisch und spieltechnisch in den ersten Nachkriegsjahren kunterbunt durcheinander. Während Süddeutschlands Spitzenklubs schon wenige Monate nach dem Zusammenbruch quasi im Handstreich die bis in die Kriegsjahre gültig gewesene Gauliga-Beschränktheit abstreiften und ab November 1945 eine Oberliga präsentierten, wurstelten die Klubs im Westen zunächst einmal mit Stadt- und Landesverbandsmeisterschaften herum. 1946 beispielsweise hatte der Süden im VfB Stuttgart seinen ersten Süddeutschen Meister; die «Neue Rheinische Zeitung» unter-

33 *Am 6. Juni 1956 fand in Amsterdam (2:3) das letzte Spiel der Saarauswahl statt. Stehend von links: Siedl, Clemens, Vollmar, Martin, Krieger, Binkert und Trainer Helmut Schön; kniend von links: Lauck, Puff, Borcherding, Philippi, Keck.*

34 *Spitzenfunktionär von der Saar: Hermann Neuberger wurde zu einem der einflußreichsten Amtsträger im Fußballsport.*

dessen konnte am 4. September des Jahres erst vom «Niederrhein-Meister» RW Oberhausen berichten. Am 16. Juli 1947 – zweiter Süddeutscher Meister war der 1. FC Nürnberg geworden – informierte das Blatt seine Leser darüber, daß der Hamburger SV durch ein 1:0 gegen Borussia Dortmund Meister der britischen Besatzungszone geworden sei. Zonen-Meister nannte man das kurz. Immerhin.

Weiter waren die Fußball-Macher im Süden mit Ludwig Franz (Nürnberg), Dr. Fritz Walter (Stuttgart) und Hans Deckert (Schweinfurt) an der Spitze auch auf anderem Gebiet: Am 14. September 1948 starteten sie mit einer beachtlichen Neuerung in die vierte Nachkriegs-Saison: Der Vertragsspieler wurde eingeführt. Süffisant kommentierte das Fachblatt «Sport» den ersten Spieltag: «Während im Süden die nunmehrigen Profi-Mannschaften sich auch ganz nach Art und Weise der Profis mit typisch englischen Ergebnissen trennten, spielten die ‹Amateure› des Westens und Nordens mit typischen Amateur-Ergebnissen, d. h. recht hohen Torquoten.» Einseitig und insbesondere gegen entschiedenen West-Widerstand war die Tür zum Berufsfußball von den Süd-Klubs aufgestoßen worden, und «Sport-Magazin» kommentierte zufrieden: «Nun ist man endlich auf dem Weg, die Heuchelei zu verdrängen.» Die süddeutschen Vereine hatten sich allerdings auch in Zugzwang befunden, denn Profisport-Unternehmer machten mit Billigung der amerikanischen Militärbehörden Anstalten, von München und Stuttgart aus einen Profifußball-Zirkus in Konkurrenz zur Oberliga aufzuziehen.

Freilich war der in Süddeutschland direkt nach der am 21. Juni 1948 erfolgten Währungsreform vollzogene Schritt lediglich halbherzig. Das Vertragsspieler-Statut, mit den Finanzämtern abgestimmt, grenzte die Zahlungen an Spieler auf mindestens 150 und höchstens 320 Mark brutto monatlich ein. So blieb natürlich immer noch eine bemerkenswert breite Grauzone an Spieler-Zuwendungen. Aber der Entschluß, den Vertragsspieler einzuführen, war eine wenn auch unzulängliche, so doch wenigstens machbare Zwischenlösung. Der Westen wollte gleich den größeren Schritt zum Professionalismus tun, erreichte aber nichts und war so zunächst einmal von der süddeutschen Vorwärts-Strategie abgehängt. Dabei ließen sich auch des Westens gute Spieler ihre Kunststückchen durchweg bereits ordentlich bezahlen. Fritz Pliska: «Bei Vohwinkel 80, wo ich während meiner Ausbildung zum Fußballehrer in Köln aktiv war, bekam jeder für das erste Spiel nach der Währungsreform 50 Mark in die Hand gedrückt.» Immerhin hatte das «Kopfgeld» für jeden Bürger nach dem Schnitt vom 21. Juni nur 40 Mark betragen.

Vohwinkel 80 war einer der Vorläufer des heutigen Wuppertaler SV und spielte im deutschen Nachkriegsfußball der ersten Stunde ebenso eine beachtliche Rolle wie so mancher andere nicht mehr existierende, in Fusionen aufgegangene oder in der Versenkung der unteren Klassen verschwundene Klub. Es sei hier nur an Schwaben und BC Augsburg (heute FC Augsburg), VfB Mühlburg, Phönix Karlsruhe (beide vereinigten sich zum Karlsruher SC), Karlsruher FV, VfR Mannheim, VfL Neckar-

Neue Berufsfußball-Vereine sind startbereit

Aufsehenerregende Erklärung eines süddeutschen Profisport-Unternehmers

Stuttgart — Vor der Stuttgarter Aussprache der Lizenzträger der deutschen Berufsfußballklubs hatte Albert Bauer, der erste Vorsitzende der Interessengemeinschaft, bereits in München erklärt, daß der Saisonbeginn 1948-49 auch den Start der lizenzierten Berufs-Fußballklubs bringe. Bauer sagte u. a., daß die Vorbereitungen für den Spielbeginn bis aufs Kleinste getroffen sind, die Eintrittskarten für die Veranstaltungen bereits bei den Steuerämtern liegen und in den Städten München, Stuttgart, Nürnberg, Mannheim zahlreiche Verträge mit Oberligaspielern abgeschlossen wurden. Die einzelnen Spielerverträge gelten vorerst für ein Jahr; mehrere der verpflichteten Spieler erhielten bereits ein Grundgehalt von vorläufig 200 DM. Als Sprachrohr der Berufsfußballklubs wird ein Mitteilungsblatt herausgegeben, dessen Erscheinen genehmigt ist und das in Bayern in einer Auflage von 10 000 Exemplaren erscheint.

35 *Ein Versuch, der fehlschlug. Aus «Sport-Magazin» vom 21. Juli 1948.*

au, SpVgg Fürth oder Viktoria Aschaffenburg im Süden, Bremer SV, Göttingen 05, Holstein Kiel, VfB Lübeck, Concordia Hamburg oder TSV Eimsbüttel (Hamburg) im Norden, Hamborn 07, Rhenania Würselen (damals mit dem jungen Halbstürmer Jupp Derwall), Spfr. Katernberg, STV Horst-Emscher, SV Sodingen oder SpVgg Erkenschwick im Westen erinnert.

Seit 1947 hatte bei aller interzonalen Verschiedenartigkeit des Spielbetriebs in den drei westalliierten Besatzungszonen zumindest insofern ein Gleichklang des Spitzenfußballs Platz gegriffen, als endlich überall eine Oberliga als höchste Spielklasse existierte, deren Vereine vielfach jedoch zum Überleben der Gelder des gerade gegründeten Fußballtotos bedurften. West und Nord waren mit der Oberliga-Gründung dem Beispiel von Süd und Südwest gefolgt, so wie sie 1949 auch bezüglich der Einführung des Vertragsspieler-Statuts nachkleckerten.

Interessant waren die damaligen Spielstärke-Strukturen, die wie die Einführung des neuen Spielertyps teilweise bereits die neue Fußball-Zeit signalisierten. So vollzog sich im Westen schon 1948 die Ablösung des bis dahin dominierenden FC Schalke 04 durch den «Emporkömmling» Borussia Dortmund. Wenn die beiden westfälischen Rivalen früher aufeinandergetroffen waren, so erinnerte sich Max Michallek, «dann war das für die Schalker bloß eine Frage der Deutlichkeit des Sieges: Wie hoch pinnen wir die – sechs, sieben oder acht?» Aber dann, so Michallek, «platzte der Knoten, als wir 1947 in Herne die Schalker 3:2 schlugen. Das war das Spiel um die Westfälische Meisterschaft.» Ein Jahr später – auf Initiative des weitblickenden Franz Kremer hatten sich etwas weiter südlich Sülz 07 und der KBC gerade zum 1. FC Köln zusammengeschlossen – hieß auch der erste westdeutsche Oberliga-Meister Borussia Dortmund. Und für die stark verjüngte Gelsenkirchener Knappen-Elf mußte 1949 sogar erstmals eine «Lex Schalke» gefunden werden, um den Absturz des Klubs in die Zweitklassigkeit zu verhindern: Die Oberliga wurde von 13 auf 16 Vereine aufgestockt, um das Unvorstellbare des Schalker

37 Zwei Fortuna-Recken, Toni Turek und (als Trainer) Paul Janes bei einem Düsseldorfer Gastspiel in Schalke 1949.

36 Zu ihrem ersten Spiel nach der Währungsreform vom 21. Juni 1948 laufen die Schalker mit Tibulski, Kiska, Burdenski, Matzkowski und Matzek vorneweg zum Treffen mit München 1860 ins Stadion an der Grünwalder Straße ein.

Abstiegs abzuwenden. Dieses Funktionärs-Spiel wiederholte sich 1965, als die Berliner Hertha zum Zwangsabstieg verurteilt wurde und der FC Schalke ebenso wie der Karlsruher SC als eigentliche Absteiger in der auf 18 Vereine vergrößerten Bundesliga bleiben durften.

In der Endphase der Saison 1948/49 waren die Schalker, bei denen Szepan und Kuzorra ihre Laufbahn beendet hatten, froh darüber, die Heimkehrer Hermann Eppenhoff und Werner Zwickhofer einsetzen zu können. Beide hatten sich 1945 zusammen mit einigen tausend deutschen, ungarischen und rumänischen Gefangenen im Lager Rustavi bei Tiflis wiedergefunden. Nach einem harten ersten Gefangenenjahr verdankten es die beiden dem sowjetischen Lagerkommandanten, daß es ihnen allmählich besser ging: «Er war ein Fußballfan und kannte sich auch im deutschen Fußball aus. Namen wie Schalke und Nürnberg waren ihm geläufig», berichtet Eppenhoff. Der dreimalige Schalker Nationalspieler, der 1942 als 23jähriger die feldgraue Uniform hatte überziehen müssen, durfte, nachdem ein Sportplatz angelegt worden war, eine regelrechte Lager-Fußballmeisterschaft organisieren: «Jede Arbeitsbrigade stellte eine Mannschaft. Die Schneiderei und die Schuhmacherei des Lagers fertigten aus Stoff- und Lederresten unsere Ausrüstung an.» Dann durfte Eppenhoff erfahren, daß es selbst in der Gefangenschaft ein Vorzug war, gut Fußball spielen zu können: «Wir kamen zumindest zeitweilig in die sogenannte Künstlerbaracke.» Die dort einquartierten Lagerinsassen – Fußballstars, Musiker, Theaterleute oder andere «Entertainer» – blieben von ganz schweren Arbeiten verschont. Solcherart priveligiert fristeten Eppenhoff, Zwickhofer und andere Lagerkicker wie der Wiener Franz Hahnreiter ihr nicht mehr ganz so hartes, wenngleich immer noch tristes Dasein im Kaukasus, während sich daheim der Fußballsport schon längst wieder organisiert und normalisiert hatte. Erst Anfang 1949 hatte der sowjetische NKWD-Oberleutnant Popow – «den Namen werde ich nie vergessen» – ein Einsehen und betrieb die Entlassung der Schalker Gefangenen. Auch Popow war ein Fußballfan. «Zeitweise hat er sogar in unserer Mannschaft mitgespielt»,

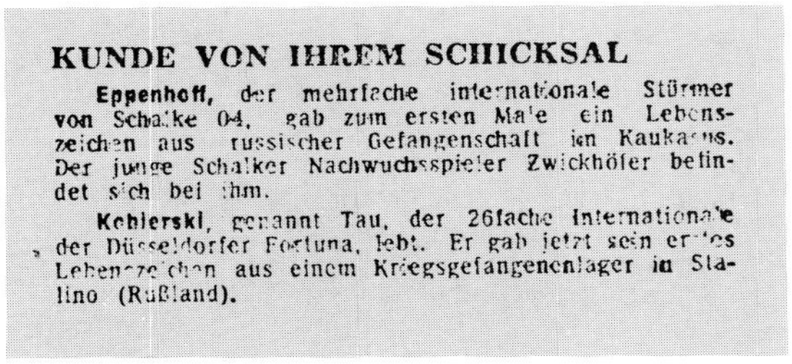

KUNDE VON IHREM SCHICKSAL

Eppenhoff, der mehrfache internationale Stürmer von Schalke 04, gab zum ersten Male ein Lebenszeichen aus russischer Gefangenschaft im Kaukasus. Der junge Schalker Nachwuchsspieler Zwickhöfer befindet sich bei ihm.

Kobierski, genannt Tau, der 26fache Internationale der Düsseldorfer Fortuna, lebt. Er gab jetzt sein erstes Lebenszeichen aus einem Kriegsgefangenenlager in Stalino (Rußland).

38 Aus «Sport» vom 4. Dezember 46. «Kunde von ihrem Schicksal» war damals eine feste Rubrik, die aus den besonderen Umständen der ersten Nachkriegsjahre zu verstehen ist.

Die Meister der Oberliga 1946–1963

Süd: 1946 VfB Stuttgart; 1947 1. FC Nürnberg; 1948 1. FC Nürnberg; 1949 Kickers Offenbach; 1950 SpVgg Fürth; 1951 1. FC Nürnberg; 1952 VfB Stuttgart; 1953 Eintracht Frankfurt; 1954 VfB Stuttgart; 1955 Kikkers Offenbach; 1956 Karlsruher SC; 1957 1. FC Nürnberg; 1958 Karlsruher SC; 1959 Eintracht Frankfurt; 1960 Karlsruher SC; 1961 1. FC Nürnberg; 1962 1. FC Nürnberg; 1963 München 1860.

West: 1948 Borussia Dortmund; 1949 Borussia Dortmund; 1950 Borussia Dortmund; 1951 Schalke 04; 1952 RW Essen; 1953 Borussia Dortmund; 1954 1. FC Köln; 1955 RW Essen, 1956 Borussia Dortmund; 1957 Borussia Dortmund; 1958 Schalke 04; 1959 Westfalia Herne; 1960 1. FC Köln; 1961 1. FC Köln; 1962 1. FC Köln; 1963 1. FC Köln.

Nord: 1948 Hamburger SV; 1949 Hamburger SV; 1950 Hamburger SV; 1951 Hamburger SV; 1952 Hamburger SV; 1953 Hamburger SV; 1954 Hannover 96; 1955 Hamburger SV; 1956 Hamburger SV; 1957 Hamburger SV; 1958 Hamburger SV; 1959 Hamburger SV; 1960 Hamburger SV; 1961 Hamburger SV; 1962 Hamburger SV; 1963 Hamburger SV.

Südwest: 1946 1. FC Saarbrücken; 1947 1. FC Kaiserslautern; 1948 1. FC Kaiserslautern; 1949 1. FC Kaiserslautern; 1950 1. FC Kaiserslautern; 1951 1. FC Kaiserslautern; 1952 1. FC Saarbrücken; 1953 1. FC Kaiserslautern; 1954 1. FC Kaiserslautern; 1955 1. FC Kaiserslautern; 1956 1. FC Kaiserslautern; 1957 1. FC Kaiserslautern; 1958 FK Pirmasens; 1959 FK Pirmasens; 1960 FK Pirmasens; 1961 1. FC Saarbrücken; 1962 Borussia Neunkirchen; 1963 1. FC Kaiserslautern.

Berlin (Stadtliga): 1946 Wilmersdorf (BSV 92); 1947 Charlottenburg (Tennis Borussia); 1948 Union Oberschöneweide; 1949 BSV 92; 1950 Tennis Borussia; 1951 Tennis Borussia; 1952 Tennis Borussia; 1953 Union 06; 1954 BSV 92; 1955 Viktoria 89; 1956 Viktoria 89; 1957 Hertha BSC, 1958 Tennis Borussia; 1959 Tasmania 1900; 1960 Tasmania 1900; 1961 Hertha BSC; 1962 Tasmania 1900; 1963 Hertha BSC.

39 *Die großen westfälischen Rivalen Schalke und Dortmund in einer Begegnung 1947. Von links Michallek, Burdenski, Schanko und Halfen.*

40 *Die alten Schalker – und ein Hauch von Abschied. Die Aufnahme entstand in der Pause zur Verlängerung eines Spiels um die Zonen-Meisterschaft beim Hamburger SV, das die Königsblauen verloren. Szepan (zweiter von rechts) und Kuzorra (dritter von rechts) sind in die Jahre gekommen; bald werden sie als Spieler abtreten, und die großartige Mannschaft wird ihre Führungsrolle verlieren. Ganz rechts Winkler, links Dargaschewski, Schweißfurth und der auch am Ende seiner Laufbahn stehende Otto Tibulski.*

Deutsche Meistertitel an 27 Vereine

12 Titel: Bayern München (1932, 1969, 1972, 1973, 1974, 1980, 1981, 1985, 1986, 1987, 1989, 1990)
9 Titel: 1. FC Nürnberg (1920, 1921, 1924, 1925, 1927, 1936, 1948, 1961, 1968)
7 Titel: Schalke 04 (1934, 1935, 1937, 1939, 1940, 1942, 1958)
6 Titel: Hamburger SV (1923, 1928, 1960, 1979, 1982, 1983)
5 Titel: Borussia Mönchengladbach (1970, 1971, 1975, 1976, 1977)
3 Titel: VfB Leipzig (1903, 1906, 1913)
SpVgg Fürth (1914, 1926, 1929)
VfB Stuttgart (1950, 1952, 1984)
Borussia Dortmund (1956, 1957, 1963)
1. FC Köln (1962, 1964, 1979)
2 Titel: Viktoria Berlin (1908, 1911)
Hertha BSC Berlin (1930, 1931)
Hannover 96 (1938, 1954)
Dresdner SC (1943, 1944)
1. FC Kaiserslautern (1951, 1953)
Werder Bremen (1965, 1988)
1 Titel: Union 06 Berlin (1905)
Freiburger SC (1907)
Phönix Karlsruhe (1909)
Karlsruher FV (1910)
Holstein Kiel (1912)
Fortuna Düsseldorf (1933)
Rapid Wien (1941)
VfR Mannheim (1949)
Rot-Weiß Essen (1955)
Eintracht Frankfurt (1959)
1860 München (1966)
Eintracht Braunschweig (1967)

berichtet Eppenhoff, der einer der letzten großen Schalker Spieler war und später bei Borussia Dortmund (1961 bis 1965), beim MSV Duisburg (1965 bis 1967), beim VfL Bochum (1967 bis 1972) und beim VfB Stuttgart (1972 bis 1975) ein erfolgreicher Trainer der Bundesliga wurde.

Im Südwesten hatte der 1. FC Kaiserslautern mit Spielertrainer Fritz Walter rasch die klare Führungsrolle inne, nur zweimal (1946 und nach Rückkehr aus dem französischen «Exil» 1952) vom 1. FC Saarbrükken abgelöst. Fritz Walter war, im Gegensatz zu Eppenhoff, zusammen mit seinem zweitältesten Bruder Ludwig, der bis 1948 auch bei den Lauterern spielte, «wie durch ein Wunder» schon im Oktober 1945 aus sowjetischer Gefangenschaft in der Ukraine entlassen wor-

41 *Das war die Mannschaft des 1. FC Kaiserslautern am Ende der vierziger Jahre – damals schon eines der überragenden Teams: Kohlmeyer, Christmann, Werner Liebrich, Klee, Ottmar Walter, Baßler, Huppert, Ernst Liebrich, Grewenig, Hölz, Fritz Walter.*

den und zog bald auf dem Betzenberg «ein Training auf, wie ich es von 1940 bis 1942 in der Nationalmannschaft gelernt hatte». Ausgebildeter Trainer war der «alte Fritz» noch nicht, aber «ich hatte die Erfahrung aus den 24 Länderspielen und den Lehrgängen, und rein vom Gefühl her habe ich alles so gemacht, wie bei der Nationalmannschaft». Interessant ist, daß beim 1. FC Kaiserslautern, dessen Spieler bisweilen auch von Sepp Herberger trainiert und beraten wurden, schon so etwas wie Erfolgsdruck herrschte – Erfolgsdruck, wie er heute auf fast allen Profiklubs lastet, die, um finanziell über die Runden zu kommen, ihre oft überteuerten Mannschaften in oberen Tabellenregionen sehen, in nationale oder – besser noch – internationale Pokalwettbewerbe weit nach vorn pushen wollen. «Wenn wir», schildert Fritz Walter, «in Trier spielten, kamen 16 000, in Kirn 12 000, in Speyer 15 000.« Daheim hatten die Lauterer bei grotesker Überlegenheit (in der Saison 1947/48 erzielten sie in 26 Punktspielen 151, in der Spielzeit 1949/50 in 30 Begegnungen 157 Treffer) oft kaum mehr als 1000 Besucher. «Deshalb», so Fritz Walter, «hat es auch bei uns vor jeder Saison geheißen: Wir müssen Meister werden, wir müssen in die Endrunde kommen. Da haben wir dann das Geld eingespielt, das der Verein brauchte.» Zu den großen Rivalen der «Roten Teufel» im Südwesten gehörten seinerzeit neben Saarbrükken und Wormatia Worms auch der längst weit abgerutschte, mittlerweile in TuS Koblenz umbenannte TuS Neuendorf (mit Adam, Miltz, Unkelbach, Gutendorf) und der FK Pirmasens.

Als hätte sich durch den Krieg nichts geändert, war im Süden gleich wieder der 1. FC Nürnberg obenauf. Nach dem VfB Stuttgart (1946) errang er gleich zweimal (1947, 1948) die Süd-Meisterschaft. Des Nordens As war neben dem in

Die Deutschen Meister nach dem Zweiten Weltkrieg

1948 1. FC Nürnberg (2:1 gegen FC Kaiserslautern)
1949 VfR Mannheim (3:2 n. Verl. gegen Borussia Dortmund)

1950 VfB Stuttgart (2:1 gegen Kickers Offenbach)
1951 1. FC Kaiserslautern (2:1 gegen Preußen Münster)
1952 VfB Stuttgart (3:2 gegen 1. FC Saarbrücken)
1953 1. FC Kaiserslautern (4:1 gegen VfB Stuttgart)
1954 Hannover 96 (5:1 gegen 1. FC Kaiserslautern)

1955 Rot-Weiß Essen (4:3 gegen 1. FC Kaiserslautern)
1956 Borussia Dortmund (4:2 gegen Karlsruher SC)
1957 Borussia Dortmund (4:1 gegen Hamburger SV)
1958 Schalke 04 (3:0 gegen Hamburger SV)
1959 Eintracht Frankfurt (5:3 n. Verl. gegen Offenbach)

1960 Hamburger SV (3:2 gegen 1. FC Köln)
1961 1. FC Nürnberg (3:0 gegen Borussia Dortmund)
1962 1. FC Köln (4:0 gegen 1. FC Nürnberg)
1963 Borussia Dortmund (3:1 gegen 1. FC Köln)
1964 1. FC Köln (vor Meidericher SV)

1965 Werder Bremen (vor 1. FC Köln)
1966 1860 München (vor Borussia Dortmund)
1967 Eintracht Braunschweig (vor 1860 München)
1968 1. FC Nürnberg (vor Werder Bremen)
1969 Bayern München (vor Alemannia Aachen)

1970 Borussia Mönchengladbach (vor Bayern München)
1971 Borussia Mönchengladbach (vor Bayern München)
1972 Bayern München (vor Schalke 04)
1973 Bayern München (vor 1. FC Köln)
1974 Bayern München (vor Borussia Mönchengladbach)

1975 Borussia Mönchengladbach (vor Hertha BSC Berlin)
1976 Borussia Mönchengladbach (vor Hamburger SV)
1977 Borussia Mönchengladbach (vor Schalke 04)
1978 1. FC Köln (vor Borussia Mönchengladbach)
1979 Hamburger SV (vor VfB Stuttgart)

1980 Bayern München (vor Hamburger SV)
1981 Bayern München (vor Hamburger SV)
1982 Hamburger SV (vor 1. FC Köln)
1983 Hamburger SV (vor Werder Bremen)
1984 VfB Stuttgart (vor Hamburger SV)

1985 Bayern München (vor Werder Bremen)
1986 Bayern München (vor Werder Bremen)
1987 Bayern München (vor Hamburger SV)
1988 Werder Bremen (vor Bayern München)
1989 Bayern München (vor 1. FC Köln)

1990 Bayern München (vor 1. FC Köln)

(Mit der Einführung der Bundesliga im Spieljahr 1963/64 fielen die traditionellen Endspiele weg; Meister ist seither der Erste der Abschlußtabelle)

der Nord-Oberliga mit 15 von 16 Meistertiteln eindrucksvoll dominierenden Hamburger SV einige Jahre lang der FC St. Pauli «mit dem früheren Dresdner Innensturm der Techniker: Schön, Machate, Schaffer», wie das Fachblatt «Sport» respektvoll schrieb.
Viermal hintereinander, von 1948 bis 1951, ließ der HSV der DSC-Filiale vom Millerntor nur Platz zwei in der Oberliga Nord; am Ende der beiden ersten Nachkriegs-Spielzeiten bekam Rivale St. Pauli sogar die besonders bittere Pille von Niederlagen in notwendig gewordenen Entscheidungsspielen zu schlucken. «Wir hatten», schwärmt Erwin Seeler, «eine tolle Mannschaft damals, wurden 1947 und 1948 britischer Zonenmeister, putzten Schalke und Dortmund weg und wären wohl auch Deutscher Meister geworden, wenn es schon eine Meisterschaft gegeben hätte.» Seeler, ein Allroundspieler («bis auf Torwart war ich alles»), aber auch ein großer Kämpfer wie später sein berühmter

42 *Ein Mann der ersten Stunde: Erwin Seeler war beim HSV nach dem Krieg von Beginn an dabei und gehörte als Allroundspieler zu den Stützen der in der britischen Zone überragenden Mannschaft.*

Sohn Uwe, erinnert sich an das «Team der ersten Stunde»: «Warning war ein sehr guter Torwächter, dann hatten wir die Brüder Dörfel, Frido war der Vater von Bernd und Charly. Der andere hieß Richard, das war der beste von allen. König Richard nannten sie ihn. Dann waren da Spundflasche, Ebeling, Heinz Werner. Und unser Mittelstürmer, der Fred Boller, war auch fix.» Als sich Erwin Seeler 1949 verabschiedete, nach über 400 Spielen für den HSV, hatte er «viel Freude, Kameradschaft und schöne Reisen» erlebt, «aber auch viel Arbeit, denn ich bin 48 Jahre im Hafen tätig gewesen und habe trotzdem immer gespielt. Sicher gab's schon mal eine Schicht frei, aber das Dumme war, man kriegte dann nichts dafür bezahlt». Uwe, dessen außerordentliche Begabung 1949 schon offenkundig war und von Mutter («die hatte mit ihrer Fußballbegeisterung auf die ganze Familie gewirkt») weiter gefördert wurde, sollte es da später schon erheblich leichter haben. Erwin Seeler sagt heute stolz über ihn: «Er hat viel geschafft und ist trotzdem geblieben, wie er war.» Von vielen großen Spielern kann solches heute nicht mehr gesagt werden.
Auch Richard Ackerschott blickt zufrieden zurück: «Ich bin der erste Ehrenspielführer von Werder. Und die 832 Einsätze, die ich in der ersten Mannschaft erreicht habe, sind noch immer Rekord für den Verein.» An Ackerschott, der sich vom Torjäger der Vorkriegs- und Kriegszeit zu einem der härtesten Abwehrspieler Deutschlands gewandelt hatte, ohne dabei je verwarnt, geschweige denn vom Platz gestellt worden zu sein, lag es jedenfalls nicht, daß der Bremer Klub zunächst keine große Rolle im Norden spielen konnte. Neben Ackerschott, der bald nach Kriegsende eine Familie in Bremen gründete, sicherte sich Werder schon damals auch andere wichtige Spieler aus West, Süd oder Ost: Edu Hundt

43 *Ein nachdenklicher Walter Dzur in der neuen Heimat. Wie Fritz Machate, Heinz Hempel und zeitweilig auch Helmut Schön war er kurz nach dem Kriegsende vom Dresdner SC zum FC St. Pauli gewechselt. Karl Miller, der während des Krieges für den DSC gespielt hatte, aber Hamburger war, hatte die Kameraden in die Hansestadt geholt. Sein Vater betrieb dort eine Metzgerei – damals wichtiger als alles andere.*

(SW Essen), Hennes Tibulski, Hugo Scharmann (beide Schalke), Heini Stürmer (Gelsenkirchen 07), später Horst Gernhardt (Saalfeld), Kuno Klötzer (Helmstedt), Hans Pöschl (Nürnberg) oder Herbert Burdenski (Schalke). Doch während der Wuppertaler Neuzugang kriegsbedingt zum Nulltarif gekommen war, mußte sich Werder die anderen Spieler viel kosten lassen. Und einige Male brachten die verbotenen Zuwendungen den ehrgeizigen Klub auch vor die Schranken der Sportgerichtsbarkeit. 1949 hieß die Bremer Mannschaft «Texas-Elf», nach einer Zigarettenmarke der Tabakwarenfabrik Brinkmann, die zeitweilig neun Werder-Spieler pro forma beschäftigte. Des Nordens «zweite Kraft» neben dem HSV aber wurde Werder erst Ende der fünfziger Jahre – so lang ist bisweilen der Weg zum Erfolg.

Auf Umwegen zur Meisterschaft

Obwohl im Jahr eins nach dem Zusammenbruch viele technische und organisatorische Probleme zu meistern waren, sich aus den Provisorien der Zonen-Fußballausschüsse erst allmählich 1946 (Westfalen, Baden, Hessen) und 1947 (Niederrhein) die ersten Landesverbände gründeten und der Fußballsport bis hin zur ungeregelten Spielberechtigung für die Akteure von heutzutage unvorstellbarer Improvisation geprägt wurde, hatten die Funktionäre schon 1946 die kühne Idee, wieder eine Deutsche Meisterschaft auszutragen. Die «Rheinische Post» berichtete am 5. Juni jenes Jahres, die Meisterschaft werde jedoch «auf die drei westlichen Besatzungszonen beschränkt bleiben, da eine Hinzunahme von Vereinen aus der russischen Zone vorerst noch nicht möglich ist». Als Spieltermine hatte ein vorbereitendes Gremium, dem der Stuttgarter Dr. Fritz Walter, der Hannoveraner Wilhelm Quermann und der Duisburger Dr. Heisterkamp angehörten, bereits den 21. Juli (Vorrunde), den 4. August (Zwischenrunde) und den 18. August (Endspiel) vorgesehen. Doch einen Monat später teilte die «Rheinische Post» ihren Lesern mit, infolge der «überaus schwierigen Terminfrage» sei der Plan begraben worden. Allerdings gab es auch noch einen anderen Hinderungsgrund: Die Besatzungsbehörden wollten eine solche Meisterschaft nicht.

Ein neuer Anlauf, nach 1944 (Dresdner SC) wieder einen Deutschen Meister zu ermitteln, wurde Anfang 1947 von den Funktionären unternommen. Am 19. Februar meldete «Sport», im Rahmen einer ersten «Interzonentagung des deutschen Fußballsports» in Essen (es handelte sich hierbei um den ersten

Französische Zone greift durch

ssk. **MAINZ.** — Bei einer Tagung der Sportbeauftragten der französischen Zone wandte man sich energisch gegen die ununterbrochene Mißachtung der Sperrbestimmungen bei Vereinswechseln von einer Zone in die andere. Es wird immer wieder beobachtet, daß Spieler, die zu einem andern Verein der Nachbarzone überwechseln dort sofort spielen, sogar dann, wenn sie in ihrem alten Verein gesperrt waren. Die Sportbeauftragten der französischen Zone griffen gegen diese bedenkliche Unsitte energisch durch und statuierten sofort ein drastisches Exempel. Ahlbach, der eine Woche vor seinem Wiederauftauchen in den Reihen seines alten Vereins Tus Neuendorf noch beim 1. FC Nürnberg gespielt hatte, wurde drei Monate gesperrt, außerdem Tus Neuendorf 2 Punkte aberkannt weil er die Sperrbestimmungen unbeachtet ließ. Mit einer noch empfindlicheren Strafe und noch schwererem Punktverlust muß Phönix Ludwigshafen rechnen, in dessen Reihen Spieler mitwirken, die auch bei VfR Mannheim tätig waren.

44 *Allmählich hörte das «Wildern» auf. Die Funktionäre griffen durch. Aus «Sport» vom 2. April 1947.*

Deutsche Fußballmeisterschaft abgesagt

Auf einer Besprechung, die anläßlich des großen Leistungsvergleichs West- gegen Süddeutschland zwischen Dr. Walther (Stuttgart), Quermann (Hannover) und Dr. Heisterkamp (Duisburg) in Köln stattfand, wurde der Beschluß gefaßt, die Austragung einer Deutschen Fußballmeisterschaft bis 1947 hinauszuschieben. Ausschlaggebend hierfür war die überaus schwierige Terminfrage, die dadurch kompliziert worden ist, daß der Westen erst im Laufe des August seine Vertreter ermitteln kann, während Süddeutschland Anfang September bereits seine neue Verbandsmeisterschaft beginnen will.

45 *Das meldete die «Rheinische Post» am 3. Juli 1946.*

Planitz kommt nun doch nicht!

Kurz vor Redaktionsschluß erreicht uns die Meldung, daß der Ostzonenvertreter SG. Planitz nun doch keine Ausreisegenehmigung erhalte und im Falle eines Sieges von Oberschöneweide über St. Pauli auch der Berliner Meister keine Gelegenheit erhalten würde, in die „Deutsche" weiter mit einzugreifen. Der DFA. erwägt deshalb, nun doch seinen „Reserveplan" wieder in Kraft treten zu lassen, d. h. also, daß die Dritten der US- und britischen Zone, Stuttgarter Kickers und TSV. Braunschweig, nun doch noch in die „Deutsche" mit eingreifen werden.

An diesem Hin und Her erkennt man wieder einmal mehr die Zerrissenheit Deutschlands. Die Anstrengungen des DFA., eine gesamtdeutsche Fußballmeisterschaft zu organisieren, waren die größtmöglichsten. „Höhere Gewalten" waren jedoch — leider — stärker.

46 *Die deutsche Teilung kündigt sich an. Aus «Sport» vom 14. Juli 1948.*

47 Die Elf des 1. FC Nürnberg in den ersten Jahren nach dem Krieg. Stehend von links: Schaffer, Hans Uebelein, Knoll, Kennemann, Winterstein, Julius Uebelein, Morlock. Kniend von links: Herbolsheimer, Gebhardt, Bergner, Pöschl. Bis auf eine Ausnahme (Hagen für Julius Uebelein) wurde in dieser Formation auch 1948 der erste Nachkriegstitel gewonnen.

48 Interessante Notiz aus «Sport» vom 19. Februar 1947: Als Vorläufer des erst viel später gegründeten DFB hat sich ein Interzonen-Fußballausschuß konstituiert. Der Spielbetrieb gewinnt erste feste organisatorische Formen. Und am Anfang ist für einige Zeit sogar die Sowjetzone mit dabei – als wäre die Teilung Deutschlands noch allen Ernstes abzuwenden. Der erste Vorsitzende des Interzonen-Fußballausschusses wird später übrigens auch der erste Nachkriegspräsident des DFB sein: Dr. Peco Bauwens.

Deutsche Fußballmeisterschaft schon 1947

sid **Essen.** — Unter Beteiligung von rund 40 Fußballfachkräften aus allen vier Besatzungszonen fand in Essen die erste Interzonentagung des deutschen Fußballsports statt. Es wurde zur Prüfung des Wiederanschlusses an den Fußball-Weltverband ein Interzonen-Fußballausschuß gewählt, dem unter Vorsitz von Dr. Peco Bauwens als Vertreter der vier Besatzungszonen angehören: Huber-München (USA-Zone), Gerstenberg-Hamburg (britische Zone), Dinger-Freiburg (französische Zone), Prüfer-Berlin (russische Zone). Darüber hinaus wurde ein technischer Ausschuß gebildet, der ebenfalls unter Leitung von Dr. Bauwens steht und dem im einzelnen angehören: Strobel (US-Zone), Aßmann (britische Zone), Dr. Fürst (französische Zone) und Dilgener (russische Zone).

Auf der Tagung wurde ferner beschlossen, 1947 eine deutsche Interzonen-Fußballmeisterschaft auszutragen, zu der die einzelnen Landesverbände ihre Teilnehmer bis zum 1. Juli genannt haben müssen. Ein interessanter Punkt der Tagesordnung war die Aussprache über den Fußballtoto. Man kam überein, den Verbänden selbst die Einführung oder Ablehnung zu überlassen. Zur Frage der Anbahnung eines Wiederbeitritts zur Fifa erklärte Dr. Bauwens u. a., man solle sich nicht um einen Eintritt in die Fifa drängen. Wir sind ja nicht aus der Fifa ausgeschlossen, weil wir den Krieg verloren haben, sondern weil wir keinen Deutschen Fußballbund mehr haben.

Von größtem Wert ist der Entschluß, daß die Sperrbestimmungen nunmehr für alle Zonen bindend sein werden. Vereinswechsel führt zu automatischer 3-monatiger Sperre.

49 *Szene aus dem ersten Nachkriegsendspiel am 8. August 1948 in Köln. Der Nürnberger Mittelläufer Kennemann (rechts) klärt vor Ottmar Walter. Von Kennemann, einem harten, konsequenten Abwehrspieler, erzählt Max Morlock: «Der war damals so bekannt, daß Eltern ihren Buben, wenn sie frech waren, nicht mit dem Schutzmann drohten, sondern sagten, sie holen den Kennemann.»*

50 *Als auch der Titel des Vizemeisters noch viel zählte: So wurden die Borussen 1949 im zerbombten Dortmund empfangen.*

Vorläufer der späteren DFB-Bundestage) sei beschlossen worden, «1947 eine deutsche Interzonen-Meisterschaft auszutragen, zu der die einzelnen Landesverbände ihre Teilnehmer bis zum 1. Juli genannt haben müssen». Diesmal jedoch waren die Pläne der Funktionäre (die die Ostzone mit einbezogen) ehrgeiziger als die Absichten einiger Vereine. Denn die führenden Klubs der süddeutschen Oberliga, 1. FC Nürnberg, SV Waldhof und Eintracht Frankfurt, lehnten ihre Endrunden-Teilnahme ab und brachten damit das Vorhaben zu Fall. In einer Stellungnahme, die «Sport» am 27. August 1947 veröffentlichte, begründete der 1. FC Nürnberg den Teilnahme-Verzicht unter anderem damit, es fehle an den nötigen technischen Voraussetzungen zur Durchführung der Spiele, die Ostzone sei «überhaupt nicht berücksichtigt», und die Vorbedingungen müßten für alle Kandidaten «wenigstens annähernd die gleichen sein». Durch den in den Besatzungszonen unterschiedlichen Ablauf der Meisterschaft habe der Süddeutsche Meister «38 Meisterschaftsspiele unter schwierigen Bedingungen ausgetragen, die anderen Kandidaten erreichten ... nur einen Bruchteil der genannten Zahl». Max Morlock ist sich sicher, daß den «Club» die ablehnende Haltung seiner Führung einen weiteren Deutschen Meistertitel gekostet hat. Wie Erwin Seeler auf den HSV schwört er auf Nürnberg. «Das war damals die stärkste Mannschaft, in der ich je gespielt habe. Wir hätten hundertprozentig die Meisterschaft gemacht.» Der einstige Klasse-Stürmer des «Club» erinnert sich noch genau an die Elf: Lindner, Billmann, Knoll, Uebelein I, Kennemann, Gebhardt, Herboltsheimer, Morlock, Pöschl, Uebelein II, Winterstein.

1948 war es dann aber soweit, mit der Meisterschaft und mit dem Titel für den «Club». Allerdings – bis zuletzt blieb es wie in einer Lotterie offen, ob die Endrunde zustandekommen würde. Die gerade erfolgte Währungsreform hatte die sich anbahnende Teilung Deutschlands beschleunigt, kalter Krieg entbrannte zunehmend zwischen Ost und West. Die Mannschaft des FC St. Pauli als Zweiter der Britischen Zone konnte erst nach einigem politischen Hin und Her im Berliner Olympiastadion gegen Union Oberschöneweide, den Berliner Meister aus dem Ostsektor, antreten. Um die Zonengrenze passieren und die sowjetische Zone durchqueren zu dürfen, fuhr die Mannschaft, wie die «Rheinische Post» am 17. Juli detailliert schilderte, «per Autobus bis Hernberg», ging «zu Fuß über die Grenze» und fuhr «dann mit einem Berliner Bus zur Reichshauptstadt». Dies alles hinderte die Hamburger jedoch nicht, einen 7:0-Sieg zu erringen. Ostzonen-Vertreter in der Meisterschaft sollte der SC Planitz sein. Planitz, ein kleiner Ort bei Zwickau, hatte schon zu Gauliga-Zeiten eine gute Mannschaft, die dem überragenden, nun aufgelösten Dresdner SC nach Erinnerungen Helmut Schöns «oft zu schaffen machte». Schön: «Bei uns hieß es damals immer: Wer in Planitz gewinnt, ist selber schuld.» Lange wurde nun gerätselt, ob der SC Planitz in Stuttgart gegen den 1. FC Nürnberg antreten werde, wie es der Spielplan vorsah. Das Berliner «Sportecho» meinte Anfang Juli noch optimistisch: «Stuttgart kann darauf rechnen, daß der Ostzonenmeister am 18. Juli ... sich stellt.» Im Westen berichteten die Zeitungen von Ausgabe zu Ausgabe etwas anderes: Planitz kommt, Planitz kommt nicht. Wie es ausging, schildert Max Morlock: «Wir waren im voll besetzten Stuttgarter Neckarstadion und hatten immer noch die Hoffnung, daß die kommen.» Aber da für Planitz die Grenze dicht blieb, «haben wir dann kurzfristig ein Freundschaftsspiel gegen den VfB Stuttgart ausgetragen und 4:1 gewonnen».

51 *Vereinstreue – wie später für Berti Vogts war sie auch für Max Morlock eine Selbstverständlichkeit. Ein später Lohn seiner Treue zum geliebten «Club» war 1961 der Gewinn der Deutschen Meisterschaft – für Morlock nach 1948 der zweite Titel. Links neben ihm der erste Nachkriegspräsident des DFB, Dr. Peco Bauwens.*

Drei Wochen später, am 8. August 1948, stand der kampflos durch die Vorrunde gekommene «Club» nach einem 3:2-Zwischenrundensieg gegen den FC St. Pauli als Deutscher Meister fest – durch ein 2:1 gegen den 1. FC Kaiserslautern in Köln. Ein historischer Tag des Nachkriegs-Fußballs. Ein Jahr danach, 1949, war die Teilung der Nation schon so weit vorangeschritten, daß sowjetzonale Teilnehmer an der Endrunde kein Thema mehr waren.

Vom DFV zum Regionalverband Nord-Ost

Die sich mit der Bildung der Deutschen Wirtschafts-Kommission (Juni 1947) und des Deutschen Volksrates (März 1948) in der Sowjetischen Besatzungs-Zone abzeichnende Entwicklung zur Eigenständigkeit der DDR findet im Fußballsport ihre völlige zeitliche Entsprechung. Der aus dem 1948 ins Leben gerufenen Deutschen Sportausschuß (DS) in Ost-Berlin hervorgegangene, freilich erst 1958 als Nachfolger der DS-Sektion Fußball gegründete Deutsche Fußball-Verband, führte seit 1948 (SG Planitz) seine eigenen Meister- und seit 1949 (Waggonbau Dessau) seine eigenen Pokalsiegerlisten. Auf Planitz folgten ZSG Halle (1949), Horch Zwickau (1950), Chemie Leipzig (1951), Turbine Halle (1952) und Dynamo Dresden (1953) als weitere Meister in einem stark dirigistisch bestimmten, eher den späteren bundesdeutschen Betriebssport-Gemeinschaften ähnelnden Fußballgeschehen.
Über 40 Jahre Eigenstaatlichkeit haben in der DDR auch eine spezielle Länderspiel-Geschichte mit rund 300 internationalen Begegnungen sich bilden lassen. Zwar dominieren bei den Gegnern die sozialistischen Bruderländer Polen, Sowjetunion, Bulgarien, Rumänien, Tschechoslowakei und Ungarn, doch haben im Laufe der Jahre auch Belgien, die Niederlande, Dänemark, Schweden und sogar England Länderspiel-Beziehungen zur DDR entstehen lassen, die nicht der Unausweichbarkeit von Begegnungen in internationalen Wettbewerben entsprangen wie die Partie gegen die Nationalelf des Deutschen Fußball-Bundes am 22. Juni 1974 in Hamburg beim WM-Turnier, die dazu noch mit einem 1:0-Erfolg den spektakulärsten

52 *Den großen Brüdern ein Schnippchen geschlagen: Jubelnde DDR-Spieler Kische, Wätzlich, Croy, Hoffmann und Kurbjuweit (von links) nach dem triumphalen 1:0-Sieg im Volksparkstadion.*

Fußball-Triumph der DDR bescherte.

Nur wenig gefördertes Stiefkind des DDR-Sports, der die Überlegenheit seines Systems auf Weisung der Parteizentrale mehr in olympischen Parade-Wettbewerben und medaillenträchtigen Spezialdisziplinen zu demonstrieren hatte, spielte der Fußballsport des mitteldeutschen Staates auf internationalem Parkett nur eine zweit- bis drittklassige Rolle. Darüber können auch nicht der Gewinn der Goldmedaille bei den Olympischen Spiele 1976 und der zweite Platz vier Jahre später in Moskau hinwegtäuschen. Für Endturniere von Welt- und Europameisterschaften, wahrer Maßstab internationaler Fußballklasse, gelang seit 1974 nie mehr die Qualifikation.

1974 war auch das Jahr des einzigen Europapokal-Triumphes eines DDR-Klubs. Der 1. FC Magdeburg bezwang in Rotterdam im Finale des Cupsieger-Wettbewerbs den AC Mailand mit 2:0. Jürgen Sparwasser, der anderthalb Monate später mit seinem Tor den Sensationssieg von Hamburg besiegeln sollte, war der bekannteste Akteur der Magdeburger; seit Jahren arbeitet er als Trainer bei Bundesligaklubs. Auch andere DDR-Stars wie Rekordnationalspieler Joachim Streich (Rostock/Magdeburg, 102 Einsätze), Torhüter Jürgen Croy (Zwickau), Hans-Jürgen Dörner (Dresden) oder Eberhard Vogel (Chemnitz/Jena) fanden hierzulande bisweilen Beachtung.

Doch stärker als alle rückte Andreas Thom zu einem Zeitpunkt ins Blickfeld, als die DDR bereits im Begriff war, ihr hartnäckig erstrittenes Eigenleben wieder zu verlieren. Das Sturm-As von Rekordmeister Dynamo Berlin wechselte Ende 1989, kaum daß sich sein Land von sozialistischen Fesseln freizumachen begonnen hatte, als erster DDR-Spieler in die Bundesliga. Bayer Leverkusen ließ sich den schlagzeilenträchtigen Coup rund drei Millionen Mark als Ablösesumme für den ungeliebten früheren Stasi-Klub kosten. Und der mittelrheinische Werksverein hatte damit zugleich auch eine Lawine losgetreten: Von den nach der Wende mehr denn je um Geld verlegenen DDR-Spitzenvereinen wechselten bald auch Matthias Sammer (VfB Stuttgart), Thomas Doll, Frank Rohde (beide Hamburger SV) und Ulf Kirsten (ebenfalls Leverkusen) in die Bundesliga. Dutzende von DDR-Spielern tummelten sich bald auch in der zweiten Liga. Es wurde binnen weniger Monate zur Gewißheit: Der Zug nach Westen an die Fleischtröge des Profifußballs drohte den DDR-Vereinen unersetzlichen Substanzverlust zuzufügen.

53 DDR-Star im Medien-Mittelpunkt: Umringt von Journalisten, schilderte Andreas Thom am 17. Februar 1990 seine Gefühle vor dem ersten Einsatz in der Bundesliga.

In dieser ungleichgewichtig gewordenen Situation zwischen beiden deutschen Staaten war der DDR-Wunsch nach einem raschen sportlichen Zusammenwachsen analog dem beschleunigten politischen Einigungsprozeß verständlich. Die DFB-Führung hielt es zwar zunächst mit dem Grundsatz «Gut' Ding will Weile haben». Aber am 19. Juli 1990 standen die Eckdaten zum Zusammenschluß beider deutscher Fußballverbände fest. Nach einer Sitzung beider Verbandspräsidien in Frankfurt hieß es: Mit Beginn der Saison 1991/92 erhalten Meister und Vizemeister der DDR-Oberliga die Bundesliga-Lizenz; sechs weitere DDR-Oberligisten werden der vorübergehend erheblich aufgestockten Zweiten Bundesliga einverleibt. Ein eigenständiger Spielbetrieb im DDR-Bereich ist damit nach 42 Jahren eingestellt. Der Deutsche Fußball-Verband gliedert sich bereits vorher, einen Tag nach seiner Auflösung am 20. November 1990 an historischer Stätte Leipzig (dort war am 28. Januar 1900 der Deutsche Fußball-Bund gegründet worden), als Regionalverband Nord-Ost dem DFB an und bringt dabei die Landesverbände Sachsen (180 000 Mitglieder), Sachsen-Anhalt (110 000), Thüringen (100 000), Brandenburg (100 000), Mecklenburg-Vorpommern (80 000) und Berlin-Ost (40 000) ins gemeinsame Fußballhaus ein.

Der damit auf über 5,4 Millionen Mitglieder wachsende DFB begrüßt die Einigungsformel als «hervorragendes Ergebnis» (Präsident Neuberger); DFV-Präsident Dr. Hans-Georg Moldenhauer sprach am Abend des 19. Juli 1990 von einem «historischen Tag», der er auch angesichts der geschichtlichen Entwicklung der voraufgegangenen Jahrzehnte war.

Doch die Probleme für die weitere Fußball-Entwicklung im neuen Nord-Ost-Verband werden noch für eine geraume Zeit immens sein: Die lange Zeit dirigistisch gelenkten, zumeist an volkseigene Betriebe angebundenen Vereine mit ihren nach westlichen Begriffen viel zu vielen hauptamtlichen Planstellen müssen eine neue Struktur erhalten, auf neue Finanzgrundlagen gestellt werden und künftig ebenso den strengen Wirtschaftsprüfungen des DFB standhalten wie etwa Borussia Dortmund, der Karlsruher SC oder die Stuttgarter Kickers.

Die bundesdeutsche Fußball-Entwicklung nahm seit 1949 ebenfalls ihren eigenen Gang, und der Endrunden-Modus entwickelte sich zügig hin zu dem dann bis 1963 üblichen und durchaus nicht ungeliebten Ritual: Bis 1950 wurde noch in Vor- und Zwischenrunden gespielt; dann gab es bereits die beiden Endrunden-Gruppen, in denen jeder gegen jeden in Hin- und Rückspielen antreten mußte und deren Sieger schließlich das Finale bestritten. Max Morlock findet: «Die Endrunde – das waren Volksfeste für den Fußball. Und heute? Wenn's für einen Verein gut läuft, ist er schon Wochen vorher Meister, und es interessiert sich dann keiner mehr für die Spiele.» Des «Clubs» Nachfolger wurde ein Außenseiter, der VfR Mannheim. Die Elf um Jöckel, Langlotz, Keuerleber, Stiefvater und de la Vigne triumphierte im Stuttgarter Neckarstadion mit 3:2 nach Verlängerung über des Ruhrgebiets neue Nummer eins, Borussia Dortmund. Es war eine erbarmungslose Hitzeschlacht. Max Michallek erinnerte sich: «Da wehte kein Lüftchen.» Der inzwischen verstorbene Dortmunder Mittelläufer sorgte in diesem Finale am 10. Juli 1949 für ein Novum: Er zog sich kurz vor der Halbzeit den rechten Schuh aus und spielte barfuß bis zum Ende. «Ich hatte mich vor dem Endspiel beim Training an der rechten Ferse verletzt, und direkt vor unserer 1:0-Führung trat mir ein Gegenspieler noch einmal genau dahin. Ich konnte kaum noch laufen. Schließlich habe ich den Schuh ausgezogen. Der Schiedsrichter hat das gar nicht gemerkt.» Die Dortmunder, zusätzlich auch noch durch Verletzungen von Preißler und Schanko behindert, vermochten am Ende nichts mehr zuzusetzen. Michallek in seinem Rückblick: «Wir waren ausgelaugt. Zum Schluß dachte ich: Egal, wer gewinnt, Hauptsache, das Spiel ist zu Ende und die unerträgliche Strapaze hört auf.»

Mannschaften, die Schlagzeilen machten

«Im Fußballsport ist Eingespieltsein eine Macht.» Diese Feststellung, bündig und überzeugend, hat Dettmar Cramer getroffen, einer der «Philosophen des Nachkriegs-Fußballs». Und tatsächlich haben sich die großen Meisterteams seit 1948 durch Harmonie, Gewachsensein, Feinabstimmung zwischen den Mannschaftsteilen, nicht zuletzt aber auch die Fähigkeit zu selbständigem, von Trainer-Direktiven mitunter auch klar abweichendem Handeln ausgezeichnet, wenn sie nicht – wie das großartige Münchner Bayern-Team der siebziger Jahre – ihre hauptsächliche Kraft aus dem Potential überragender Einzelspieler schöpften. Einer solchen Persönlichkeit mit Ausstrahlung verdankte es der 1. FC Kaiserslautern, die erste ganz große Mannschaft nach dem Krieg zu werden: Fritz Walter. Dieser eindrucksvollste deutsche Nachkriegs-Fußballer neben Franz Beckenbauer führte die Lauterer, die 1954 auch das Gerippe der Weltmeister-Elf stellten, binnen acht Jahren von 1948 bis 1955 in fünf Endspiele; zweimal wanderte die Meisterschale in die Trophäensammlung des Pfälzer Klubs; 1951 lautete die Siegerelf Adam – Rasch, Kohlmeyer, E. Liebrich, W. Liebrich, Jergens, Ekkel, Fritz Walter, Ottmar Walter, Baßler, Fuchs. 1953: Hölz – E. Liebrich, Kohlmeyer, Eckel, W. Liebrich, Render, Scheffler, Fritz Walter, Ottmar Walter, Wenzel, Wanger.
Neben Kaiserslautern stand zeitgleich im elitären Zirkel der überragenden Nachkriegsmeister der VfB Stuttgart, geformt von seinem großartigen Trainer Georg Wurzer. 1950 gelang der erste Titelgewinn mit der Mannschaft Schmid – Ret-

54 Schorsch Wurzer (stehend rechts) und seine VfB-Spieler nach dem ersten Meistercoup 1950 im Berliner Olympiastadion gegen Kickers Offenbach (2:1). Stehend von links: Ledl, Bühler, Otterbach, Barufka, Blessing, Schlienz. Kniend von links: Krieger, Läpple, Retter, Schmid, Steimle, Baitinger.

55 Triumphierende Dortmunder Borussen nach dem 4:1-Endspielsieg gegen den HSV am 23. Juni 1957 in Hannover: Elwin Schlebrowski, Jockel Bracht und Max Michallek auf der Ehrenrunde.

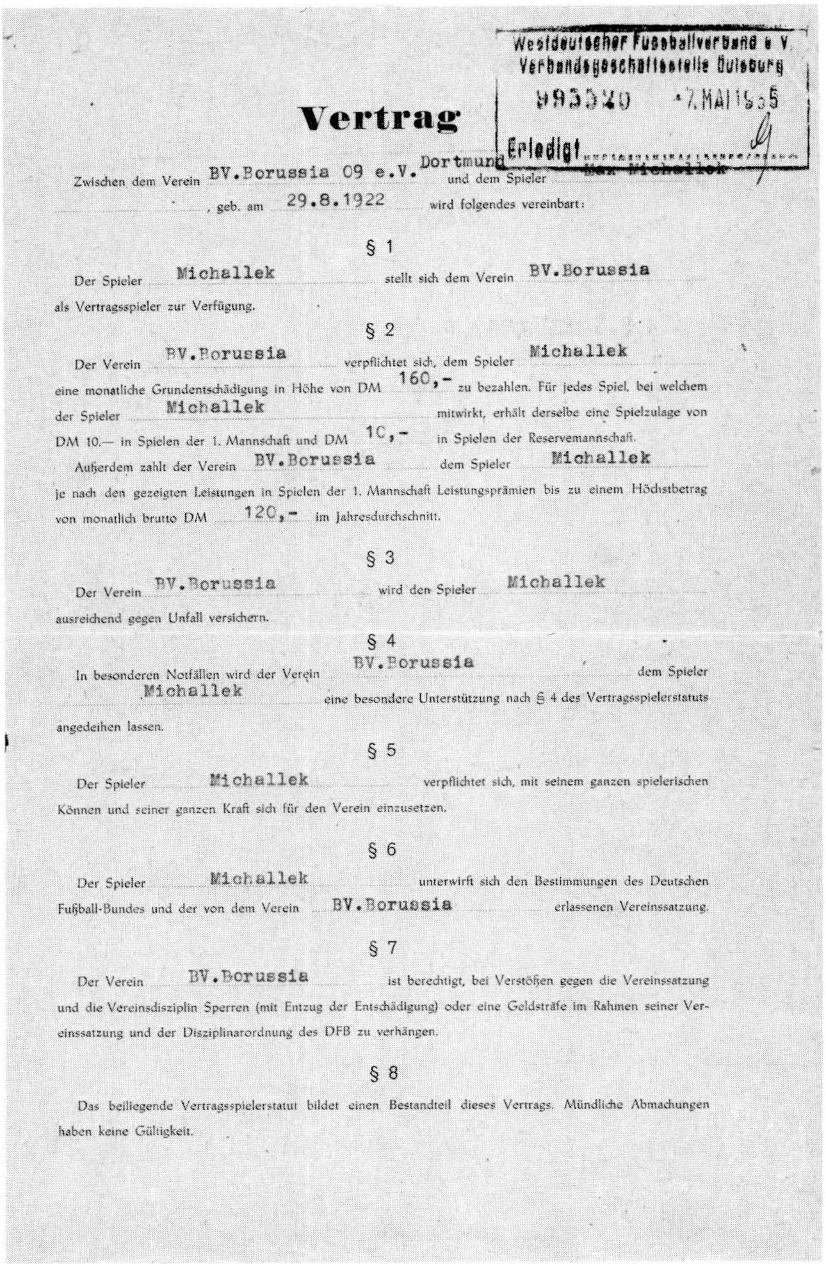

Westdeutscher Fussballverband e.V.
Verbandsgeschäftsstelle Duisburg
[illegible] 7.MAI 1955
Erledigt

Vertrag

Zwischen dem Verein BV.Borussia 09 e.V. Dortmund und dem Spieler Max Michallek, geb. am 29.8.1922 wird folgendes vereinbart:

§ 1

Der Spieler Michallek stellt sich dem Verein BV.Borussia als Vertragsspieler zur Verfügung.

§ 2

Der Verein BV.Borussia verpflichtet sich, dem Spieler Michallek eine monatliche Grundentschädigung in Höhe von DM 160,- zu bezahlen. Für jedes Spiel, bei welchem der Spieler Michallek mitwirkt, erhält derselbe eine Spielzulage von DM 10.— in Spielen der 1. Mannschaft und DM 10,- in Spielen der Reservemannschaft.

Außerdem zahlt der Verein BV.Borussia dem Spieler Michallek je nach den gezeigten Leistungen in Spielen der 1. Mannschaft Leistungsprämien bis zu einem Höchstbetrag von monatlich brutto DM 120,- im Jahresdurchschnitt.

§ 3

Der Verein BV.Borussia wird den Spieler Michallek ausreichend gegen Unfall versichern.

§ 4

In besonderen Notfällen wird der Verein BV.Borussia dem Spieler Michallek eine besondere Unterstützung nach § 4 des Vertragsspielerstatuts angedeihen lassen.

§ 5

Der Spieler Michallek verpflichtet sich, mit seinem ganzen spielerischen Können und seiner ganzen Kraft sich für den Verein einzusetzen.

§ 6

Der Spieler Michallek unterwirft sich den Bestimmungen des Deutschen Fußball-Bundes und der von dem Verein BV.Borussia erlassenen Vereinssatzung.

§ 7

Der Verein BV.Borussia ist berechtigt, bei Verstößen gegen die Vereinssatzung und die Vereinsdisziplin Sperren (mit Entzug der Entschädigung) oder eine Geldstrafe im Rahmen seiner Vereinssatzung und der Disziplinarordnung des DFB zu verhängen.

§ 8

Das beiliegende Vertragsspielerstatut bildet einen Bestandteil dieses Vertrags. Mündliche Abmachungen haben keine Gültigkeit.

56 *So sah Max Michalleks Vertrag mit Borussia Dortmund im Mai 1955 aus – auf schlichtem Papier ein Dokument bescheidener Vertragsspieler-Verhältnisse.*

ter, Steimle, Otterbach, Ledl, Barufka, Läpple, Schlienz, Bühler, Baitinger, Blessing. Die Siegerelf von 1952: Bögelein – Krauß, Steimle, Schlienz, Retter, Barufka, Baitinger, L. Kronenbitter, Wehrle, Krieger, Blessing. Erst danach konnte der Westen ein erstes außergewöhnlich starkes Nachkriegs-Team vorzeigen: Borussia Dortmund. Die Meisterelf von 1956 und 1957 bestritt – eine Einmaligkeit in deutschen Fußball-Annalen – beide Endspiele mit derselben Formation: Kwiatkowski – Burgsmüller, Sandmann, Schlebrowski, Michallek, Bracht, Peters, Preißler, Kelbassa, Niepieklo, Kapitulski. Bewundernd kommentierte Dr. Friedebert Becker, einer der großen Fußball-Fachjournalisten der Nachkriegszeit, nach dem ersten Titelgewinn im «Kicker»: «Diesen Deutschen Meister können wir in die ganze Welt schicken. Er legt Ehre für uns ein.» Und nach dem zweiten Triumph hieß es in der Frankfurter «Neuen Presse»: «Die Dortmunder spielten mit dem Hamburger SV oftmals geradezu Katz und Maus.»

«Wir waren», erzählte Max Michallek, «eine richtig eingespielte Mannschaft. Da kannte jeder jeden, und jeder wußte genau, was der andere mit dem Ball vorhatte. Man kann das vergleichen mit einer Artisten-Gruppe beim dreifachen Salto, da weiß auch jeder genau, was kommt.» Borussias damaligem Trainer Helmut Schneider gelang es 1955 sogar mühelos, den verletzten Schanko durch «Ölprinz» Bracht, einen aus Lünen neu hinzugekommenen Spieler, zu ersetzen. Und er rang sich vor dem zweiten Finale gegen den HSV dazu durch, den Nationalspieler Aki Schmidt auf die Ersatzbank zu setzen – Zeichen für die glänzende personelle Ausstattung der Dortmunder Mannschaft. In diesem zweiten Endspiel war ein junger Stürmer von großem Talent Gegenspieler des schon 34jährigen Michallek:

Uwe Seeler. Dortmunder Routine siegte in diesem Duell: «Ich war immer ein bißchen schneller am Ball, wenn er angespielt wurde. Da sagte er mal zu mir: Was willst du alter Opa eigentlich?» Michallek reagierte auf die kleine Provokation prompt: «Dich mache ich noch mit 60 Jahren fertig.» Mit dem Abstand von 30 Jahren lachte er über den kleinen Disput mit dem späteren Ehrenspielführer der Nationalelf: «Wenn man sich mit Worten attackiert, ist das immer noch besser, als wenn man sich körperlich ruiniert, wie es heute mitunter geschieht nach dem Motto: Warte mal, gleich bist du dran!»

Dettmar Cramer führt die signifikante Klasse der damaligen Dortmunder Mannschaft darauf zurück, daß sie als erste einen konsequenten Schritt hin zum Professionalismus getan hatte: Sie wurde für die Endrundenspiele in Trainingslagern intensiv vorbereitet. «Die Borussen haben in beiden Endspielen den Ball und den Gegner derart laufen lassen, daß es auf der Tribüne sogar Diskussionen darüber gab, ob das fair sei. Dabei war es gegenüber dem primitiven Wegdreschen des Balles nur technisch raffiniert, wie sie den Ball in der Mannschaft hielten. Das haben sie meisterlich beherrscht. Soviel Sicherheit hatte sich die Mannschaft nur in den vielen Trainingseinheiten aneignen können.»

Vergeblich war Franz Kremer, Präsident des 1. FC Köln, bemüht, die Dortmunder Trainings-Intensität als eine Verletzung des Vertragsspieler-Statuts auszulegen. Schließlich zog er für sich nur grollend den Schluß, es dem West-Rivalen nachzutun. Cramer: «Die Kölner haben sehr gut vom Dortmunder Beispiel gelernt und sich gründlich auf die Bundesliga vorbereitet.» Als sie 1963 endlich Wirklichkeit geworden war, «hatten sie gegenüber anderen Vereinen organisatorisch einen Vorsprung von einigen Jahren».

57 Der junge Schalker Willi Schulz fuhr dem alten Kölner Hans Schäfer in die Parade – ein Schnappschuß aus der Spätzeit der Oberliga West, als die Kölner um ihren «Weltmeister» Schäfer schon nationale Spitzenklasse repräsentierten, was sie in der ersten Bundesliga-Saison dann höchst eindrucksvoll untermauerten.

Kölns Meisterelf von 1962 und 1964 spielte Fußball in bemerkenswertem Einklang mit rheinischer Lebensart. Was die Elf um Kapitän Hans Schäfer bot, war wie eine «Rheinische Sinfonie» von Spielfreude, Spielwitz und Improvisationsgabe. 1962 gewann sie den Titel mit Ewert – Pott, Schnellinger, Hemmersbach, Wilden, Sturm, Thielen, Habig, Müller, Schäfer, Breuer. 1964, zur ersten Bundesliga-Meisterschaft, waren Regh, Benthaus, Hornig, Ripkens, vor allem aber Weber und Overath hinzugekommen.

Schöner, aggressiver, draufgängerischer spielte einige Jahre später nur Kölns rheinischer Rivale Borussia Mönchengladbach – und das nach dem Taktstock des «Kölschen» Hennes Weisweiler. Der Aufstieg der Mannschaft aus der niederrheinischen Provinz-Großstadt in die Reihe der überragenden Meisterteams, von Hans Noack, dem erfahrenen Düsseldorfer Mitglied des DFB-Spielausschusses und Bundesliga-Spielleiter als «einmaliges Geschehen im deutschen Fußball» gewürdigt (Noack und seine Düsseldorfer Fortuna hatten lange genug unter der Zugkraft des westlichen Nachbarn zu leiden), konnte jedoch nur gelingen, weil die Karrierelinien außergewöhnlicher Spieler wie Netzer, Heynckes, Vogts, später Wimmer, Simonsen oder Bonhof auf dem Bökelberg zusammenliefen und unter Weisweilers meisterlicher Führung zu einer harmonischen Einheit zusammengebunden wurden. Hier der nostalgische Rückblick auf Borussias erstes Meisteraufgebot 1970: Kleff, Danner – Vogts, Bleidick, Zimmermann, Ludwig Müller, Sieloff, Dietrich, Spinnler, Kracke, Wimmer, Laumen, Köppel, Netzer, Le Fevre, Schäfer, Kaiser, Meyer.

58 Mit zwei Toren war Uwe Seeler (links) maßgeblich daran beteiligt, daß 1960 in Frankfurt der erste Kölner Griff zum Meistertitel ein Fehlgriff wurde. 32 Jahre nach seinem Titelgewinn von 1928 gegen Hertha BSC Berlin erreichte der HSV mit einem 3:2 endlich wieder das begehrte Ziel. Von rechts die Kölner Christian Breuer, Leo Wilden und Hansi Sturm bei der Abwehr.

59 Die noch jungen Bayern auf einem ersten Gipfel des Erfolgs. Das Mannschaftsbild entstand zum Beginn der Saison 1970/71 und zeigt stehend von links: Müller, Maier, Mrosko, Zobel, Breitner, Schneider, Schwarzenbeck, Maas, Beckenbauer, Brenninger, Trainer Lattek; davor von links Kupferschmidt, Hansen, Seyfert, Ey, Koppenhöfer, Pumm, Roth, Hoeneß.

Auch die andere deutsche Mannschaft der siebziger Jahre von internationaler Extraklasse, Bayern München, verdankte ihr Entstehen zu allererst personaler Zufälligkeit. «Maier–Beckenbauer–Müller – das war natürlich eine unheimliche Achse», wertet Cramer, der die Mannschaft ab 1975 auf dem Höhepunkt ihrer Reife als Nachfolger Udo Latteks knapp drei Jahre betreute. Drei Ausnahmespieler hatten sich zufällig in einem Team vereinigt. Daß Könner und Spezialisten wie Hoeneß, Breitner oder Schwarzenbeck hinzukamen, ließ die Bayern schließlich sogar «für eine befristete Zeit eine der besten Mannschaften der Welt» (Cramer) werden. Ihre Erfolge in allen nationalen und internationalen Wettbewerben haben im deutschen Fußball neue, so schnell nicht mehr zu erreichende Maßstäbe gesetzt.

Das erste Meisteraufgebot 1969 hatte übrigens dieses Aussehen: Maier – Pumm, Kupferschmidt, Schwarzenbeck, Beckenbauer, Olk, Schmidt, Roth, Ohlhauser, Müller, Starek, Brenninger, Jung. Die Achse war also bereits da. Die Bayern beherrschten es meisterhaft, entscheidende Spiele kühl und abgeklärt zu gewinnen. Im Gegensatz dazu war das Spiel der Borussen mitreißender, spontaner, verwegener, riskanter – aber damit auch anfälliger. Die ganz große internationale Bestätigung blieb ihnen wohl auch deshalb versagt. Beide Mannschaften aber prägten eine Epoche deutschen Fußballs derart eindrucksvoll, daß ihnen ein wesentlicher Anteil an den «goldenen siebziger Jahren» gebührt. Die bisher letzte große deutsche Nachkriegself, der Hamburger SV, hat – geformt von Branko Zebec und Ernst Happel – mit den Assen Stein, Jakobs, Kaltz, Groh, Magath und Hrubesch für kurze Zeit auch faszinierende Geschlossenheit und Klasse erreicht, ohne allerdings die einsame Höhe der Bayern und Borussen erklimmen zu können.

60 *Er war jahrelang der hinterste Fixpunkt der großartigen Längsachse des FC Bayern München: Sepp Maier, ein Torhüter der Extraklasse. Acht Jahre nach seinem schweren Autounfall, der ihn zum Karriere-Ende zwang, kehrte der bayerische Spaßvogel im Oktober 1987 überraschend ins Rampenlicht zurück – als Bundestorwart-Trainer für die Nationalmannschaft*

61 *Als die von Ernst Happel geformte Elf des Hamburger SV auf dem Höhepunkt ihrer Leistungsfähigkeit stand: Kaltz, Rolff, Jakobs, Torhüter Stein und v. Heesen (von rechts) freuen sich in Athen über den Gewinn des Europapokals der Landesmeister, der begehrtesten Trophäe des europäischen Vereinsfußballs.*

Das Ende der Isolation

Franz Beckenbauer hatte als Achtjähriger gerade begonnen, den Jugendtrainer des SC 1906 München, Franz Neudecker, von seinem außerordentlichen Ballgefühl zu überzeugen, als sich die deutsche Nationalelf bereits auf dem Weg zu ihrem ersten ganz großen Triumph befand – ohne es allerdings zu ahnen. Das war 1953. Und alles im Fußballsport hatte sich wieder normalisiert, in eine quasi vorgegebene Richtung entwickelt, wie ein Fluß im Flußbett seinen natürlichen Lauf nimmt. Der Spitzenfußball hatte die einheitliche Obersprosse der vier Oberligen West, Nord, Süd und Südwest sowie der Stadtliga Berlin (West) erhalten, der DFB – nun mit Sitz in Frankfurt statt in Berlin (bis 1945) – und seine Untergliederungen existierten und arbeiteten wieder, und auch der Bann der Isolation lag nicht mehr auf dem geschlagenen Deutschland. Noch ehe der Welt-Fußballverband FIFA Anfang Mai 1949 für seine Mitglieder das Verbot von Spielen gegen deutsche Mannschaften aufhob und 16 Monate später den DFB wieder in seine Familie aufnahm, war durch drei Schweizer Städtemannschaften in bemerkenswertem Vorgriff das dicke Eis hinüber zu den Deutschen gebrochen worden: Am 12. Oktober 1948 fanden die Städtevergleiche Stuttgart–Zürich (6:1), München–St. Gallen (5:1) und Karlsruhe–Basel (1:0) statt. Und die Fachzeitschrift «Sportwelt» deutete die Resultate so, «daß wir den Anschluß an den internationalen Fußball nicht verloren haben».
Dennoch – unter Berücksichtigung der Tatsache, daß der Fußball der Eidgenossen auch seinerzeit nicht gerade internationale Spitzenklasse darstellte und die deutsche Balltre-

62 *Sepp Herberger (Mitte vorn) und die Absolventen des ersten Fußballehrerlehrgangs nach dem Krieg in Köln. Man erkennt u. a. Fritz Pliska (Schalke/Vohwinkel) in der 1. Reihe (zweiter von rechts). Rechts dahinter Friedel Slota (Hilden/Vohwinkel), links dahinter Rudi Voigtmann (Neuendorf). Rechts hinter Herberger Paul Bornefeld (Düsseldorf), links hinter Herberger Herbert Widmayer (Osnabrück). Erster (links) in der zweiten Reihe Willi Jürissen (Oberhausen), daneben Fritz Langner. Hinter Langner Jupp Steigleder (Düsseldorf), rechts daneben Willi Andexer (Vohwinkel). Über Widmayer steht Hennes Weisweiler (Köln). Rechts hinter Voigtmann Rudi Gellesch (Schalke), rechts dahinter Gustl Mohn (Ulm). Obere Reihe von links: Bernd Oles (Hamborn), Paul Janes (Düsseldorf), Werner Göbel (Essen) und der spätere Dortmunder Meistertrainer Helmut Schneider. Weiter rechts (etwas tiefer) ist Paul Mebus (Benrath/Köln) zu erkennen.*

63 *Dreikampf unter Prominenten: Fritz Walter, Hennes Weisweiler und Herbert Burdenski (von links) in einem Spiel der Kölner Sporthochschulelf gegen den 1. FC Kaiserslautern im Jahr 1948.*

terzunft viele Jahre lang (die letzten Länderspiele waren 1942 ausgetragen worden) im eigenen Saft geschmort hatte, mußte im Leistungsvergleich mit dem Ausland bei Null wieder angefangen werden. Sportlich gesehen waren die Spitzenspieler der ersten Nachkriegsjahre etwas mehr als Amateure, aber viel weniger als Professionals. Dettmar Cramer erinnert sich: «In den meisten Vereinen wurde zweimal, höchstens dreimal pro Woche nachmittags oder abends trainiert. Und damit konnten wir uns international überhaupt nicht durchsetzen.» Die Zuwendungen, mit denen Vereinsbosse guten Spielern damals Laune machten, von «schwarzen Handgeldern» über verbotene Prämien bis hin zu – damals besonders hoch im Kurs stehenden – Vermittlungen von Toto-Annahmestellen, Sportgeschäften, Tankstellen oder entsprechenden Existenzen, gaukelten mehr eine Leistungs-Elite vor, als daß es sie wirklich gab. Daran ändert auch die Feststellung Cramers nichts: «Die Spieler arbeiteten oder sollten arbeiten – aber viele Spitzenspieler arbeiteten nicht.»
In dieser Zeit weit verbreiteter Fußball-Pfründe war es schon außergewöhnlich, daß Borussia Dortmund und auch der 1. FC Kaiserslautern gelegentlich vor oder während der Endrunde ihre Spieler tagelang kasernierten und damit ein stark das Normalmaß übersteigendes Trainingspensum ermöglichten. Früh nach dem Desaster von 1945 nahm jedoch im Juni 1947 ein Mann seine Tätigkeit wieder auf, der Arbeitsintensität und -qualität schnell entscheidend anhob und als der Trainer-Vater der Nachkriegszeit gelten muß: Sepp Herberger. Er begann, an der unter Professor Carl Diems Leitung stehenden Kölner Sporthochschule Fußball zu lehren. Und Cramer äußert heute überzeugt: «Ohne Herbergers Persönlichkeit und Überzeugungskraft, internationale Erfahrung und Konsequenz wäre die Weltmeisterschaft 1954 nicht möglich gewesen.»

Herberger und die Nationalelf

Der gebürtige Mannheimer, der bis 1930 für den SV Waldhof, den VfR Mannheim und Tennis Borussia Berlin aktiv gewesen war, klein von Wuchs und faltig im von ungewöhnlich großen Ohren begrenzten Gesicht, war 1936 als Nachfolger von Dr. Otto Nerz Reichstrainer geworden. Ehe ihm der Krieg 1942 den geliebten Ball ins Seiten-Aus schlug, hatte er sich noch einen Wechsel auf die Zukunft ausgestellt und Fritz Walter in 24 Länderspielen herangezogen. Der erinnert sich an den letzten Kriegs-Auftritt der Nationalelf am 22. November 1942 in Preßburg (5:2 gegen die Slowakei): «Hans Rohde vom Eimsbütteler TV bekam für sein 25. Länderspiel die Goldene Ehrennadel. Da habe ich zum Chef gesagt, ‹Herr Herberger, ich würde auch gern mal mein 25. machen.› Seine Antwort war: ‹Fritz, Sie machen mal ihr 25., Sie machen ihr 50., Sie werden Kapitän der Nationalmannschaft und wenn Sie auf mich hören, dann werden Sie auch mal mein Nachfolger.›»
Herberger arbeitete lange vor seiner Neuanstellung als Bundestrainer durch den wiedergegründeten DFB, also quasi ins Blaue hinein, auf das internationale Comeback der Nationalelf hin. Schon im Mai 1948 ließ er in Frankfurt eine Nord-West-Auswahl gegen ein Süd-Südwest-Team zur Ermittlung der Besten spielen. «Eine Nationalelf in Sicht!», so kommentierte Hans Fiederer im «Sport-Magazin» das Frankfurter «Fußballfest», bei dem Nord und West vertreten wurden durch:
Flotho (Osnabrück), Janes (Düsseldorf), Holdt (HSV), Michallek (Dortmund), Tibulski (Schalke), Appel (St. Pauli), Doktor (Rheydt), Günther (Oberhausen), Gottschalk

(Essen), Spundflasche (HSV), Schmidt (Dellbrück).
Die Auserwählten von Süd und Südwest: Jahn (Kickers Stuttgart), Streitle (Bayern München), Siegl (Waldhof), Kupfer (Schweinfurt), Kennemann (Nürnberg), Gebhardt (Nürnberg), Hädelt (Bayern München), Morlock (Nürnberg), Conen (Kickers Stuttgart), Fritz Walter (Kaiserslautern), de la Vigne (Mannheim).
Erst zweieinhalb Jahre später, am 22. November 1950, war das erste Nachkriegs-Länderspiel fällig: Nach etlichen Lehrgängen und Übungsspielen gewann die neuformierte Nationalelf im Stuttgarter Neckarstadion bei strömendem Regen mit 1:0 gegen die Schweiz. Das entscheidende Tor schoß ein Spieler, der wie Turek (Düsseldorf), Baumann (Nürnberg), Barufka (Stuttgart), Röhrig (Köln), Berni Klodt (Schalke), Ottmar Walter (Kaiserslautern), Balogh (Neckarau) und Hermann (FSV Frankfurt) nicht zum Kader des Frankfurter Sichtungstreffens gehört hatte: der inzwischen von Werder Bremen mit blauem Brinkmann-Dunst gekaperte Ex-Schalker Herbert Burdenski. Er war «glücklich, daß ich als Norddeutscher dabei sein durfte». Mit dem Zug war er aus Bremen angereist, seine Fußballschuhe im Gepäck. Wie er den Siegtreffer zustande brachte, schildert er so: «Es hatte Hand-Elfmeter gegeben. Zur Ausführung waren außer mir auch Ottmar Walter und Morlock vorgesehen. Nach einigem Hin und Her rief mir der Jackl Streitle zu: ‹Budde, geh nach vorn, mach' Du das.›» Verteidiger Burdenski ließ sich nicht zweimal auffordern: «Ich war als Spieler ein selbstbewußter Bursche. Nerven kannte ich nicht. Ich habe voll durchgezogen und genau rechts oben in den Winkel getroffen.» Ein unhaltbarer Schuß.
«100 Mark», so erinnert sich Burdenski, «gab es vom DFB für den Länderspieleinsatz – aber wir hätten auch umsonst gespielt, so stolz

64 *Bereit zum ersten Nachkriegsländerspiel: Von links Streitle, Balogh, Barufka, Herrmann, Baumann, Morlock, Klodt, Ottmar Walter, Burdenski, Turek und Kupfer im Stuttgarter Neckarstadion.*

waren wir.» Bei den Burdenskis wurde in jenen Tagen Nachwuchs erwartet. «Budde» fragte deshalb die DFB-Oberen, ob er, anstatt mit dem langweiligen Zug (der damals einige Stunden länger von Stuttgart bis Bremen benötigte als heute), mit dem Flugzeug heimreisen dürfe. «Aber Dr. Xandry erklärte mir, der DFB habe dafür kein Geld.» Der damalige Werder-Vorsitzende Dr. Alfred Ries sorgte daraufhin für den Rückflug des Spielers. Vier Tage später, am 26. November, wurde Herbert Burdenski Vater: Dieter Burdenski, später einer der erfolgreichsten Torhüter der Bundesliga, kam auf die Welt.
Daß nicht einmal vier Jahre nach dem Stuttgarter Neubeginn in Bern der Weltmeistertitel errungen wurde, war vor allem auf die intensive und praxisbezogene Arbeit Herbergers zurückzuführen. «Er versandte immer wieder», so Dettmar Cramer, «Trainingspläne an die Spieler, von Hamburg bis München, von Posipal bis Streitle, und er erreichte auch, daß das nicht nur Papier war, sondern daß entsprechend gearbeitet wurde.» Herberger animierte die Auswahlspieler also frühzeitig, mehr zu tun als andere Vertragsspieler. In Cramer hatte er einen loyalen Mitstreiter, der als Trainer des Westdeutschen Fußball-Verbandes «zweimal im Monat mittwochs die besten Nachwuchsspieler und die Nationalspieler zum Lehrgang nach Duisburg holte», übrigens ohne dabei sonderliche Probleme mit den Vereinstrainern wegen der Freistellung zu haben.

Auf dem Weg zum ersten WM-Triumph

Dabei war Cramer (4. April 1925) seinerzeit noch ein blutjunger Hüpfer – noch nicht 30 Jahre alt. Eine bemerkenswerte, durch die Zeitwirren fast schon phantastische Trainerlaufbahn: Mit 21 Jahren fand er bei Teutonia Lippstadt, deren Vorsitzender der spätere Bundestagsabgeordnete und DFB-Schatzmeister Jakob Köhnen war, als Auserwählter unter 30 Bewerbern seine erste Anstellung. Das war 1946. «Da habe ich 300 Reichsmark verdient, aber ein Drei-Pfund-Brot kostete schon 60 Mark.» Cramer wurstelte sich, wie so viele damals, durch, erhielt Naturalien zugesteckt und verbesserte sich durch häufige Vereinswechsel. Die nächste Station in den, so Cramer, BMW-Zeiten – «Bäcker, Metzger und Wirte spielten eine wichtige Rolle in vielen Klubs» – war der VfL Geseke («wo es Kalk und Zement gab – damals eine Riesensache, dafür kriegten wir alles»), dann der Verein für Jugendpflege Paderborn, schließlich TuS Eving-Lindenhorst, ein Klub, dem es durch die Verbindung mit der Zeche Minister Stein/Hardenberg besonders gut ging – wie so manchem «Kohlen-Klub» der Nachkriegs-Ära (Katernberg, Sodingen waren die herausragenden Beispiele). In Eving-Lindenhorst echauffierte sich Cramer darüber, daß seine Spieler in der Nacht zum Sonntag noch unter Tage arbeiten mußten. Wie sollten sie dann am Nachmittag Leistung bringen? Bis Cramer dahinterkam: «Die waren alle nur angestellt in der Lampenbude oder sagten lachend: ‹Wir pennen auf der Putzwolle.› Der Kumpel machte die Arbeit für sie mit. Dafür mußten sie dann im Spiel aber auch richtig 'ranklopfen.»

Seit 1. November 1949 saß Cramer – nicht einmal 25 Jahre alt – als WFV-Trainer in der Sportschule Duisburg-Wedau, und er war Herberger innerlich damals näher als die meisten anderen, beobachtete ihn sensibler, bewunderte ihn mehr. Und er bekennt heute, am Abend seiner Trainerkarriere: «Ich bin besessen von dem Spiel, vom Training, ich will immer wieder verbessern, jede Minute nutzen. Man muß den Spielern im Nacken sitzen wie ein Mungo, darf sie nicht loslassen, muß sie immer wieder schütteln wie ein Mungo. Das habe ich von Herberger gelernt. Was ich verzapfe, direkt oder indirekt, stammt von ihm. Der Seppl war auch ein Besessener.» Cramer preist den Alten aus Hohensachsen als Praktiker von hohen Graden und als «Genie der Vereinfachung». In der Zeit der Zusammenarbeit mit ihm habe er «erkannt, daß man viele Dinge gar nicht besser sagen kann, als er sie gesagt hatte. Er hatte sie im Fußball schon so komprimiert wie Adenauer in der Politik.» Herbergers einfache, aber verständliche und überzeugende Lehrsätze – nach dem Spiel ist vor dem Spiel; sie könne sich plage wie sie wolle, der Ball hat immer die beschte Kondition; der Ball ist rund; zurück zum Spiel, es gibt kein besseres Vorwärts – taten es damals nicht nur Cramer an, der feststellt: «Ich beobachte bei Pressebesprechungen junge Trainer, die all die Sätze wiederholen und gar nicht wissen, daß sie von Herberger stammen. Es ist das Höchste an Originalität und Autorität, daß die Sprüche weiterleben, ohne daß die Menschen wissen, wer sie geprägt hat.»

Für den Praktiker Herberger galt auch, die Arbeit mit der Lederkugel in den Mittelpunkt zu stellen. «Er hat uns», berichtet Cramer, «immer eingehämmert, geht zum Ball, wartet nicht auf ihn.» Cramer erinnert sich: «Zu seinen Grundsätzen gehörte – Fußball lernt man nur durch Fußball, so wie man Schwimmen nur im Wasser und nicht durch Trockenübungen lernt. Und er sagte manchmal auch: Ich habe noch nie gesehen, daß ein Billardspieler immer um den Billardtisch rennt. Aber ich habe schon ganze Generationen von Fußballspielern um den Platz laufen sehen.» Erstaunliche Analogie zu Franz Beckenbauer anno 1984, der in seiner neuen Rolle als Teamchef der Nationalmannschaft kritisierte: «Wenn ich sehe, wie viele Spieler so ihre Runden drehen, kommt es mir vor, als wollten sie zu den Olympischen Spielen.» Falsch gesetzte Trainings-Schwerpunkte, wie sie zu Beginn der achtziger Jahre wesentlich zur Verkümmerung spielerischer Fertigkeiten führten, wären unter Herbergers Einfluß wohl kaum passiert. Aber Cramer wagt auch die Behauptung: «Wenn er nicht gewesen wäre, hätten wir uns schon in den fünfziger Jahren verirrt.»

Sepp Herberger vereinigte in seiner Persönlichkeit die Kunst der Analyse des Spiels mit der Fähigkeit überzeugender Formulierung. Cramer: «Er war ein Genie der Formulierung und konnte Geschichten erzählen wie Heinz Rühmann, ganz unvorbereitet, frei, ohne Manuskript. Spieler wie Journalisten hingen dann an seinen Lippen. ‹Ich rede ex faustibus›, so nannte er das. Das schlimmste an Herberger waren Vorträge, die er vom Blatt ablas. Aber das merkte er meist selbst, und irgendwann legte er das Manuskript einfach beiseite und redete wieder frei.»

All dies wäre allerdings nur vorübergehendes rhetorisches Feuerwerk geblieben, hätte nicht sein großartiges, Respekt gebietendes Fachwissen dahinter gestanden.

65

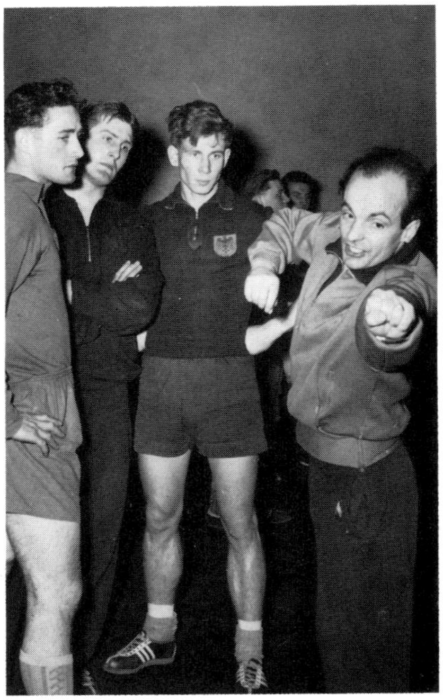

66

A n s t e l l u n g s v e r t r a g.

Zwischen der Abt. Teutonia 08, als deren Vertreter die Herren Koenen, Lippstadt, Blumenstr. 25 und Busch, ebenda, Spielplatzstr.5 verant= wortlich zeichnen, einerseits und dem Sportlehrer Friedrich Dettmar C r a m e r, geb. 4.4.25. i n Dortmund,wohnhaft in Lippstadt,Nordstr. 2I bei Ww. Anna Meyer, andererseits wird heute folgender Anstellungs= vertrag geschlossen:
Herr Cramer wird als Sportlehrer angestellt. Er verpflichtet sich als Trainer aller Vereinsabteilungen zu wirken.
Teutonia hat eine Fussballabteilung, der auch eine Jugendabteilung ange schlossen ist, ausserdem Handballer, Schwimmer und Kraftsportler.
Herr Cramer verpflichtet sich das Training dieser Abteilungen zu leiten und all sein Können den Sportlern der Teutonia zu vermitteln.
Die Fussballer sind besonders zu betreuen.
Dem Vorstand hilft Herr Cramer in organisatorischen und pressetech= nisch=propagandistischen Dingen, seine Arbeit bei den Aktiven erstreckt sich auf alle Praxis und Theorie.
Mit dem Einverständnis der Abt. Teutonia trainiert Herr Cramer an einem Tage der Woche einen benachbarten Verein, der jedoch nicht mit Teutonia in einer Klasse spielt.
Für seine Leistungen erhält Herr Cramer eine monatliche Brutto= Entschädigung von 2oo.- RM(Zweihundert) und eine Aufwandsentschädi= gung von Ioo.- RM(Einhundert) .
Diese Summen sind monatlich im Voraus zu zahlen, erstmalig am I.5. 46.
Dieser Anstellungsvertrag gilt für ein Jahr, läuft jedoch automatisch weiter, wenn keine Vertragspartei nach Ablauf des 9. Monates gekün= digt hat.Die gültige Kündigungsfrist ist dann für beide Teile ein Vierteljahr (drei Monate) .Es läuft also der Vertrag nicht automatisch ein weiteres Jahr.
Für beide Teile gelten die ersten drei Monate als Probezeit.Während der ersten drei Monate können beide Parteien von diesem Vertrag zu= rücktreten. Eine einzuhaltende Kündigungsfrist gibt es also in den ersten drei Monaten nicht.Der Stichtag für die Aufhebung der Vertrags= verpflichtungen ist, wenn eine Partei den Vertrag in der vereinbarten Probezeit lösen möchte, immer für beide Teile der 30. Juli I946 .
Nach Ablauf dieses Termines kann beiderseits im ersten Jahre erstmals nach Ablauf des neunten Monates zum I.5.47. gekündigt werden.
Nach diesem Termin dann beiderseits vierteljährliche Kündigung.
Die Vertragspartner verpflichten sich beiderseits die Vertragsbeding= ungen treu und pünktlich zu erfüllen. Nichterfüllung der eingegange= nen Verpflichtungen berechtigt zur fristlosen Vertragsauflösung.

Lippstadt, den 26.4.46.

Für Teutonia: Der Sportlehrer:

Koenen Busch Cramer

68

65 *Wenn Sepp Herberger «ex faustibus» redete: Hier sind beim Trainerlehrgang in der WFV-Sportschule Duisburg-Wedau in der vorderen Reihe Schorsch Gawliczek, Dettmar Cramer und Helmut Schön, hinter Cramer Hans Tilkowski, rechts dahinter der Hertener Günter Graetsch und der Kölner Hansi Sturm interessierte Zuhörer.*

66 *Dettmar Cramer (rechts) gibt als westdeutscher Verbandstrainer drei zu Beginn der fünfziger Jahre großen Torhütern beim Lehrgang in Duisburg praktische Tips: Tilkowski (damals noch Westfalia Herne), Traska (TSV Horst-Emscher) und Sarna (Eintracht Gelsenkirchen).*

◁ 67 *Das war der erste Trainervertrag, den Dettmar Cramer, knapp 21 Jahre alt, am 26. April 1946 erhielt.*

68 *Ein Bild aus den frühen Jahren der Oberliga, die Bundesliga war noch weit: Trainer Dettmar Cramer bei der Lagebesprechung mit (von rechts) Heinz Steinmann (SW Essen), Manfred Kuster von der damals hervorragende Nachwuchsarbeit leistenden Eintracht Gelsenkirchen (diesen Verein gibt es inzwischen überhaupt nicht mehr) und Helmut Benthaus. Der spätere Stuttgarter Meistertrainer war seinerzeit noch Spieler bei Westfalia Herne.*

69 *Auch ein interessantes Bilddokument* ▷ *vergangener Fußballzeiten: Die Trainerbank einer West-Auswahl mit Dettmar Cramer im Frankfurter Waldstadion beim Spiel gegen eine Süd-Elf. Das war 1960. Ganz links auf der Bank übrigens Jürgen Sundermann. Rechts neben Cramer erkennt man Friedel Rausch, Timo Konietzka und Fritz Ewert.*

70 *Der «Chef» wußte stets praxisnah zu erklären und mit eindringlichen Worten zu überzeugen. Hier sind (von rechts) Hansi Sturm, Helmut Haller, Rolf Geiger, Werner Olk und Albert Brülls bei einem Nationalspielerlehrgang Ende der fünfziger Jahre Zuhörer von Sepp Herberger.*

Fritz Walter erhielt noch vor seinem Länderspiel-Debüt am 14. Juli 1940 (9:3 gegen Rumänien), bei dem er drei Tore erzielte, einen Herberger-Brief nach Hause mit der Fußnote: «Fritz, denken Sie daran, Fußball wird nicht nur am Boden gespielt.» Der Debütant verstand den dezenten Hinweis prompt und richtig «als Kritik an meinem Kopfballspiel, das ich nicht besonders mochte». Fritz Walter: «Jeden Monat hat er an die Nationalspieler Briefe verschickt, wenn er wieder irgendeinen Gegner gesehen und meisterlich analysiert hatte. So hat er Kohlmeyer geschrieben: ‹Kohli, paß auf, der Linksaußen von denen spielt gern an deinem schwachen rechten Fuß vorbei.› Oder dem Helmut Jahn vom BSV 92, der beim 1:1 gegen Spanien 1942 in Berlin einen Fehler gemacht hatte: ‹Der Torwächter muß nicht nur fangen, sondern auch fausten.›» Da er sich auch noch im Trainingslager viel Zeit nahm, um jeden einzelnen Spieler genau auf seine spezielle Aufgabe und seinen Gegner einzustellen, ging die deutsche Nationalmannschaft in der Herberger-Ära stets gut vorbereitet aufs Feld. Berühmt sind die Spaziergänge um den Thuner See geworden, auf denen Herberger 1954 bei der Weltmeisterschaft seine Spieler geistig wie moralisch vollkommen einzustimmen verstand.

Natürlich hatte dieser großartige Mann auch seine Mucken und Macken. Der exzellente Fußballer Michallek bekam es zu spüren. Er redete dem «Chef» bei Lehrgängen nicht unbedingt nach dem Mund, machte das «Jackenziehen», wie er es nennt, das «Herberger hier, Herberger da» nicht mit und hat unbeirrt seine «ehrliche Meinung durchgefochten, weil ich ja nie unbedingt in dem Haufen spielen wollte». Michallek, der Widerspenstige, der schwer zu handhaben war, bekam dann auch kein Länderspiel, und er war sich später im Rückblick sicher, warum: «Seppl und ich, wir waren wie Feuer und Wasser.» Freilich war da noch etwas anderes: «Ich rauchte», bekannte Michallek, «nebenbei mal gern eine Zigarette. Aber obwohl ich es heimlich tat, hat es Herberger natürlich gewußt.» Meistens sagte er nur: «Ach, der Max hat wieder geraucht.» Rauchende Spieler aber waren dem «Chef» zuwider. Matthes Mauritz erinnert sich, «daß der Bernd Oles im Trainingslager einmal sofort seinen Koffer packen mußte, weil er sich nach dem Mittagessen eine angesteckt hatte». Herbergers Zeitzeugen betonen jedoch, daß solche harten Maßnahmen einigermaßen selten waren und der «Chef» (Fritz Walter: «Er hat Dinge zwar gesehen, aber oft übersehen») eher den indirekten Weg wählte, um über die Ordnung zu wachen. Cramer: «Auf Länderspiel-Reisen hatte er immer das erste Zimmer neben der Treppe.» Ein Disziplin-Appell ohne Worte!

Disziplin und Konsequenz waren für Herberger unerschütterliche Grundsätze. Mauritz: «Er war ein Diktator, dem man sich anpassen mußte.» Walter: «Seine Parole, an die wir uns tausendprozentig gehalten haben, lautete, den deutschen Fußball und unser Land nicht nur im Spiel, sondern auch außerhalb des Spielfeldes ehrenvoll zu vertreten.» Das ging hin bis zu den Tischsitten, wo er darauf achtete, daß, «wie er immer aus Spaß gesagt hat, niemand die Erbsen mit dem Messer ißt». Auch Ordnung mußte bei Herberger sein. «Wenn wir», berichtet Fritz Walter, «aus unseren Kabinen gegangen sind, war alles aufgeräumt, lag nichts mehr kreuz und quer herum, abgerissene Mullbinden und so weiter. Da konnte man sagen: gut geführte Truppe.» Aus solchen Berichten die Erkenntnis abzuleiten, ein Trainer wie Herberger wäre heute undenkbar, würde binnen kurzer Zeit an den veränderten Wert- und Disziplinvorstellungen scheitern, läßt Cramer jedoch nicht gelten: «Wer damals mit einem Helmut Rahn fertiggeworden ist, der würde heute auch mit Bernd Schuster fertig. Es hätte das Problem Schuster gar nicht gegeben, und es hätte auch keine Probleme mit Frau Schuster gegeben, so wie es keine Probleme mit Frau Italia Walter gegeben hat.» Fritz Walter berichtet über eine kleine Begebenheit am Rande des Länderspiels gegen Österreich am 21. September 1969 in Nürnberg (1:0). Es war die Zeit der Langhaar-Mode für junge Männer. «Wir saßen nach dem offiziellen Bankett an einem Tisch zusammen mit Wolfgang Overath. Der Chef sagte zu ihm: ‹Wolfgang, gratuliere, hast gut gespielt.› Dann fragte er nach der Familie, ob alles in Ordnung wäre, wie er halt immer so redete. Und dann wendete er sich an mich und sagte: ‹Fritz, der Wolfgang ist ein gut aussehender Bursche, nicht wahr, der wird den Frauen gefallen, findest Du nicht auch? Aber wenn die Haare ein kleines bißchen kürzer wären, dann wäre er noch ein fescherer Bursche, oder nicht?› Der Wolfgang fragte sofort: ‹Meinen Sie wirklich, Herr Herberger?› Ein paar Tage später sah ich in der Bild-Zeitung ein Foto: Wolfgang Overath beim Friseur.»

Wie konsequent der Trainer Herberger vorging, zeigte sich auf dem Weg zum Weltmeisterschafts-Endspiel in Bern. Am 20. Juni ließ er in Basel beim ersten Zusammentreffen mit den Ungarn die zweite Garnitur spielen, um drei Tage später mit ausgeruhter Bestbesetzung in Zürich gegen die Türken antreten zu können. Ein Vabanque-Spiel. Cramer: «Aber er hatte für den Fall, daß wir mit der zweiten Garnitur gegen Ungarn verlieren und dann das Spiel gegen die Türken nicht gewinnen, also ausscheiden würden, sein Rücktrittsgesuch fix und fertig in der Schublade. Für diesen Fall hätte er also die ganze Verantwortung auf seine Schultern geladen.» Der Taktiker Herberger

71 *Ergriffen und abgespannt lauschen (von rechts) Helmut Rahn, Horst Eckel, Toni Turek, Fritz Walter und Sepp Herberger nach dem Endspielsieg gegen die Ungarn in Bern der Hymne.*

72 *So begann im Berner Weltmeisterschaftsendspiel der Umschwung zugunsten des deutschen Teams: Max Morlock (rechts) erzielte den Anschlußtreffer zum 1:2.*

74 Helmut Rahn vollendete den gänzlich unerwarteten Erfolg gegen die Ungarn, deren Weltmeisterschaftsgewinn nur noch Formsache zu sein schien.

◁ 73 *Fritz Walter auf den Schultern begeisterter Deutscher im Berner Wankdorf-Stadion. Ein triumphaler Augenblick für den Spielführer, und doch scheint seine Freude beherrscht, kontrolliert zu sein.*

75 *Das war die Siegerelf von Bern: Fritz Walter, Turek, Eckel, Rahn, Ottmar Walter, Liebrich, Posipal, Schäfer, Kohlmeyer, Mai und Morlock.*

triumphierte schließlich. Zwar war das 3:8 gegen Ungarn auch ihm zu hoch ausgefallen, hatte er seine besten Spieler schonen, gleichzeitig aber nicht so deutlich verlieren wollen, aber am Abend nach dem Spiel war er inmitten der um ihn herum herrschenden Aufgeregtheit und Ärgerlichkeit «besinnlich heiter», wie Cramer noch weiß: «Er sagte, wenn wir mit dieser Aufstellung gegen die Ungarn drei Tore schießen, dann sind die nicht unverwundbar. Und das hat sich von da an aufgebaut in der Mannschaft.» Als «Schlüsselerlebnis» auf dem Weg zum Titelgewinn wertet Cramer das nachfolgende 7:2 gegen die Türken, das die Richtigkeit von Herbergers Entscheidung vollauf bestätigte: «Die Spieler sind durch diesen Sieg so an ihn herangewachsen, daß sein Abstand an Erfahrung, Wissen und Namhaftigkeit auf einmal nicht mehr da war. Da war dann eine völlige Einheit entstanden.»

Herbergers überragende Führungsqualität, gepaart mit sicherer Fachkompetenz, Ruhe und Souveränität wirkten noch hin bis zur Halbzeit des Finales. Fritz Walter, der längst zum «verlängerten Arm» des Trainers auf dem Spielfeld geworden war und in seiner kongenialen Beziehung zu ihm nach wenigen Spielminuten per Handzeichen von und zur Trainerbank notwendige Umstellungen anordnen konnte, erinnert sich noch an den Ablauf der Pause in den Katakomben des Wankdorf-Stadions: «Wir haben uns natürlich Vorwürfe gemacht wegen der Rückgabe vom Kohli an Turek, die zum zweiten Gegentor geführt hatte. Da sagte Herberger: ‹Männer, spart euch die Luft für die zweite Halbzeit, da könnt ihr sie noch gut gebrauchen. Schnauft jetzt erst einmal. Was zu sagen ist, das sage ich.› Und das hat er dann in aller Ruhe gesagt, aber mit ganz klaren und bestimmenden Worten.»

Helmut Rahns zweiter Treffer – das Tor zum 1:2 hatte Morlock erzielt – bedeutete in der 84. Minute die

Sensation des 3:2 gegen die als unschlagbar geltenden Ungarn – im 25. Spiel nach dem Stuttgarter 1:0 gegen die Schweiz war die Nationalelf in der Besetzung Turek – Posipal, Kohlmeyer, Eckel, Liebrich, Mai, Rahn, Morlock, O. Walter, F. Walter, Schäfer Weltmeister. «Eine verdient gewonnene Weltmeisterschaft», wie Cramer betont, «wir hatten eine Bombenmannschaft damals.» Kraft und Spielkunst paarten sich in ihr auf ideale Weise. Cramer: «Wir haben nicht nur mit Glück gewonnen. Gewinne man mal solch ein Spiel nach einem 0:2-Rückstand!»

Am Morgen nach dem Finale ereignete sich im Spiezer Quartier eine kleine, aber bezeichnende Begebenheit. Fritz Walter erzählt sie: «Um 10 Uhr hatte sich das DFB-Präsidium versammelt, ich war als Kapitän mit dabei. Da sagte der damalige DFB-Präsident, Dr. Peco Bauwens: ‹Meine Herren, nun sind wir Weltmeister. Was sollen wir den Spielern denn eigentlich geben?›»

Fast genau 20 Jahre später, einige Tage vor dem ersten Spiel der Weltmeisterschafts-Endrunde 1974 (es wurde in Berlin gegen Chile mit 1:0 gewonnen), trug sich in der Sportschule Malente eine gänzlich andere, aber ebenfalls bezeichnende Begebenheit zu: Nationalspieler und Bundestrainer Helmut Schön drohten mit sofortiger Abreise, weil der Poker um die Prämien die Nerven aller Beteiligten bis zum Zerreißen gespannt hatte.

Für die «Helden von Bern» gab es 1954, so Fritz Walter, «2000 bis 2500 Mark pro Mann» – eine auch unter den damaligen Umständen höchst bescheidene Entlohnung für einen Erfolg, der alles bis dahin Gewonnene im deutschen Fußball weit übertraf. «Aber Geld», beteuert der Kapitän der Elf, «war für uns überhaupt kein Thema, darüber sprachen wir nicht.» Den Siegern von München überwies der DFB 1974 jeweils 70 000 Mark – bei dieser stolzen Summe waren sich die Vertreter der Mannschaft (die ursprünglich 100 000 Mark verlangt hatte) mit Franz Beckenbauer an der Spitze und die Abordnung des Verbandes um den Schweinfurter Funktionär Hans Deckert schließlich nach langem und zähem Feilschen doch noch einig geworden. Das Ausgangsangebot des DFB hatte übrigens bei 30 000 Mark gelegen.

Und noch einmal 16 Jahre später, am 8. Juli 1990, wurden die 22 Spieler des Italien-Kaders um jeweils 125 000 Mark reicher – ohne große Diskussionen zwischen Mannschaft und DFB-Führung ausgehandelte Prämie für den Gewinn des WM-Titels. Die Weltmeister anno 90 wurden bereits so gut belohnt, daß Edelreservist Frank Mill sich angesichts der für ihn bitteren Tatsache, nicht ein einziges Mal im Verlauf des Turniers zum Einsatz gekommen zu sein, mit der Feststellung tröstete: «Die Prämie ist ja auch ein ganz schönes Trostpflaster.»

1958 noch verstanden sich die Spieler der Nationalelf deutlich mehr als brave Repräsentanten deutschen Fußballs, denen ein Taschengeld zugesteckt wurde, denn als junge Männer in der Übergangsphase zum Professionalismus. Fritz Walter: «Wir haben für jedes Weltmeisterschaftsspiel in Schweden 150 Mark gekriegt. Bis zu meiner schweren Verletzung in meinem letzten Länderspiel gegen Schweden waren das für fünf Spiele 750 Mark.»

Welch lächerliches Honorar für den «alten Fritz», bedenkt man, daß 32 Jahre später der dritten Weltmeister-Mannschaft des DFB nach ihrem 1:0-Erfolg über Argentinien neben der verbandsoffiziellen Prämie noch einmal rund 120 000 Mark pro Nase aus dem Sponsoren-Pool um das Welt-Unternehmen Mercedes und die Allgäuer Müller-Milch zuflossen!

Jahre des Umbruchs

Zwischen den Mannschaften von 1954 und 1974, von 1958 und 1990 liegt die wahrlich revolutionäre Entwicklung des deutschen Fußballsports vom Vertragsspielerzum Berufsspieler-Status. Vom – in vielen Fällen zweifellos sehr gut bezahlten – Hobby zur Profession. Oder auch von der Illegalität zur Legalität der Zuwendungen an die Spieler. Damals, in den vierziger, fünfziger und auch sechziger Jahren, selbst noch nach dem Inkrafttreten des ersten, von mancherlei Verboten und Einschränkungen gekennzeichneten Bundesliga-Statuts, wanderten Millionen von Mark unter dem Tisch von Hand zu Hand. Schwarze Kassen gehörten zu den wichtigsten Einrichtungen in denjenigen Vereinen, die einen klar leistungsorientierten Spielbetrieb in den oberen Klassen aufzuziehen trachteten. Mit Ehrlichkeit und Statutentreue hätten die Klubfunktionäre bis zur Aufhebung der Zahlungsgrenzen im Lizenzspieler-Statut, die erst 1972 bis 1974 erfolgte, keinen Aufstieg erreichen und erst recht keine Meisterschaft gewinnen können, weil sich alle Beteuerungen der Vereinsvorsitzenden, einander keine Spieler abzuwerben, als leeres Gerede entpuppten (das Kölner Geißbockheim, häufig Tagungslokal der Klub-Präsidenten, hieß spöttisch «Meineidsbude»). Streng genommen hat erst 1974, nicht 1963 mit Beginn der Bundesliga, die Einführung des Berufsfußballs mit allen Konsequenzen stattgefunden. Seit dem Spieljahr 1974/75 ist ein einheitliches Lizenzspieler-Statut gültig, das keine finanzielle Beschränkung mehr enthält und auch die Transfer-Entschädigungen für Lizenzspieler der freien Vereinbarung zwischen den beteiligten Vereinen überläßt. Für Streitfälle – beim Wechsel von Lothar Matthäus gab es beispielsweise

einen solchen zwischen Borussia Mönchengladbach und Bayern München – hält sich ein Schiedsgutachter bereit.
Bis zu dieser völligen Freizügigkeit im finanziellen Bereich des Statuts war es ein langer Weg. Hier seine wichtigsten Stationen. In dem vom ersten Nachkriegs-Bundestag des DFB am 9. Juli **1949** in Stuttgart-Bad Cannstatt beschlossenen Vertragsspieler-Statut waren die Zuwendungen an Spieler auf mindestens 160 und höchstens 320 Mark monatlich festgeschrieben. Die Ablösesummen bei Vereinswechseln von Vertragsspielern betrugen zwei Drittel der letzten Jahres-Bruttobezüge bei Kündigung durch den Verein und einen vollen Jahres-Bruttobezug bei Kündigung durch den Spieler. Bei Freigabeverweigerung war ein Vertragsspieler 18 Monate(!) gesperrt. **1953** beschloß der DFB-Beirat die «Sechs-Mann-Klausel»: Ein Vertragsspieler-Verein durfte in zwei aufeinanderfolgenden Spieljahren nicht mehr als sechs Spieler neu verpflichten. **1954** wurde der Begriff der Sonderzuwendungen neu definiert (bis dahin waren Sonderzahlungen nur beim Gewinn einer Meisterschaft erlaubt). Nun durften für die Deutsche Meisterschaft 1000, für die Vize-Meisterschaft und den Pokalsieg 500, für die Teilnahme am Pokal-Endspiel 150, für die Oberliga-Meisterschaft 500 und den Aufstieg zur Oberliga 250 Mark gezahlt werden. Zugleich wurde der DFB-Vorstand ermächtigt, die 18-Monate-Sperre «in besonderen Einzelfällen» auf zwölf Monate zu verkürzen.
1955 wurde aus der Sechs-Mann-Klausel die Drei-Mann-Klausel (pro Saison durfte ein Vertragsspieler-Verein nunmehr nur drei Spieler von anderen Klubs verpflichten). Über eine «Härteklausel» konnte der DFB-Kontrollausschuß allerdings die Verpflichtung eines weiteren Spielers genehmigen. **1957** wurden einige erlaubte Sonderzuwendungen neu festgelegt oder er-

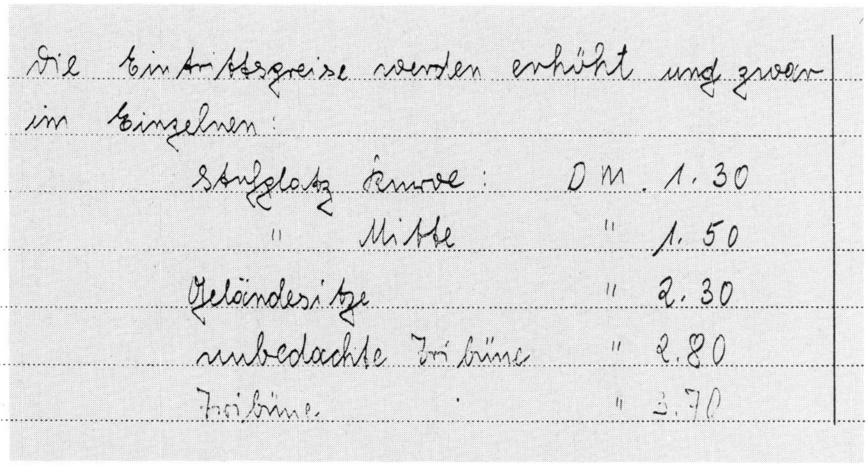
Die Eintrittspreise werden erhöht und zwar im Einzelnen:
Stehplatz Kurve: DM. 1.30
" Mitte " 1.50
Geländesitze " 2.30
unbedachte Tribüne " 2.80
Tribüne " 3.70

76 *Eintrittspreise 1953. Aus dem Vorstandsbeschlußbuch von Fortuna Düsseldorf.*

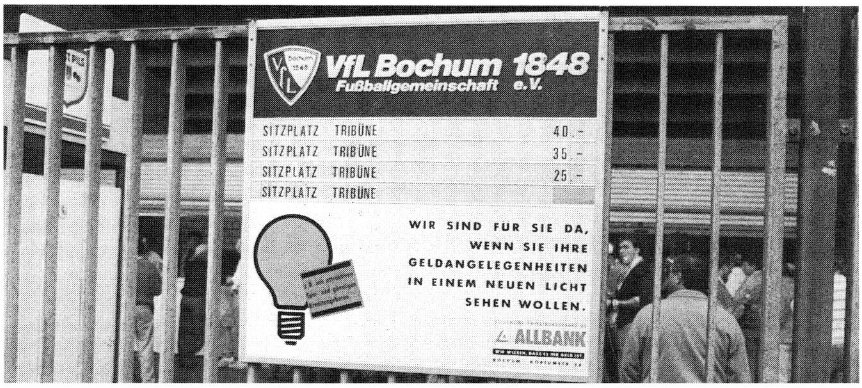

77 *Eintrittspreise 1990: Kassenhäuschen am Bochumer Ruhrstadion.*

78 *Uwe Seeler (zweiter von rechts) und Klaus Stürmer (Mitte) waren in den fünfziger Jahren ein attraktives Stürmerpaar des Hamburger SV. Hier beim damaligen Oberligarivalen VfR Neumünster (Trainer: Heinz Lucas) mit Mess (6) und Kusch.*

79 In einem mitreißenden Hessenfinale um den Meistertitel triumphierte 1959 im Berliner Olympiastadion Eintracht Frankfurt nach 120 Spielminuten mit 5:3 über Kickers Offenbach. Istvan Sztani (helles Trikot) steuerte für die Eintracht zwei Tore bei, hier sein Treffer zum 4:2 gegen Kickers-Torhüter Walter Zimmermann und Verteidiger Alfred Schultheiss.

80 Der Frankfurter Spielführer Alfred Pfaff mit der Meisterschale: Krönung eines großen Eintracht-Tages. Es blieb bis heute der einzige Meistertitel für Frankfurt.

höht (z. B. 750 Mark für die Oberliga-Meisterschaft). **1959** stieg der Höchstbetrag der Zuwendungen an Spieler im Jahresdurchschnitt auf 400 Mark monatlich (bis dahin 320 Mark). Zudem durften monatlich bis zu 100 Mark für nachgewiesenen Verdienstausfall gezahlt werden. Bei Vereinswechseln von Vertragsspielern wurde die Ablöseentschädigung auf das Doppelte der letzten Jahres-Bruttobezüge erhöht, wenn der Spieler bei seinem bisherigen Verein gekündigt hatte. In dem am 6. Oktober **1962** vom DFB-Beirat beschlossenen Bundesliga-Statut waren die Gesamt-Bruttobezüge eines Spielers auf höchstens 120 Mark begrenzt. Ausnahmen bei besonders qualifizierten Spielern bedurften über den Bundesliga-Ausschuß der Vorlage beim zuständigen Betriebsfinanzamt. Die Sonderprämien wurden bei der Deutschen Meisterschaft auf 2000, bei der Vizemeisterschaft auf 1000, beim Pokalsieg auf 1500 und bei der Teilnahme am Pokalfinale auf 750 Mark festgelegt. Bundesligavereine mußten für Vertrags- oder Lizenzspieler eine Ablösesumme zahlen, deren Höchstsumme 50 000 Mark betrug. Spieler durften beim Vereinswechsel 20 Prozent der Ablösesumme als Handgeld kassieren. Bei Vertragsverlängerungen für mindestens zwei Jahre konnte an Spieler ein Treuegeld bis zu 10 000 Mark gezahlt werden.

1964 wurde im Bundesliga-Statut die Höhe des Grundgehaltes mit mindestens 250 und höchstens 1200 Mark festgelegt. Außerdem wurden Leistungsprämien erlaubt – im Monatsdurchschnitt pro Spiel bis zu 250 Mark. Das Vertragsspieler-Statut, das bis 1974 parallel zum Bundesliga-Statut weiterbestand, hob ab **1965** die Gesamt-Entschädigung eines Spielers auf monatlich höchstens 600 Mark an. Zudem durften nun auch hier für Verdienstausfälle monatlich bis zu 100 Mark gezahlt werden. Ebenfalls 1965 wurden im

Bundesliga-Statut die Hand- und Treuegelder auf 15 000 Mark festgelegt. Ein Jahr darauf stieg die Transferentschädigung für Lizenzspieler auf 100 000 Mark; im Vertragsspieler-Bereich lag die Höchstgrenze bei nur 75 000 Mark. Höhere Ablösesummen bedurften der Genehmigung durch den Bundesliga- bzw. Kontrollausschuß. Das Mindest-Grundgehalt wurde auf 400 Mark angehoben; außerdem durfte nun bei Vertragsabschluß oder -verlängerung ein Vertragsgeld bis zu 20 000 Mark pro Jahr gezahlt werden. **1967** konnte die Ablösesumme im Vertragsspieler-Bereich bis zur Höhe von 25 000 Mark frei ausgehandelt werden. Zudem wurde in beide Statuten die Institution des Schiedsgutachter-Ausschusses aufgenommen (er konnte bei Streitigkeiten um Ablöseforderungen angerufen werden). Ebenfalls 1967 fiel im Vertragsspieler-Statut die Drei-Mann-Klausel. Nun hatte die Bestimmung Gültigkeit, daß ein Verein bis zu 25 Spieler unter Vertrag haben durfte.

1968 erhöhte das Statut die Mindest-Grundgehälter für Lizenzspieler auf 650 Mark. Die Obergrenze blieb aber bei 1200 Mark und durfte ohne Genehmigung des Bundesliga-Ausschusses weiterhin nicht überschritten werden. **1972** fielen endlich in beiden Statuten die Begrenzungen für die Bezahlung der Spieler weg, **1974** wurde im Zuge der Vereinigung beider Statute zum Lizenzspieler-Statut auch die Begrenzung der Ablösesummen bei Vereinswechseln als letzter Damm vor dem Meer der freien Fußball-Marktwirtschaft beseitigt. Seither ist wenigstens insoweit Ehrlichkeit in das Geschäft eingekehrt, als nicht mehr «schwarz» gezahlt werden muß, um Spieler zu halten oder zu verpflichten.

Ebenfalls 1974 wurde die Transferliste für Spielerwechsel mit der Möglichkeit eingeführt, Spieler bis zum 31. Dezember jeden Jahres verpflichten zu können. Lange Zeit waren Spielerwechsel nur ab 15. Juni für genau einen Monat möglich gewesen. Diese hatte zur Folge, daß Vereine Neuzugänge bis Mitternacht des 14. Juni vor der Konkurrenz verstecken mußten, damit unmittelbar nach dem Glockenschlag zum 15. Juni – meist in feierlichem Rahmen – die Vertragsunterzeichnung vonstatten gehen konnte. Hans Noack, damals Fortuna Düsseldorfs Spielausschuß-Obmann: «Es grenzte oft schon an Kidnapping, was da gemacht wurde. Ich erinnere mich an das Jahr 1965. Da haben wir bis zum 15. Juni Werner Biskup, den wir von Bayer Leverkusen verpflichten wollten, mitsamt seiner Frau in den Taunus geschickt, weil andere Trainer, so auch Hennes Weisweiler, hinter ihm her waren. Den talentierten Horst Stockhausen verbargen die Düsseldorfer mit ihrem Masseur Claus Henselmann als Aufpasser bis zum Stichtag in Ascona, damit andere Klubs nicht zum Zuge kommen konnten.

Zum Beginn des Spieljahres **1982/83** wurde mit der Multiplikatoren-Tabelle noch einmal eine bemerkenswerte Statut-Neuerung Wirklichkeit. Seither errechnet sich die Ablösesumme nach folgender Formel: Einkommen des Spielers beim Verein des letzten Vertragsjahres plus Angebot des interessierten Vereins für das nächste Vertragsjahr geteilt durch zwei mal Multiplikator. Dieser Multiplikator spiegelt die Ertragskraft jedes der 38 Profivereine der Bundesliga und der Zweiten Liga wider, wird alljährlich aufgrund aktueller Bilanzzahlen neu bestimmt und schwankt in der 90er-Tabelle zwischen 5,5 für Bayern München und 2,0 für den niedersächsischen TSV Havelse. Durch die Schwankung des Multiplikators um rund 3,5 Punkte soll größere Transfer-Gerechtigkeit erzielt werden. Finanzstarke Vereine haben für die von ihnen begehrten Spieler mehr zu zahlen als finanzschwache.

Deutsche Stars in fremden Diensten

Entsprechend den föderalistischen Verbands-Strukturen und den mannigfachen Widerständen von Regional- und Landesfürsten gegen den Trend zum Berufsfußball mußten also nahezu 30 Jahre ins Land gehen, ehe Stück für Stück ein weitgehend zeitgemäßes Statut Wirklichkeit geworden war. In vergleichbaren Nachbarländern hatte sich das Fußball-Geschäft schneller und vor allem früher etabliert. Deshalb ist erstaunlich, daß die Zahl deutscher Spitzenspieler, die über die Grenzen zogen, um Glück und vor allem Geld zu machen, in diesem Zeitraum relativ eng begrenzt blieb. An die ganz großen Stars des deutschen Fußballs kamen ausländische Spitzenklubs, namentlich die großen italienischen und spanischen Vereine, paradoxerweise ohnehin erst in den letzten Jahren, zu Bundesliga-Zeiten also, heran: Als Günter Netzer 1973 zu Real Madrid wechselte (Ablösesumme für Borussia Mönchengladbach: 1,3 Millionen Mark), war dies wie ein Fanal. Es folgten nach dem Gewinn des Weltmeister-Titels 1974 Paul Breitner (für 2,7 Millionen Mark ebenfalls zu Real Madrid), 1977 Franz Beckenbauer (für 1,75 Millionen Mark zu Cosmos New York) und 1979 als drittes As der großartigen Bayern-Ära Gerd Müller (zu Fort Lauderdale). 1980 wurde mit dem Transfer von Bernd Schuster zum FC Barcelona eine für deutsche Verhältnisse neue Dimension bei Ablösesummen erreicht: Der 1. FC Köln kassierte stolze 3,6 Millionen Mark für seinen «blonden Engel». Eine Kleinigkeit jedoch im Vergleich mit den rund zehn Millionen Mark, die Bayern München zuflossen, nachdem Karl-Heinz Rummenigge 1984 von Inter Mailand in Besitz genommen worden war. Ita-

81 *Der Abschied schmerzt, aber zuviel Geld ist im Spiel: Thomas Häßler heult an der Brust von Dietmar Artzinger-Bolten, Präsident des 1. FC Köln. Und der Geißbock wendet sich lieber ab.*

82 *Zwei deutsche Fußballasse in den Diensten des königlichen Klubs aus Madrid: Günter Netzer (links) und Paul Breitner folgten 1973 bzw. 1974 den lockenden Rufen Reals. Zwischen beiden der damalige Trainer des Europapokal-Rekordsiegers, Miljanic.*

lien, in den achtziger Jahren zum Magnet für die besten Fußballer der Welt geworden, lockte auch in der Folgezeit mit unvorstellbaren Angeboten deutsche Stars. 1987 erlagen Rudi Völler und Werder Bremen der Versuchung von AS Rom: 6,3 Millionen Mark zahlte der römische Spitzenklub dafür, daß Bremen seinen Goalgetter vorzeitig aus seinem zuvor verlängerten Vertrag entließ.

Die Schulbeispiele Rummenigge und Völler fanden Nachahmung: Deutsche Asse, die für Italiens von steinreichen Bossen gelenkte Vereine interessant zu werden versprachen, bekamen rasch eine Vertragsverlängerung um etliche Jahre vorgelegt, und wenn sie dann tatsächlich über den Brenner wechselten, stiegen die frei auszuhandelnden Ablösesummen ins Märchenhafte. Lothar Matthäus brachte 1988 rund 7,5 Millionen Mark in die Kassen von Bayern München, als Ernesto Pellegrini den deutschen Ankurbler unbedingt für Inter Mailand gewinnen wollte. Im Frühjahr 1990 war der Bremer Völler-Nachfolger Karlheinz Riedle Lazio Rom sage und schreibe 13 Millionen Mark wert. Und der 1. FC Köln setzte wenig später eine neue Rekordmarke: Juventus Turin warb den jungen Mittelfeld-Star Thomas Häßler für 15,5 Millionen Mark an.

Angesichts solcher Summen und der Millionen-Gagen, die die Spieler in Italien alljährlich kassieren können, ist Heimatverbundenheit kein ernsthaftes Argument mehr. Berti Vogts, der neue Verantwortliche für die Nationalmannschaft, richtete sich zur Amtsübernahme auf regelmäßige Italien-Besuche zur Beobachtung des halben Kaders ein und meint realistisch: «Bei den Summen, um die es hier geht, kann die Bundesliga beim besten Willen nicht mithalten. Nur gut, daß es von Düsseldorf aus viele Flugverbindungen nach Italien gibt.»

So erstaunlich es ist, daß die «großen Fische» des deutschen Spitzenfußballs in großer Zahl erst zu einer Zeit bei ausländischen Ködern anbeißen, in der hierzulande das Profigeschäft voll erblüht ist und auch Jahreseinkommen von weit über 600 000 Mark (brutto allerdings) ermöglicht, bleibt doch zu bedenken: Vor Einführung der Bundesliga und vor der explosionsartigen Ausbreitung der elektronischen Medien waren Top-Stars in Deutschland weit weniger zahlreich und zudem bei weitem nicht so stark ins internationale Blickfeld gerückt. Und bis Mitte der sechziger Jahre wurden ihnen im Heimatland blendende berufliche Existenzen geboten, die sogar gegenüber verführerischen Auslands-Offerten bestehen konnten.

Das gilt besonders für Fritz Walter und Uwe Seeler. Beide waren so mancher Versuchung ausgesetzt, mit einer Karriere-Fortsetzung im Ausland schnellen Reichtum zu erwerben. Beide ließen sich indessen – nicht zuletzt von Sepp Herberger – für den zwar nur längerfristig erreichbaren, aber grundsoliden Wohlstand im Heimatland gewinnen. Fritz Walter hat es dabei von der 54er-Weltmeisterelf allerdings als einziger zu einem Grad der Vermarktung gebracht, der etwa dem heutiger Bundesliga-Asse entspricht. Der großartige Regisseur vom Betzenberg, gelernter Bankkaufmann, aber nach Überzeugung vieler für geschäftliche Unternehmungen nicht gerade geboren, berichtet über seine Aktivitäten: «Zunächst hatten wir, meine Frau Italia und ich, eine Zeitlang eine Wäscherei. 1956 ist unser Kino eröffnet worden, das heute verpachtet und unser bezahltes Eigentum ist. Meine Frau hat in diesem Komplex auch die Toto- und Lottoannahmestelle geführt. Ich war dann zwei Jahre Kundendienst-Leiter bei Wagner-Polstermöbel, vorübergehend auch Kundendienst-Leiter bei der Firma Saba. Dann bin ich seit 1960 Repräsentant bei der Firma adidas, außerdem mache ich seit 25 Jahren jede Menge Autogramm-Tourneen. Ich war 1974 zehn Wochen für Mars unterwegs, 1978 vier Wochen für Sprengel, dann drei Wochen für Blendax. Später habe ich für Eduscho die ganze Bundesrepublik abgereist. Auch in die Sport-Werbung bin ich eingestiegen, habe Stadion-Bandenwerbung gemacht, bin außerdem jahrelang für Europa-Polstermöbel herumgereist. Und vier Jahre habe ich Samstag für Samstag bei Radio Luxemburg in der RTL-Torparade mitgemacht.» Obendrein ist auch noch Fritz Walters Sekt «Privat-Krönung Ehrentrunk» seit zehn Jahren ein Renner. Und seit zwei Jahren «läuft» Fritz Walters 54er Gold ganz hervorragend – wahrlich späte Lese einer großen Sport-Tat. Eine stattlich breite Palette an Aktivitäten also, mit der Herbergers Lieblingsspieler längst wettgemacht hat, was ihm als Aktiver in deutschen Landen womöglich unmittelbar vorenthalten worden war.

Ähnlich reiches Kapital hat auch der besonnene Uwe Seeler aus seinem guten Namen schlagen können, wobei der fast 20 Jahre jüngere Hamburger noch neun Spielzeiten lang den weitaus großzügigeren Finanzrahmen der Bundesliga hat genießen dürfen.

«Uns Uwe», der, wie eine Spieler-Generation später Berti Vogts, zum Inbegriff deutscher Kampftugenden im Fußballsport wurde und heute immer noch Vorbild und Idol für viele ist, berichtet über das Werben ausländischer Spitzenklubs: »Es waren mehrere Vereine interessiert, auch Real Madrid. Die intensivsten Bemühungen machte aber Inter Mailand. Was Inter mir damals bot, war so interessant, daß ich schon eine Woche nachdenken mußte. Ausschlaggebend dafür, daß ich dann doch im Lande blieb, war, daß ich mit dem Aufbau einer Existenz begann.» Seeler hat es inzwischen zum selbständigen Handelsvertreter des Sportartikel-Riesen adidas für Norddeutschland gebracht und – fleißig, wie er auch als Geschäftsmann ist – dazu noch eine

83 *Der Mönchengladbacher Albert Brülls als Torschütze für Modena – das war am 31. März 1963 im Spiel gegen Catania.*

eigene Firma für Sportmoden aufgebaut. Rückblickend stellt er fest: »Ich habe mich damals für den schwereren Weg entschieden, aber es hat sich gelohnt.»

Zu den sehr guten Spielern, die in der vor-professionellen Phase des deutschen Nachkriegs-Fußballs den lockenden Rufen des Südens folgten, gehörten der Kölner Karl-Heinz Schnellinger, der inzwischen gar in Mailand seßhaft und ein erfolgreicher Manager auf dem Fertiggericht-Sektor geworden ist, der Mönchengladbacher Albert Brülls, der Wuppertaler Horst Szymaniak, der Augsburger Helmut Haller sowie die Stuttgarter Erwin Waldner und Rolf Geiger. Den Anfang hatte schon 1949 Ludwig Janda, seinerzeit ein sehr guter Stürmer des TSV 1860 München, gemacht. Ihm folgte 1952 Horst Buhtz.

Den 23jährigen Magdeburger hatte das Durcheinander der ersten Nachkriegsjahre im Sommer 1947 ins hessische Offenbach geschwemmt. Buhtz ahnte wohl, daß ein talentierter Fußballer eher in einer der drei westlichen Besatzungszonen als in der sowjetischen Einflußsphäre vorankommen würde. Und er wollte vorankommen: «Ich war sehr ehrgeizig, trainierte viel, machte nebenbei noch in Frankfurt ein Sportlehrer-Studium und lebte ganz für den Fußball.» Drei Jahre stürmte er für die Kikkers. Als er in der Saison 1948/49 Torschützenkönig der Oberliga Süd geworden war und damit erheblich zum Gewinn der Süd-Meisterschaft beigetragen hatte, «erhielt ich eine Aktentasche aus Pappendeckel». Mehr war selbst im Lederwaren-Zentrum Offenbach damals nicht drin. 1950 wechselte er zum VfB Mühlburg (heute Karlsruher SC), was ihm unter dem Tisch immerhin schon 30 000 Mark einbrachte – als «Handgeld», wie es für viele Generationen von Spielern gang und gäbe war. Horst Buhtz wußte allerdings um sein Können und nahm das Geld entgegen, ohne Skrupel zu

22 deutsche Weltmeister –

Toni Turek: Der «Fußball-Gott» (Rundfunk-Reporter Zimmermann in seiner Live-Übertragung des Endspiels) hatte nach Abschluß seiner Karriere mit 20 Länderspiel-Berufungen eine gute Anstellung bei der Düsseldorfer «Rheinbahn». Er starb 1984 nach vielen schweren gesundheitlichen Rückschlägen.

Jupp Posipal: Als selbständiger Möbelkaufmann in Hamburg hat es der einstige Abwehrspieler von internationaler Klasse (32 Länderspiele) zu gediegenem Wohlstand gebracht. Verfolgt immer noch aufmerksam die Geschicke seines Hamburger SV.

Werner Kohlmeyer: Der 22malige Internationale, ein exzellenter Kopfballspieler, starb schon 1974, knapp 50 Jahre alt.

Horst Eckel: Der Benjamin der 54er-Mannschaft, der es auch auf 32 Länderspiele brachte, arbeitet als Sportlehrer an der Realschule von Kusel. Trainierte eine Zeitlang Amateurmannschaften.

Werner Liebrich: Ein Tabakwarenladen mit Toto-und Lottoannahme in Kaiserslautern sichert den einstigen eisenharten Stopper (15 Länderspiele) materiell gut ab. Von seinem 1. FC läßt er sich auch heute noch keine Ehrenkarte schenken, sondern bezahlt lieber für einen Platz «im Volk». Gesundheitlich muß er sich nach einem Herzinfarkt schonen.

Karl Mai: In seiner Heimatstadt Fürth lebt der 21malige Nationalspieler, der als Sonderschul-Lehrer tätig war, recht zurückgezogen. Mitunter besucht er noch die Fürther Heimspiele im Ronhof.

Helmut Rahn: Der zweimalige Torschütze des Endspiels betreibt zusammen mit seinem Bruder in Essen einen Gebrauchtwagen-Handel. Obwohl um einige Kilogramm schwerer geworden, kickt der 40malige Nationalspieler immer noch öfter in Altherren-Mannschaften.

Max Morlock: Ein gutgehender Tabakwarenladen mit Toto- und Lottoannahme läßt den in 26 Länderspielen eingesetzten Stürmerstar der vierziger und fünfziger Jahre sorgenfrei leben. Immer noch ist der «Club», für den er viel getan hat, die große Liebe Morlocks, die ihm allerdings in den letzten Jahren viel Kummer bereitete.

Ottmar Walter: Als Unternehmer hatte der Bruder des «alten Fritz» wenig Glück. Mehrmals mußten ihm Freunde wieder auf die Beine helfen. Der 21malige Nationalspieler war zuletzt Angestellter bei der Stadtverwaltung Kaiserslautern und ist jetzt, gesundheitlich angeschlagen, pensioniert.

Fritz Walter: Der «Kopf» der Mannschaft ist noch heute populär genug, um sich gut vermarkten zu können. Nach 61 Länderspielen blieb Fritz Walter dem Fußball als Kritiker, Kommentator und «Idol» bis heute erhalten.

Hans Schäfer: Führt die Geschenkartikel-Firma seines einstigen «Chefs» Franz Kremer weiter. Der in 39 Länderspielen eingesetzte Kölner hält sich mit Jogging und Tennisspielen fit.

und was aus ihnen wurde

Sepp Meier: Der 95malige National-Torhüter «lebt» von einem gutgehenden Tennis-Center in Anzing. Häufig tritt er als Torwart-Clown in Prominentenspielen auf. Seine Gags finden dabei fast mehr Beifall als seine Paraden. Seit 1987 Torwart-Trainer der Nationalelf.

Berti Vogts: Nach 96 Länderspielen trat der seinem Verein Borussia Mönchengladbach treu gebliebene Verteidiger, der jetzt in Korschenbroich wohnt, 1979 in die Dienste des DFB, betreute Nachwuchsmannschaften des Verbandes. Seit Juli 1990 verantwortlicher DFB-Trainer für die Nationalmannschaft.

Paul Breitner: Der 48malige Nationalspieler ist immer noch ein aufmerksamer Kritiker des Fußballs, dessen «Kraftmeierei» er seit Jahren beklagt. Gefragter Kolumnist, lebt von Immobilien und diversen Werbegeschäften.

Georg Schwarzenbeck: «Katsche» hat sich nach 44 Länderspielen in sein Privatleben zurückgezogen. Arbeitet in München im Schreibwaren-Laden seiner Tante und tritt, um einiges übergewichtig, bisweilen in Altherren-Spielen auf.

Franz Beckenbauer: Der Rekordnationalspieler (103 Einsätze) betreute von 1984 bis 1990 sechs Jahre lang als Teamchef die Nationalmannschaft. Leidenschaftlicher Golfspieler mit Wohnsitz Kitzbühel. In Werbung und Promotion äußerst gefragter Top-Star.

Rainer Bonhof: Der Mann, mit dem bei der WM 74 nach dem 0:1 gegen die DDR der Umschwung kam, wurde Sportinvalide. Nach einer Tätigkeit als Assistenztrainer beim FC Bayer Uerdingen berief sein Freund Berti Vogts den 53maligen Nationalspieler zu seinem Assistenten bei der Führung der Nationalmannschaft.

Jürgen Grabowski: Der Frankfurter (44 Länderspiele) lebt von Werbegeschäften, Kolumnen und Einnahmen aus Immobilien.

Uli Hoeneß: Als Manager des FC Bayern München hat der 35malige Nationalspieler seit Jahren Erfolg – auch wenn er außerhalb des Bannkreises seines Vereins nicht überall beliebt geworden ist.

Gerd Müller: Der 62malige Nationalspieler, der als Torjäger alle Rekorde brach, ist nach längerem Aufenthalt in Fort Lauderdale (USA), wo er Teilhaber an einem Restaurant ist, nach München zurückgekehrt. Wirkt hin und wieder in Prominentenspielen mit.

Wolfgang Overath: Nach 81 Länderspielen war der in Siegburg beheimatete Kölner als Geschäftsmann (Sportartikel, Versicherungen) ebenso erfolgreich wie auf dem Fußballplatz. In Spielen von Traditionsmannschaften ist er ehrgeizig und immer noch technisch perfekt bei der Sache. Neben Beckenbauer gilt er als derjenige der 74er-Mannschaft, der sich am besten vermarktet hat.

Bernd Hölzenbein: Auch den 40maligen Nationalspieler, der seine Karriere in der nordamerikanischen Profiliga ausklingen ließ, hat der Fußball an verantwortlicher Stelle wieder: Seit 1988 kenntnis- und einflußreicher Vizepräsident «seiner» Frankfurter Eintracht.

haben: «Ich war als Halbstürmer Aufbauer und Vollstrecker zugleich – eine Rarität wie später Günter Netzer.»
Mit diesen Eigenschaften ähnelte er auch stark Fritz Walter, und der sollte sein Schicksal werden. Denn obwohl Buhtz in Herbergers berühmtem Notizbuch und auch immer im Kader des «Chefs» stand, kam er über ein B-Spiel nicht hinaus. «Der Horst und der Fritz ähneln sich zu sehr. Ich baue mir den Horst für später auf», ließ sich Herberger vernehmen. Dettmar Cramer bestätigt heute die damalige Einschätzung des Bundestrainers: «Stimmt, die beiden hätten nicht zusammengepaßt, ähnlich wie später Overath und Netzer nicht zusammenpaßten.»
1951 schon hätte Horst Buhtz sich in den Süden verändern können: «Ich hatte ein Angebot des FC Barcelona, der mir 100 000 Mark netto pro Jahr bot. Ein Haufen Geld. Aber ich habe abgelehnt, weil ich noch auf die Nationalmannschaft hoffte.» Doch der «alte Fritz» erwies sich als «Evergreen», und Herberger dachte noch nicht daran, ihn in der Nationalelf zu ersetzen. Da zögerte Horst Buhtz 1952 nicht länger, als die Vermittler von zwei italienischen Erstligisten in Karlsruhe vorstellig wurden: AC Turin und AC Mailand. «Ich entschied mich schließlich für den AC Turin, der damals alle Anstrengungen machte, wieder eine große Mannschaft aufzubauen, nachdem er 1949 beim schrecklichen Flugzeugabsturz seine ganze hervorragende Mannschaft verloren hatte.» Buhtz wurde in den fünf Turiner Jahren reich: «Als Handgeld bekam ich 75 000 Mark netto, und das monatliche Salär, die Prämien sowie freies Wohnen machten pro Jahr 150 000 Mark aus.» Für die damaligen Verhältnisse – ein Büroangestellter verdiente zwischen 300 und 500 Mark pro Monat – unglaublich viel Geld. Obwohl Buhtz in Italien eine ganz andere Spielauffassung vorfand –

«das Sicherheitsdenken war damals schon bei denen recht ausgeprägt» – und als Angriffsspitze weit weniger Unterstützung genoß, als er sie in Offenbach oder Karlsruhe gehabt hätte, brachte er es auf stattliche 15 bis 18 Tore pro Saison. Manches aus seinen Italien-Jahren ist ihm in angenehmer Erinnerung geblieben: «Die Sachkunde der italienischen Zuschauer ist viel größer als hier, und daher rührt auch, daß sie mehr Achtung vor der Leistung der Spieler haben.» Gut 35 Jahre später sollten Lothar Matthäus, Jürgen Klinsmann oder Rudi Völler in Mailand oder Rom die gleiche Erfahrung machen. Beim Morgentraining des AC Turin seien, so Buhtz, oft «tausende von Zuschauern gewesen, die ohne Mißtrauen, einfach mit Anteilnahme und Sachverstand beobachteten, was wir machten, obwohl sie wußten, wieviel Geld wir verdienten». Dieses Geld brachte Horst Buhtz in der Manier eines cleveren Profis immer wieder aus dem politisch labilen Italien in die sichere Schweiz: «Von Zeit zu Zeit fuhr ich nach Lugano – zehn Millionen Lira um den Bauch gebunden. Ich hatte Glück, daß ich nie einer Leibesvisitation unterzogen wurde.» Die Schweiz war auch seine sportliche Durchgangsstation, als er 1957 in Anerkennung seiner Verdienste für AC Turin ohne Ablösesumme wechseln durfte: «Ich wurde zwei Jahre lang als Spieler und Trainer bei Young Fellows Zürich tätig.» In den Spielen gegen den FC Biel machte er Bekanntschaft mit einem anderen sehr guten deutschen Fußball-Legionär: Jupp Derwall.
Danach hängte Horst Buhtz, mittlerweile 36 Jahre alt, noch drei Jahre beim FC Bellinzona an, wo der einstige Goalgetter zuletzt auf dem relativen Ruheposten eines Abwehr-Organisators spielte. Konditionsprobleme waren ihm selbst in dieser Zeit fremd. «Untersuchungen ergaben, daß ich ein Herzvolumen wie Fausto Coppi hatte. Außerdem lebte ich ganz für meine Gesundheit.»

Aufbruch zur Bundesliga

Als Horst Buhtz seine Wanderungen durch Italien und die Schweiz 1962 beendet hatte, landete er als Trainer bei den Spfr. Saarbrücken – und war damit der Bundesliga in zweierlei Hinsicht sehr nahe, in einer jedoch sehr fern. Erstens teilte er seinen Wohnort nun mit einem der härtesten Kämpfer für die Bundesliga, Hermann Neuberger, und zweitens stand die Gründung der neuen, zentralen Spitzenklasse dicht bevor. Andererseits – die Spfr. Saarbrücken gehörten zu den aussichtslosesten Anwärtern auf einen Bundesliga-Platz, auch wenn ihre Bewerbung im November 1962 als eine der ersten in der damaligen Zentrale des Deutschen Fußball-Bundes an der Zeppelinallee im noblen Frankfurter Westend einging.
Erste Bestrebungen, die besten Mannschaften in einer Eliteklasse zusammenzufassen, hatte es bereits 30 Jahre vorher, 1932, gegeben. Damals trafen sich in der geschichtsträchtigen thüringischen Stadt Eisenach Vertreter des 1. FC Nürnberg, des FC Schalke, des Dresdner SC, der SpVgg Fürth, der Münchner Klubs TSV 1860 und FC Bayern sowie der Düsseldorfer Fortuna – «geheim», wie überliefert ist – zur Vorbereitung einer Reichsliga. Die Machtübernahme durch die Nationalsozialisten im folgenden Jahr ließ den Plan allerdings schon im Anfangsstadium scheitern. Deutscher Spitzenfußball wurde, bis 1940 dem durch Hitlers Eroberungspolitik bedingten erheblichen Gebietszuwachs auch beim DFB Rechnung getragen werden mußte, in den sogenannten Gauligen – es gab ihrer 16 im Reich – dargeboten. Ab 1945 bzw. 1947 gab es die fünf Oberligen der sich herausbildenden

84 *Franz Kremer (links mit der Meisterschale) am Ziel seiner Wünsche: Der 1. FC Köln ist erstmals Deutscher Meister. Neben dem Präsidenten im offenen Cabriolet bei der Triumphfahrt durch Köln am 13. Mai 1962 Trainer Tschik Cajkovski und Spielführer Hans Schäfer.*

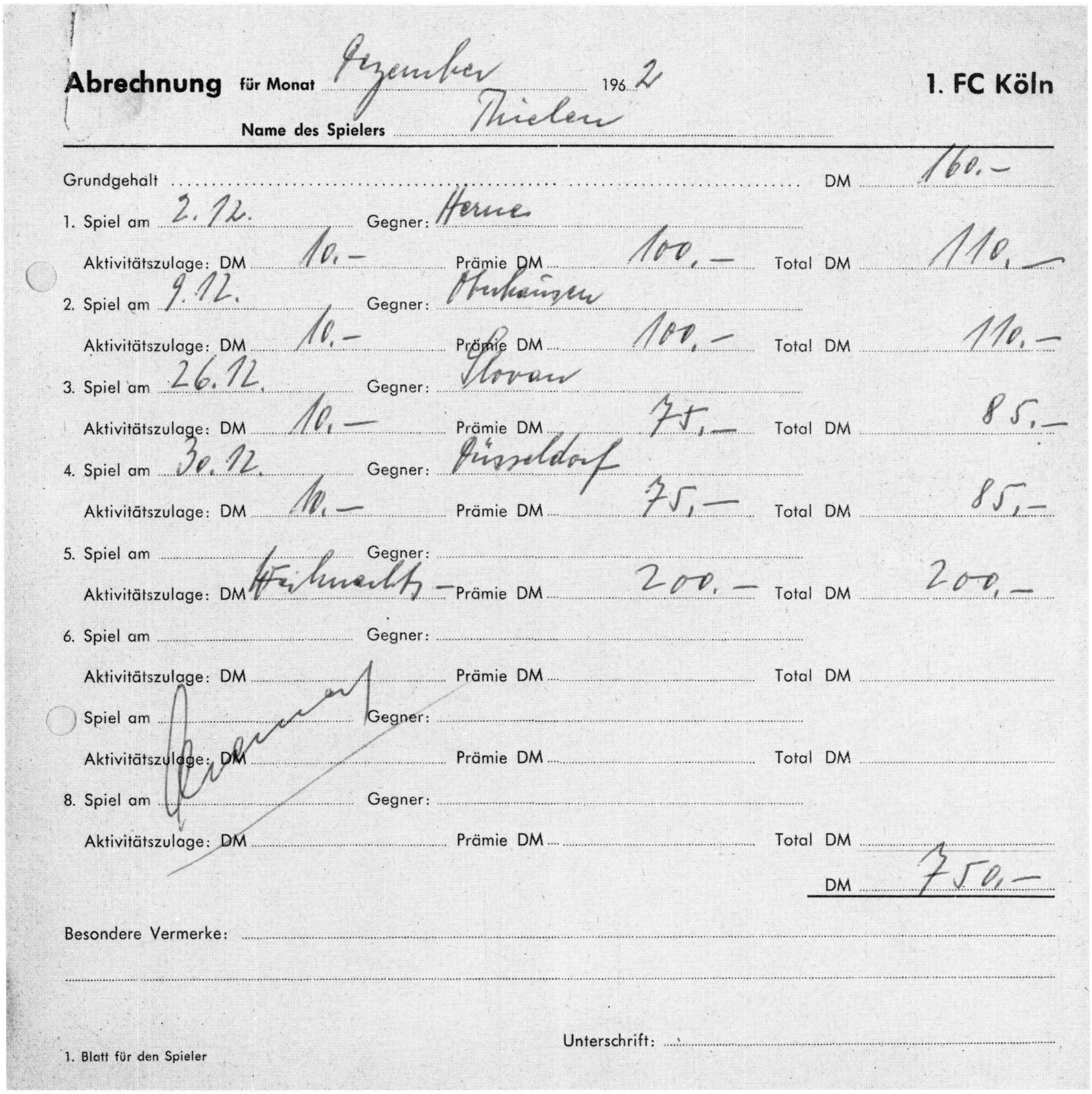

Abrechnung für Monat Dezember 1962 **1. FC Köln**

Name des Spielers Thielen

Grundgehalt			DM 160.–
1. Spiel am 2.12.	Gegner: Herne		
Aktivitätszulage: DM 10.–	Prämie DM 100.–		Total DM 110.–
2. Spiel am 9.12.	Gegner: Oberhausen		
Aktivitätszulage: DM 10.–	Prämie DM 100.–		Total DM 110.–
3. Spiel am 26.12.	Gegner: Slovan		
Aktivitätszulage: DM 10.–	Prämie DM 75.–		Total DM 85.–
4. Spiel am 30.12.	Gegner: Düsseldorf		
Aktivitätszulage: DM 10.–	Prämie DM 75.–		Total DM 85.–
5. Spiel am	Gegner:		
Aktivitätszulage: DM Weihnachts–	Prämie DM 200.–		Total DM 200.–
6. Spiel am	Gegner:		
Aktivitätszulage: DM	Prämie DM		Total DM
7. Spiel am	Gegner:		
Aktivitätszulage: DM	Prämie DM		Total DM
8. Spiel am	Gegner:		
Aktivitätszulage: DM	Prämie DM		Total DM
			DM 750.–

Besondere Vermerke:

Unterschrift:

1. Blatt für den Spieler

85 *So sah sieben Monate vor dem Start der Bundesliga die Gehaltsabrechnung des Vertragsspielers Karl-Heinz Thielen vom 1. FC Köln aus. Bemerkenswert vor allem das Grundgehalt des Stürmers, der immerhin gut genug war, 1964 und 1965 zu zwei Länderspielen berufen zu werden.*

Bundesrepublik. Obwohl die Oberligen schon ein erstes Konzentrat darstellten, lebte bald nach dem Kriegsende der Gedanke an eine neue, «eingleisige» Spitzenklasse wieder auf. Sepp Herberger verfocht sie, weil er sich von ihr ein besseres Abschneiden deutscher Spitzenspieler im Vergleich mit west- und südeuropäischen Nachbarn versprach. Und in Köln wurde der Schöpfer des 1. FC Köln ein markanter Streiter für die neue Spielklasse: Franz Kremer übernahm 1949, kaum daß er «seinen» Klub gegründet hatte, den Vorsitz der «Interessengemeinschaft Bundesliga und Berufs-Fußball».

Kremer wurde in den folgenden 18 Jahren bis zu seinem Tod durch Herzschlag 1967 einer der profiliertesten Vereinsführer und Fußballfunktionäre der Republik und lebender Beweis dafür, daß Vereinsführung und -erfolg meist in einem engen Zusammenhang gesehen werden müssen. 1962, im Jahr der Entscheidung für die Bundesliga, hatte er seinen 1. FC schon ganz auf den bevorstehenden Profibetrieb um- und eingestellt – organisatorisch, strukturell und hinsichtlich der Leistungen seiner Vertragsspie-

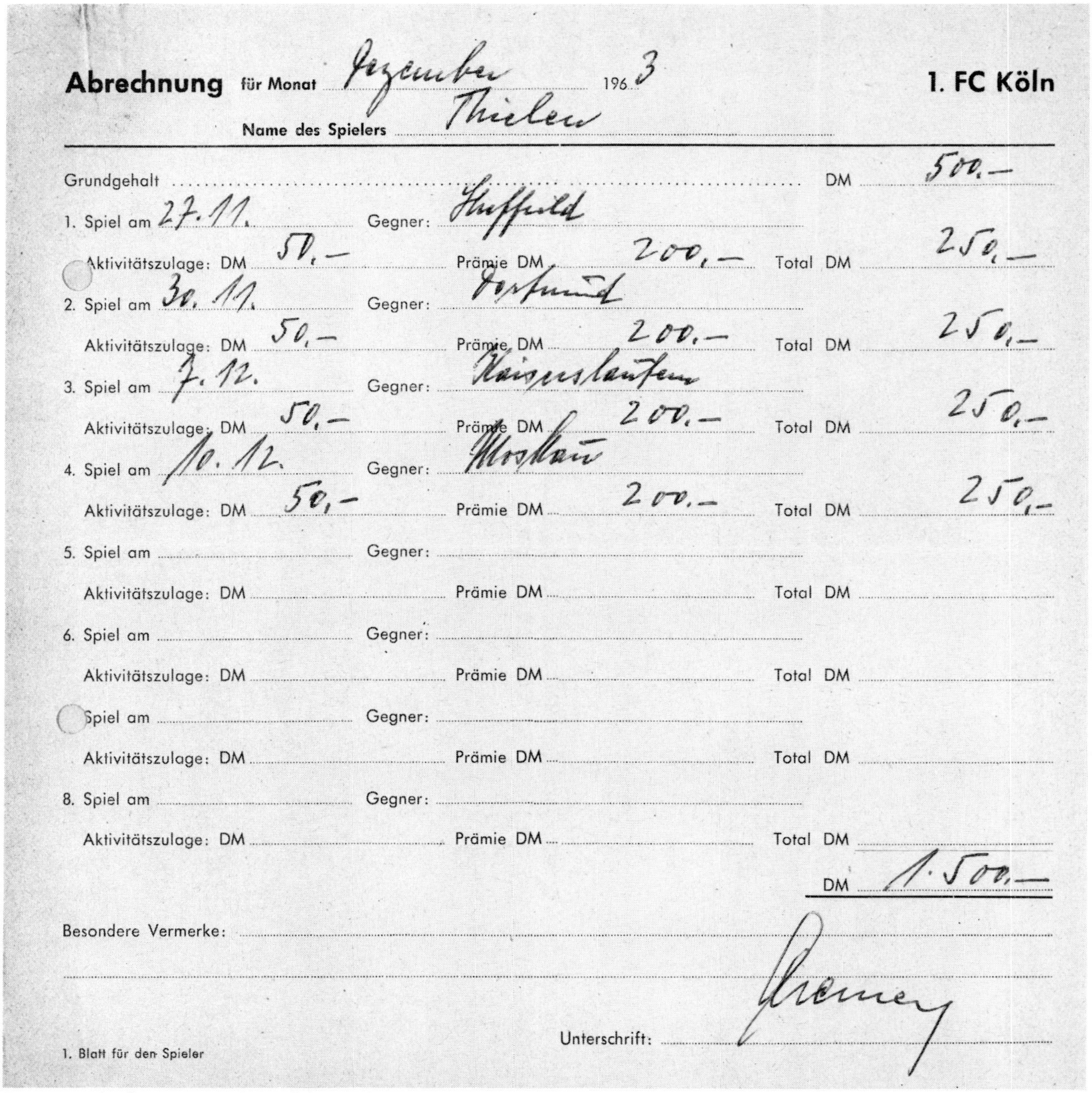

Abrechnung für Monat Dezember 1963 **1. FC Köln**

Name des Spielers Thielen

Grundgehalt			DM 500,–
1. Spiel am 27.11.	Gegner: Sheffield		
Aktivitätszulage: DM 50,–	Prämie DM 200,–		Total DM 250,–
2. Spiel am 30.11.	Gegner: Dortmund		
Aktivitätszulage: DM 50,–	Prämie DM 200,–		Total DM 250,–
3. Spiel am 7.12.	Gegner: Kaiserslautern		
Aktivitätszulage: DM 50,–	Prämie DM 200,–		Total DM 250,–
4. Spiel am 10.12.	Gegner: Moskau		
Aktivitätszulage: DM 50,–	Prämie DM 200,–		Total DM 250,–
5. Spiel am	Gegner:		
Aktivitätszulage: DM	Prämie DM		Total DM
6. Spiel am	Gegner:		
Aktivitätszulage: DM	Prämie DM		Total DM
7. Spiel am	Gegner:		
Aktivitätszulage: DM	Prämie DM		Total DM
8. Spiel am	Gegner:		
Aktivitätszulage: DM	Prämie DM		Total DM
			DM 1.500,–

Besondere Vermerke:

Unterschrift: Kremer

1. Blatt für den Spieler

86 *Das war – fünf Monate nach Einführung der Bundesliga – die Monatsabrechnung für den zum Lizenzspieler des 1. FC Köln avancierten Karl-Heinz Thielen. Unter dem Strich hatten sich die – offiziellen – Zuwendungen verdoppelt.*

ler. Karl-Heinz Thielen (zwei Länderspiele), später lange Zeit Vizepräsident und Schatzmeister des Vereins, damals ein junger Dachs in der Mannschaft, hat ihn in Erinnerung als «ausgeprägte Persönlichkeit, oft unnahbar wirkend, aber bestimmend». Daß hinter der scheinbar harten Schale ein weicher Kern steckte, sieht Thielen durch Kremers frühen Tod bestätigt. «Er hat es immer gut verstanden, das, was ihn bewegte, hinter einer völlig unbewegten Maske zu verstecken.» Nach außen war er harter Erfolgsmensch und gewiefter Taktiker zugleich, «der uns alle im Sack hatte». Thielen meint, «daß die Mannschaft damals, die am besten für den 1. FC Köln gespielt hat, auch die Mannschaft war, die am wenigsten Geld bekam». Im Vergleich mit anderen Vereinen sei beim 1. FC «unterdurchschnittlich verdient worden». Damals, 1962, als der 1. FC Nürnberg im Finale um den Meistertitel mit 4:0 deklassiert worden war, habe Kremer die Worte «für die Ehre» und «für den Klub» hinsichtlich der Motivation der Mannschaft besonders häufig benutzt. Thielen: «Wer andere Töne anschlug, den hat Franz Kremer sofort aus dem Klub herauskatapultiert.» Kremer war nach Thielens Schilderung jedoch auch «einer der

87 *Karl-Heinz Thielen in Aktion – bei einem Spiel gegen den FC Bayern München (im Hintergrund der Münchner Dieter Brenninger).*

Präsidenten, die mit dem Klub lebten; er war immer und für alle da». Wie Sepp Herberger legte der Kölner Boß zudem großen Wert auf die guten Manieren seiner Spieler. «Er flippte aus», so Thielen, «wenn einer mit dem Kinn in der Suppe hing. Und er machte Theater, wenn wir nicht vernünftig angezogen waren oder wenn einem die Stutzen 'runterhingen.»

Diese starke Persönlichkeit mit Überzeugungskraft, Bestimmtheit, Autorität und Ausstrahlung leistete sich auch eine Portion Eitelkeit und Eleganz. «Das hat», meint der 1989 als Sportdirektor beim Köln-Rivalen Fortuna Düsseldorf eingestiegene Thielen, «den 1. FC Köln damals in eine versnobte Ecke gedrückt», in der er sich aus dem Blickwinkel so manchen Beobachters heute noch befindet. Doch Peter Maaßen, sein großer inzwischen ebenfalls verstorbener Oberhausener Gegenspieler vor der Einführung der Bundesliga, übertrug mit leiser Ironie Kremers Eleganz vom äußeren Gehabe auf seine Amtsführung. Während Thielen beteuert, finanziell vom Präsidenten sehr knapp gehalten worden zu sein – «man war nach Gesprächen bei ihm oft zufrieden, ohne etwas erreicht zu haben, so geschickt argumentierte er» –, war sich Maaßen sicher: «So elegant, wie sich Franz Kremer immer gab, waren auch seine Wege, Spieler zu bezahlen.» Indirekte, auf Sachwerte bezogene Zuwendungen hatten den Vorteil, kaum nachweisbar für die Sportgerichtsbarkeit zu sein. Maaßen war trotz unterschiedlicher Auffassung über die Struktur des Spitzenfußballs (er wollte allenfalls eine zweigeteilte Bundesliga gelten lassen) von ähnlich prägnantem Zuschnitt als Vereinsführer: Intensiv, allgegenwärtig, fürsorglich dem Wohl des Klubs verschrieben. Seit 1946 hatte er RW Oberhausen als Präsident geführt, insgesamt 35 Jahre lang, «und in dieser Zeit lief bei uns keine Mannschaft auf den Platz, die nicht meinen Segen hatte». Auf seinem Oberhausener Schreibtisch stand jahrelang eine Bronzeabbildung des Geißbocks: ein Geschenk des Rivalen Kremer zu seinem 50. Geburtstag.

Wenn sich im Duell des progressiven Kremer mit dem eher konservativen Maaßen schließlich der Kölner durchsetzte, so verdankte er

88 *Vor dem Trophäenschrank voller Erinnerungen hat dieses Team die Fußball-Zukunft im Visier. Es ist die Bundesliga-Kommission mit (von links) Hermann Neuberger, Walter Baresel, Ludwig Franz, Franz Kremer, Dr. Willi Hübner und Hermann Paßlack vor der ersten Sitzung im alten Frankfurter DFB-Haus an der Zeppelinallee.*

dies auch der Hilfe Neubergers. Der damalige Vorsitzende des Saarländischen Fußball-Verbandes war in der zweiten Hälfte der fünfziger Jahre schon Kremers Verbündeter geworden mit dem gemeinsamen Ziel, über kurz oder lang die Bundesliga herbeizuführen. 1958 hatte ein außerordentlicher Bundestag des DFB noch ein für Kremer und Neuberger schmerzliches «Nein» gesprochen. Seit 1960 jedoch waren im Auftrag des DFB-Bundestages schon weitgehend alle steuerrechtlichen Fragen im Zusammenhang mit der neuen Spielklasse beim Bundesfinanzministerium und bei den Finanzsenatoren der Länder vorgeklärt worden. Und nach einer entsprechenden Empfehlung des DFB-Beirats vom 14. Juli 1962 setzten sich am 29. Juli jenes Jahres endlich die Bundesliga-Protagonisten Kremer und Neuberger, der als Nachfolger von Dr. Peco Bauwens an diesem Tag zum DFB-Präsidenten gewählte Dr. Hermann Gösmann und Jakob Köhnen gegen Maaßen und die insbesondere im Süddeutschen Fußball-Verband konzentrierte Gegnerschaft der Eliteklasse durch. Das geschah im Goldsaal der Dortmunder Westfalenhalle, der damit zu einer fußball-historischen Stätte wurde. Neuberger im Rückblick: «Der Süden war lange Zeit die völlige Bremse in Richtung Bundesliga gewesen.» Mit Kremer zusammen habe er «in diffiziler Kleinarbeit» und «in unheimlich vielen Gesprächen in die Mitgliedsverbände und sogar in einzelne Vereine hineingewirkt». Soviel Aufwand war auch deshalb nötig, weil der DFB die Bundesliga unter seine Fittiche zu nehmen gedachte, was seine Position gegenüber den Regionalverbänden erheblich stärken mußte und diese nicht gerade freundlich stimmte. Die Überzeugungsarbeit an der Basis, der hartnäckige Kampf um einzelne Stimmen und kleinere Stimmenblöcke, schließlich auch die rhetorischen Fähigkeiten Kremers und Neubergers verhalfen der Bundesliga zur glatten, wenn auch späten Geburt. 103:26 lautete nach der Stimmabgabe der Bundestagsdelegierten die komfortable Mehrheit für die neue Klasse.

Im August 1963 sollte sie starten. Aber bis es soweit war, erlebte der DFB die wohl aufregendsten Monate in seiner Geschichte, denn viel zu viele Vereine beanspruchten einen Platz in der neuen, sportlichen Ruhm verheißenden Spielklasse. Die Chronologie der Ereignisse, deren Hektik vollauf der einschnitthaften Bedeutung des Dortmunder Beschlusses entsprach, begann am 18. August, als der DFB-Vorstand in Frankfurt die Bildung einer Bundesliga-Kommission als zentrales und entscheidendes Vorbereitungsgremium ankündigte. Deutlich formulierte der Vorstand auch schon, die Liga müsse 16 Vereine umfassen, die «unter besonderer Berücksichtigung sportlicher Gesichtspunkte» zu bestimmen seien. Anfang September 1962 konkretisierte Ludwig Franz, Vorsitzender des 1. FC Nürnberg, diese Feststellung mit dem Hinweis, für die Aufnahme in die Bundesliga würde «neben den wirtschaftlichen Voraussetzungen ein Leistungsquerschnitt über mehrere Jahre den Ausschlag geben, wobei den letzten Jahren größeres Gewicht beizumessen ist». Diese Erklärung machte die vielen im Bundesliga-Fieber liegenden Vereinsführungen im Hinblick auf die konkreten Auswahlkriterien jedoch nicht wesentlich schlauer.

Etwa um diese Zeit wies der damalige Münchner Oberbürgermeister Dr. Jochen Vogel, heute SPD-Spitzenpolitiker, in Briefen an Gösmann und Franz schon vorsorglich «auf das besondere Interesse der Stadt München an der Bundesliga» hin. Am 6. Oktober legte der DFB-Beirat mit großer Mehrheit in Frankfurt fest, von den 16 Klubs der Bundesliga würden West und Süd je fünf, der Norden drei, der Südwesten zwei und Berlin einen Verein stellen dürfen. Zumindest soweit bestand nun Klarheit. Der Beirat beschloß zugleich auch bereits das Bundesliga-Statut in seiner Urfassung sowie Einzelheiten des Spielbetriebs und der Qualifikation der Bundesliga-Anwärter, von denen u. a. Gemeinnützigkeit, ehrenamtliche Leitung, ein Stadion für mindestens 35 000 Besucher, Flutlicht, Jugend- und Amateurmannschaften sowie gesunde wirtschaftliche Verhältnisse verlangt wurden. Fachleute errechneten aus den Einzelheiten des Statuts, daß ein Verein jährlich mindestens 700 000 Mark einnehmen müsse, um existenzfähig zu sein (soviel kassiert Bayern München heutzutage nicht selten in einem einzigen Spiel). Ende Oktober forderte der Süddeutsche Verband in einem ersten Aufbegehren von regionalem Egoismus, dem noch etliche andere folgen sollten, sieben statt fünf Plätze in der Bundesliga. Er mußte sich daraufhin aus dem Westen vorrechnen lassen, in den letzten zehn Jahren nur zwei Deutsche Meister gestellt zu haben (gegenüber fünf des Westens). Zu dieser Zeit hatte der DFB den 74 Vereinen der Oberliga bzw. Stadtliga Berlin, die für die Bundesliga in Frage kamen, die Bewerbungsunterlagen zugestellt, die bis zum 1. Dezember 1963 zurückzuschicken waren. Der einstige Stürmer-Star von München 1860, Ludwig Janda, kündigte unterdessen an, er bereite die Gründungsversammlung einer Spielergewerkschaft vor, doch aus diesem Plan des einstigen Italien-Legionärs wurde schließlich nichts. Vielmehr trat schon gleich mit dem Start der Eliteklasse im August 1963 die «Fachgruppe Bundesliga» der Deutschen Angestellten-Gewerkschaft als Wahrerin sozialpolitischer Rechte der Spieler auf den Plan. Am 1. Dezember lagen dem DFB in Frankfurt fristgerecht die Bundesliga-Bewerbungen von 46 Vereinen vor.

Süd. Eintracht Frankfurt, Kickers

Offenbach, 1. FC Nürnberg, Karlsruher SC, VfB Stuttgart, Bayern München, SpVgg Fürth, VfR Mannheim, Schweinfurt 05, München 1860, Schwaben Augsburg, Bayern Hof, Hessen Kassel.

West: 1. FC Köln, Borussia Dortmund, Schalke 04, Alemannia Aachen, Preußen Münster, Meidericher SV (heute MSV Duisburg), Fortuna Düsseldorf, Westfalia Herne, Viktoria Köln, SW Essen, Bayer Leverkusen, RW Oberhausen, Borussia Mönchengladbach, Hamborn 07, Wuppertaler SV.

Nord: Hamburger SV, Werder Bremen, VfL Osnabrück, FC St. Pauli, Hannover 96, Holstein Kiel, Eintracht Braunschweig, Arminia Hannover.

Südwest: 1. FC Kaiserslautern, 1. FC Saarbrücken, FK Pirmasens, Borussia Neunkirchen, Wormatia Worms, Saar 05 Saarbrücken, Spfr. Saarbrücken.

Berlin: Viktoria 89, Hertha BSC, Tasmania 1900.

Obwohl Wuppertal und die Spfr. Saarbrücken ihre aussichtslosen Bewerbungen wenig später schon zurückzogen, war bei 44 übriggebliebenen Kandidaten klar, daß es zum Hauen und Stechen vor sowie zum Feilschen hinter den Kulissen kommen mußte. Zwar war inzwischen durchgesickert, daß die Auswahl der Vereine nach einem Punktsystem auf Grund ihres Abschneidens in der Oberliga seit 1951/52 vorgenommen werden würde, doch Einzelheiten wie das Ausmaß der Höherbewertung der letzten Jahre oder die Anzahl der Sonderpunkte für die Endrundenteilnahme bzw. den Vorstoß ins Pokalfinale blieben gut gehütetes Geheimnis der DFB-Oberen. Um so wilder wurde in den Vereinsführungen und Medien natürlich spekuliert.

Am 8. Dezember berief der DFB-Vorstand den Bundesliga-Ausschuß in der Besetzung Ludwig Franz (Nürnberg, Vorsitzender), Franz Kremer (Köln, Stellvertreter), Walter Baresel (Hamburg), Dr. Willi Hübner (Essen) und Hermann Neuberger (Saarbrücken). Obwohl der DFB-Beirat zur Enttäuschung des Südens an diesem Tag bekräftigte, daß es bei 16 Vereinen und dem festgelegten Verteilerschlüssel bleiben werde, griff am 7. Januar sogar der Schalker Altinternationale Fritz Szepan in die heftiger werdenden Bundesliga-Diskussionen mit der Forderung ein, die Spitzenklasse müsse 18, wenn nicht 20 Vereine umfassen. 16 Klubs seien «viel zu wenig für eine gesunde wirtschaftliche Basis», meinte Szepan und fragte ironisch: «Oder will der DFB vielleicht großzügig Freundschaftsspiele vermitteln?»

Ungeachtet aller Spekulationen, Wertungen und Berechnungen, die täglich durch die Medien geisterten, vergab die Bundesliga-Kommission am 10./11. Januar 1963 bereits die ersten neun Lizenzen, und zwar an die sicheren Kandidaten 1. FC Nürnberg, Eintracht Frankfurt, 1. FC Köln, Borussia Dortmund, Schalke 04, Hamburger SV, Werder Bremen, 1. FC Saarbrücken und Hertha BSC Berlin. Für die restlichen sieben Bundesliga-Plätze zog die Kommission folgende 20 (!) Klubs in die engere Wahl: Karlsruher SC, Bayern München, München 1860, Kickers Offenbach, VfB Stuttgart, Preußen Münster, Alemannia Aachen, Fortuna Düsseldorf, SW Essen, Westfalia Herne, Viktoria Köln, Meidericher SV, Holstein Kiel, FC St. Pauli, Eintracht Braunschweig, Hannover 96, VfL Osnabrück, 1. FC Kaiserslautern, Borussia Neunkirchen und FK Pirmasens.

Die übrigen 15 Vereine erhielten Absagen, gegen die Borussia Mögengladbach, RW Oberhausen, Hamborn 07 und der VfR Mannheim (vergeblich) beim DFB-Vorstand protestierten. Der Zorn der Abgewiesenen gründete sich hauptsächlich auf die vorzeitige Bekanntgabe der Ablehnung, durch die die restlichen Punktespiele der Saison entwertet und Zuschauereinbußen somit unvermeidlich seien.

In Vorahnung seiner schlechten Aussichten – der TSV 1860 strebte dem Meistertitel der Oberliga Süd zu – stellte der FC Bayern München dem DFB am 23. Januar einen Dringlichkeitsantrag zu: Durch die Erhöhung der Bundesliga-Plätze auf 18 oder 20 könnten doch auch «sportlich hochqualifizierte» Vereine berücksichtigt werden, die im Zwölf-Jahre-Schnitt schlecht dastanden. Außerdem müsse eine «unbedingt erforderliche Beruhigung auf den Sportplätzen» angestrebt werden. Am gleichen Tag veröffentlichte ein süddeutsches Fachorgan ein Interview mit Ludwig Franz, in dem dieser Einzelheiten der Auswahlkriterien preisgab, die sich später aber als nicht ganz richtig erwiesen. Jedenfalls freuten sich nach den Franz-Erzählungen Aachen und Offenbach zu früh. Ende Januar führte ein westdeutsches Boulevardblatt, «durch einen halben Zufall und eine halbe Indiskretion» ermuntert, in großer Aufmachung die restlichen sieben Bundesligaklubs auf, doch in drei Fällen, Fortuna Düsseldorf, Hannover 96 und Bayern München, lag auch dieser Tip daneben.

Während das fiebrige Rätselraten um die restlichen Vereine weiterging, gab der 1. FC Köln am 5. März als erster Bundesligaklub schon die Bundesliga-Eintrittspreise bekannt: Stehplatz Kurve 3 (bisher 2,50) Mark, überdachter Tribünenplatz 14 (bisher 8) Mark. Am 13. März zog der Hamburger SV nach: Der billigste Stehplatz werde mit 2,50 Mark gegenüber Oberligaspielen in der Bundesliga nicht verändert. Berlin wunderte sich unterdessen über einen Fall von «Bundesliga-Spionage». Hertha-Vorsitzender Siegfried Schmidt präsentierte auf einer Pressekonferenz den früheren Vorsitzenden Heinz Heydebreck, dem vom Tasmania-Boß Paul Dinter der Geschäftsführerposten an-

geboten worden sei. Bedingung: Heydebreck müsse bei seinem Frontwechsel die Bundesliga-Bilanzunterlagen des Konkurrenten mitbringen, in denen Ungereimtheiten vermutet wurden.
Kaum hatte am 6. April der DFB-Beirat auch den Vorstoß der Bayern, die Bundesliga um zwei Vereine zu erweitern, abgelehnt, da wartete Neuberger mit dem gleichen Antrag erneut auf. Der Saar-Vorsitzende forderte zugleich konkret, den weiterhin stark drängenden Süden mit einem sechsten Bundesligisten zu besänftigen und den 18. Verein in einer Qualifikationsrunde zu ermitteln. So glaubte Neuberger auch, wenigstens die Zahl der sich abzeichnenden «Härtefälle» mindern zu können.
Diese «Härtefälle» waren am 6. Mai 1963 Wirklichkeit, als der Bundesliga-Ausschuß die restlichen Lizenzen an Preußen Münster, den Meidericher SV, München 1860, den Karlsruher SC, den 1. FC Kaiserslautern und Eintracht Braunschweig vergab. Die Entscheidung ließ besonders in Offenbach und Aachen eine Welt zusammenstürzen. Der Zufall der Terminregie trieb die Dramatik auf die Spitze dadurch, daß am Tag nach der Lizenzvergabe die überraschend nominierten Meidericher zum Pokalspiel ausgerechnet bei Alemannia Aachen antreten mußten. Um der Partie die offensichtliche Brisanz zu nehmen, schickte der Duisburger Klub nur eine Reservemannschaft zum Tivoli (die 1:3 verlor) und ließ auch Trainer Willi Multhaup daheim. Die Aachener Klubführung mußte über Lautsprecher die 15 000 empörten Zuschauer zu Besonnenheit gegenüber den Nutznießern der Frankfurter Entscheidung mahnen: «Die Meidericher Spieler sind schuldlos. Noch bestehen für uns Hoffnungen. Zerstören Sie diese letzte Chance nicht durch einen Publikumsskandal.» Tatsächlich geschah den Duisburgern nichts; Aachener Fans schimpften um so heftiger über Franz Kremer, der ihnen die Ablehnung eingebrockt habe, um ohne Mittelrhein-Konkurrenten in der Bundesliga zu sein. Groß war auch die Empörung der Offenbacher. «Seit Gründung der Südliga», argumentierte der Kikkers-Vorsitzende Ludwig Mohler, «waren wir ununterbrochen dabei. In den letzten neun Jahren war unser Verein nie schlechter als auf dem fünften Platz.»
Bis Mitte Mai hatten 14 abgewiesene Vereine Protestschreiben an den DFB geschickt, neben Aachen und Offenbach auch Bayern München, RW Oberhausen, Westfalia Herne, SW Essen, Fortuna Düsseldorf, Borussia Neunkirchen, der FK Pirmasens, Hannover 96, der FC St. Pauli, der VfL Osnabrück, Holstein Kiel und Tasmania Berlin. Unterstützt wurden die Vereine teilweise von «ihren» Regional- und Landesverbänden, die gleichzeitig noch einmal 18 oder gar 20 Bundesligaklubs forderten. In München drohte eine «Interessengemeinschaft FC Bayern» sogar schon mit Klagen bis hin zum Bundesverfassungsgericht, damit die Bundesliga vorerst «nicht zum Entstehen kommt». Am 1. Juni wies der DFB-Vorstand in einer Kölner Klausursitzung jedoch alle Einsprüche scheinbar unbeeindruckt zurück. Letzte Hoffnungen der Enttäuschten waren nun lediglich noch die Erhöhung der Bundesligaplätze auf 18 oder 20 bzw. der Gang zum ordentlichen Gericht. Doch am 14. Juni blieb der DFB-Beirat ein letztes Mal hart und erklärte: Es bleibt bei 16.
Genau einen Monat vor dem Beginn der Bundesliga-Spiele, am 22. Juni 1963, lüftete der DFB endlich das streng gehütete Geheimnis, nach welchen Kriterien die 16 Vereine nun wirklich bestimmt worden waren. Dem komplizierten Schlüssel gemäß (für die Oberliga-Spielzeiten 1951/52 bis 1954/55 wurden einfache, für 1955/56 bis 1958/59 doppelte und für 1959/60 bis 1962/63 dreifache Platzziffern gewertet; zudem gab es, gestaffelt nach dem Abschneiden, zwei bis zwanzig Extrapunkte für die Teilnahme an der Deutschen Meisterschaft und am Pokalfinale) hatte der Hamburger SV 518, Köln 466, Kaiserslautern 464, der 1. FC Nürnberg 447, Dortmund 440, Frankfurt 420, Karlsruhe 419, Stuttgart 408, der FC Schalke und Bremen je 396, Saarbrücken 384, Hertha BSC 346, Braunschweig 276, Münster 251, Meiderich 250 und 1860 München 229 Punkte.
Die Offenbacher fühlten sich mit 328 Punkten gegenüber München 1860, die Aachener mit 285 Punkten gegenüber Münster und Meiderich verschaukelt. Doch die Bundesliga-Kommission begründete ihre Entscheidung pro München mit dem Hinweis auf die Süd-Meisterschaft der Löwen sowie pro Münster und Meiderich mit der besseren Plazierung in der letzten Oberliga-Saison. Dieses Unterscheidungskriterium indes empfanden die Aachener als blanken Hohn, weil sie punktgleich mit Münster abgeschnitten hatten und beim damals gültigen Torverhältnis nur minimal schlechter (0,1127) als die Preußen dastanden. Offensichtlich hatten sich die Lizenzverteiler des DFB, wenn nicht tatsächlich Kremers Furcht vor einem Mittelrhein-Konkurrenten ausschlaggebend war, vom Gesichtspunkt einer regional ausgewogenen Streuung der Lizenzen leiten lassen; der dichtbesiedelte Niederrhein und das weite Münsterland sollten wohl unbedingt dabei sein. Die Aachener jedenfalls zogen, als längst alle anderen Klubs ihre Klagedrohungen zurückgenommen hatten, doch noch erbittert vor den Kadi. Aber am 13. November 1963 bescheinigte ihnen Landgerichtsrat Dr. Beyer von der 3. Zivilkammer des Frankfurter Landgerichts in seiner Urteilsbegründung, daß er die Klage gegen den DFB zurückweisen müsse, weil dieser «satzungsgemäß und korrekt gehandelt» habe. Fast 16 Monate

I. Bereich Süddeutscher FV

Die Lizenz für den TSV München von 1860 rechtfertigt sich aus der Regionalmeisterschaft 1962/63.

Die sportliche Vergangenheit der für die Aufnahme zur Bundesliga im Wettbewerb stehenden Vereine Karlsruher SC, VfB Stuttgart und Offenbacher Kickers ist nach Maßgabe der Bewertungstabelle als gleichrangig anzusehen. Da aber nur 5 Vereine des Süddeutschen Fußball-Verbandes Aufnahme in die Bundesliga finden konnten, mußte der diesjährige Tabellenstand der sportlich gleichrangigen Vereine für die Vergebung des 4. und 5. Bundesliga-Platzes ausschlaggebend sein. In der Schlußtabelle der diesjährigen Meisterschaft des Süddeutschen FV liegen der Karlsruher SC und der VfB Stuttgart vor den Offenbacher Kickers, so daß die Beschwerde der Offenbacher Kickers der Ablehnung verfallen mußte.

Für den FC Bayern München ist dagegen der Abstand in der Bewertung der sportlichen Vergangenheit zu den nominierten Vereinen so erheblich (ca. 100 Punkte), daß demgegenüber der 3. Tabellenplatz der diesjährigen Meisterschaft der Beschwerde nicht zum Erfolg verhelfen konnte.

II. Bereich Westdeutscher FV

Auch die Beschwerden der Vereine des Westdeutschen FV konnten keinen Erfolg haben. Von den für den Westdeutschen FV vorgesehenen Bundesliga-Plätzen waren drei bereits an die Vereine 1. FC Köln, Borussia Dortmund und Schalke 04 vergeben. Um die zwei noch vorhandenen Plätze bewerben sich sieben Vereine. Die Vereine Schwarz-Weiß Essen und Rot-Weiß Oberhausen mußten schon wegen ihrer geringen Punktzahl, — Schwarz-Weiß Essen (167 Punkte) und Rot-Weiß Oberhausen (154 Punkte) —, gegenüber den anderen Bewerbern bei der Verteilung dieser restlichen Plätze ausscheiden. Die weiteren fünf Bewerber sind nach der sportlichen Bewertungstabelle als fast gleichrangig anzusehen, nämlich die Vereine Meidericher SV (250 Punkte), Preußen Münster (251 Punkte), Alemannia Aachen (285 Punkte), Fortuna Düsseldorf (225 Punkte) und Westfalia Herne (222 Punkte).

Da aber nur noch zwei westdeutsche Vereine in die Bundesliga aufgenommen werden konnten, mußte auch hier die Auswahl der Vereine nach dem Tabellenstand am Ende der Saison 1962/63 vorgenommen werden. Die Abschlußtabelle des Westdeutschen FV zeigt, daß der Meidericher SV den 3., Preußen Münster den 4., Alemannia Aachen den 5., Fortuna Düsseldorf den 13. und Westfalia Herne den 14. Tabellenplatz einnehmen.

Aus dieser Reihenfolge ergab sich die getroffene Entscheidung.

89 *Der «Boß» – schon ein wenig in die Jahre gekommen: Helmut Rahn, der zweifache Torschütze des WM-Finales von 1954, im Trikot des 1. FC Köln. Später stürmte er noch für den Meidericher SV in der Bundesliga.*

◁ 90 *Auf 18 Druckseiten erläutert der DFB-Jahresbericht 1962/63 die heiß diskutierten und vielfach angefochtenen Entscheidungen über die Aufnahme der Vereine in die Bundesliga. Hier die Passagen, die den Süden und Westen betreffen, zwei Verbände, aus denen es besonders heftige Proteste hagelte.*

nach dem Bundestagsbeschluß von Dortmund und nach zehn Spieltagen, die die neue Spitzenklasse schon hinter sich gebracht hatte, war die letzte Aachener Hoffnung damit zerstoben und das Rangeln um die begehrten Plätze endlich abgeschlossen.

Da die neue deutsche Fußball-Zeitrechnung erst nach langen und schmerzlichen Wehen Wirklichkeit hatte werden können, ist es verständlich, daß die alten, in die Jahre gekommenen Recken nicht mehr allzuviel von ihr hatten. Sepp Herberger, dem es so oft ein dringender Wunsch gewesen war, die besten Spieler in einer zentralen Klasse vereinigt und damit höherem Wettbewerbsdruck ausgesetzt zu sehen, genoß die Bundesliga als Bundestrainer gerade noch ein Jahr und erlebte sie dann bis zu seinem Tod am 28. April 1977 nur noch als kritischer Beobachter. 1964 stellte das DFB-Präsidium Hermann Neubergers «Mann» in die Verantwortung für die Nationalelf: Auf Herbergers Vorschlag wurde Helmut Schön sein Nachfolger – der Chef machte dem Assistenten Platz, ein Mechanismus, der damals, in noch halbwegs heiler deutscher Fußball-Welt, eine Selbstverständlichkeit war, inzwischen jedoch als «nicht mehr zeitgemäß» (Neuberger) empfunden wird. Herberger wägte damals zwischen vier Kandidaten ab. Neuberger: «Er sah Dettmar Cramer, Hennes Weisweiler, Georg Gawliczek und eben Helmut Schön als Anwärter an, und er entschied sich dann letztlich für Helmut Schön.» Aus Fritz Walters Schilderung wird indes deutlich, daß Herbergers Bemühungen um seinen Wunsch-Kandidaten zuvor vergeblich gewesen waren: «Er hatte mit Engelszungen auf mich eingeredet, daß ich sein Nachfolger werden sollte.» Aber Fritz Walter, dessen enge Beziehung zu Herberger längst «ein echtes Vater-Sohn-Verhältnis» geworden war, winkte ab,

obwohl er bis 1950 als Spielertrainer beim 1. FC Kaiserslautern und zeitweise zugleich als Trainer beim Lokalrivalen VfR («den ich damals in die Oberliga brachte») schon frühe Erfolge aufzuweisen hatte und seit 1958 auch im Besitz des Trainerscheins war. Fritz Walter schien als Trainer die Bindung an den Fußball allzu eng, er wollte freier von seinem geliebten Sport weiterleben. Viele meinten allerdings auch, er sei für den Trainerjob nicht hart genug, zu sensibel gewesen und habe deshalb mit seinem Verzicht eine weise Entscheidung getroffen. Immerhin seit 1963 half er – «als Technischer Berater, wie man so sagt» – mit, den Dorfverein SV Alsenborn von der A-Klasse bis zum Gewinn von drei Meistertiteln in der Regionalliga Südwest (1968 bis 1970) zu führen. Aber als Fritz Walter in diesen Jahren Trainerposten von Bundesligaklubs angeboten wurden – «Bayern München stand auch zur Debatte, als Tschik Cajkovski da aufgehört hatte» –, sagte er konsequent «nein»: Etwas anderes hätte ich Herberger gegenüber nach meiner Absage an ihn nicht verantworten können.»
Drei Teamgefährten Fritz Walters aus der 54er-Mannschaft erlebten die Bundesliga eine kleine Weile noch als Aktive: Hans Schäfer führte die Kölner Mannschaft als erfahrener, großartiger Regisseur 1964 auch noch zum zweiten Meistertitel und hörte 1965 – nach 39 Bundesligaspielen, in denen er noch sage und schreibe 20 Tore erzielt hatte – auf. Max Morlock, dieser tadellose Sportsmann, erzielte für seinen geliebten «Club» in 21 Spielen der ersten Bundesliga-Saison immerhin noch acht Treffer. «Das letzte Spiel der Saison, gegen den HSV, war zugleich mein 900. für den 1. FC Nürnberg, und da habe ich mir gedacht, das ist der richtige Abschluß deiner Laufbahn.» Helmut Rahn blieb noch bis 1965 beim Meidericher SV am Ball; der «Boß» brachte es in 19 Spielen auf sieben Tore.

Der zweite «Abschuß» von Herbert Widmayer

Viel kürzer war das Bundesliga-Gastspiel, das ein sympathischer Trainer 1963 gab. Der ehemalige Aufklärungsflieger Herbert Widmayer wurde nämlich zum zweiten Mal in seinem Leben abgeschossen – am 1. November 1963 als Trainer des 1. FC Nürnberg. Dorthin war der frühere Spieler von TSV (Eintracht) Braunschweig 1960 gekommen, nachdem er zuvor beim VfL Osnabrück, als Verbands-Sportlehrer in Westfalen und Hessen, beim Oberliga-West-Kometen SV Sodingen und beim VfL Bochum tätig gewesen war. Die Anregung, Trainer beim «Club» zu werden, hatte Widmayer von seinem Lehrer Sepp Herberger erhalten, der «seine Schüler immer gut unterbringen wollte und auch wußte, welcher Trainer zu welchem Verein paßte». Tatsächlich – Nürnberg und Widmayer, das paßte, jedenfalls drei Jahre lang. Da wurde das fränkische Team einmal Deutscher Meister (1961), einmal Vizemeister (1962), zweimal Süddeutscher Meister (1961, 1962) und einmal Süddeutscher Vizemeister (1963). Aber in der Bundesliga kam die Mannschaft bald ins Schlingern, kassierte nacheinander einige deftige Niederlagen (2:4 gegen Karlsruhe, 0:5 in München, 0:2 gegen Schalke, 0:5 gegen Kaiserslautern) und war Ende Oktober auf den drittletzten Rang abgerutscht. Widmayer berichtet: «Der Druck von der Straße wurde immer größer, und dem war der ‹Club›-Vorstand einfach nicht gewachsen.» Der Vorsitzende Kurt Müller, der gerade Ludwig Franz abgelöst hatte, eröffnete dem Trainer: «Herr Widmayer, wir können Sie nicht mehr halten.» Um dem Trainer eine goldene Rausschmiß-Brücke zu bauen, fragte er noch: «Sind Sie nicht vielleicht krank?» Widmayer ließ sich darauf nicht ein: «Das ging gegen meine Ehre als Fußballehrer.» Am 2. November

91 *Nach seiner schlechten Bundesligaerfahrung arbeitete Trainer Herbert Widmayer überwiegend als Verbandssportlehrer, zuletzt viele Jahre im Nachwuchsbereich des DFB. Sein Gesprächspartner hier ist – kaum zu glauben – der jugendliche Uli Stielike.*

berichteten die Zeitungen in großer Aufmachung über das Nürnberger Bundesliga-Novum: Widmayer fristlos entlassen. In der offiziellen Vereins-Verlautbarung, damals schon wie heute in den meisten solcher Fälle ein geduldiges Stück Papier, hieß es schonend, daß Widmayer angesichts persönlicher Anfeindungen «eine weitere Tätigkeit . . . nicht mehr zugemutet werden könne». Man sei deshalb «damit einverstanden, daß Widmayer seine Arbeit sofort beendet». Der damalige Mannschaftskapitän Ferdinand Wenauer ließ in seiner Stellungnahme deutliche Distanz zum Vorstandsbeschluß spüren. Die Spieler seien sich «darin einig, daß es unschön war, Widmayer zu diesem Zeitpunkt abzulösen. Aber gegen den Vorstand ist nichts zu machen». Bemerkenswert kritisch fügte Wenauer hinzu, der Spielführer sei beim Club «gerade gut genug, um als erster aufs Feld zu laufen. Zu melden hat er nichts». Max Morlock stimmt der Vermutung zu, daß der erste Trainerwechsel der Bundesliga so voreilig, panikartig und überflüssig war wie die meisten, die folgen sollten: «Widmayer hatte für den Verein sehr viel geleistet. Er war ungerecht gegenüber dem Trainer. Wir hatten ein so gutes Spielermaterial, daß wir uns auch mit ihm leicht hätten halten können.»

Am Ende der ersten Bundesliga-Saison war der 1. FC Nürnberg als Neunter auf einem sicheren Mittelplatz. Widmayer aber hatte von dem härter gewordenen Geschäft um Punkte und Tore genug. «Ich war eine Zeitlang sehr deprimiert, bin kaum aus dem Haus gegangen, und ich weiß noch, daß wir in unserer Wohnung in der Nähe des Zabo für einige Tage die Rolladen gar nicht hochgezogen haben.» Der «Club» zahlte ihm bis zum Saisonende «das wunderbare Gehalt von 2000 Mark monatlich», so Widmayer ironisch, weiter. Nach einem kurzen Zwischenspiel bei Hessen Kassel zog es der Trainer vor, 1965 badischer Verbandssportlehrer zu werden. Er erlebte in Karlsruhe «vier Jahre, die mich für vieles entschädigten». 1970, schon 56 Jahre alt, wechselte er zum DFB, für den er neun Jahre lang als Jugendtrainer arbeitete und in dieser Zeit von Uli Hoeneß über Paul Breitner, Rainer Bonhof, Harald Schumacher, die Förster-Brüder und Helmut Roleder bis Bernd Dierssen

Trainerwechsel: Am besten funktionierten die Schleudersitze bisher in Nürnberg, Dortmund und Schalke

In 17 Bundesligajahren hat der 1. FC Nürnberg, der 1963 bei Rausschmissen von Trainern den Anfang machte, 19 Fußball-Lehrer für seine Lizenzspieler-Mannschaft beschäftigt. Hier die stattliche Liste: Herbert Widmayer, Jenö Csaknady, Gunter Baumann, nochmals Jenö Csaknady, Jenö Vincze, Max Merkel, Kuno Klötzer, Werner Kern, Robert («Zapf») Gebhardt, Horst Heese, Fritz Popp, Fred Hofmann, Heinz Elzner, Udo Klug, Rudi Kröner, Heinz Höher, Hermann Gerland, Arie Haan. Die meisten Bundesliga-Trainer waren bislang bei Borussia Dortmund angestellt, obwohl die Westfalen zwischendurch vier Jahre lang zweitklassig waren: 25 Neubesetzungen der Trainer-Position in 24 Bundesligajahren könnten so ausgelegt werden, daß am Borsigplatz viel Sinn für Fluktuation vorhanden ist. Die Dortmunder Trainer-Kette: Hermann Eppenhoff, Willi Multhaup, Heinz Murach, Oßwald Pfau, Helmut Schneider, Hermann Lindemann, Horst Witzler, Herbert Burdenski, Otto Rehhagel, Carl-Heinz Rühl, Uli Maslo, Udo Lattek, Rolf Bock, Branko Zebec, Karlheinz Feldkamp, Helmut Witte, Uli Maslo, Helmut Witte, Dieter Tippenhauer, Horst Franz, Friedhelm Konietzka, Erich Ribbeck, Pal Csernai, Reinhold Saftig, Horst Köppel. Die vielleicht schillerndste Trainer-Galerie hat Altmeister Schalke 04 (20 in 23 Spieljahren) vorzuweisen: Georg Gawliczek, Fritz Langner, Karl-Heinz Marotzke, Günter Brocker, Rudi Gutendorf, Slobodan Cendic, Ivica Horvat, Max Merkel, Friedel Rausch, Uli Maslo, Ivica Horvat, Gyula Lorant, Dietmar Schwager, Fahrudin Jusufi, Heinz Redepennig, Sigi Held, Jürgen Sundermann, Diethelm Ferner, Rolf Schafstall, Horst Franz. Bombensicher durften sich bis Ende 1989 die Trainer bei Borussia Mönchengladbach fühlen: In 24 Jahren kam Borussia mit vier Fußball-Lehrern aus – Hennes Weisweiler (10 Jahre), Udo Lattek (4), Jupp Heynckes (8) und Wolf Werner (2). Doch seit Werners Entlassung ist auch die Trainerbank auf dem Bökelberg keine Bank mehr. Gering war der Trainer-Verschleiß auch in München (9 in 26 Bundesligajahren): Tschik Cajkovski, Branko Zebec, Udo Lattek, Dettmar Cramer, Gyula Lorant, Pal Csernai, Reinhard Saftig, Udo Lattek und Jupp Heynckes. Relativ sicher dürfen sich die Trainer trotz latenter Abstiegssorgen übrigens in Bochum fühlen: In 20 Jahren Erstklassigkeit lösten lediglich sechs Fußball-Lehrer – Hermann Eppenhoff, Heinz Höher, Helmut Johannsen, Rolf Schafstall, Hermann Gerland und Reinhold Saftig – einander ab.

oder Roland Wohlfarth ganze Generationen von angehenden Profis mitformen konnte.
Vorzeitige Trainer-Abschüsse sind in der Bundesliga längst zur Selbstverständlichkeit geworden. Das schlechte Nürnberger Beispiel von 1963 wird durchschnittlich sechsmal pro Saison nachgeahmt. Im Spieljahr 1978/79 räumten sogar acht Trainer vorzeitig ihren Arbeitsplatz; die Saison 1972/73 war mit nur zwei Rausschmissen die bisher trainerfreundlichste. Einsamer Spitzenreiter bei den Trainerwechseln ist der inzwischen verstorbene Ungar Gyula Lorant, der achtmal (in Kaiserslautern, Duisburg, noch einmal in Kaiserslautern, Köln, Offenbach, Frankfurt, bei den Münchener Bayern und schließlich auch noch beim FC Schalke) vor Ablauf der Vertragszeit seine Koffer pakken mußte. Es spricht übrigens nicht für die Führungsqualität in Klubs mit großer Tradition wie Schalke, Borussia Dortmund und 1. FC Nürnberg, daß ihre Namen im Zusammenhang mit dem Austausch der Trainer seit den sechziger Jahren immer wieder auftauchen.
Solide, kontinuierliche und fachmännische Präsidiumsarbeit ist in den Vereinen die beste Voraussetzung für Trainer, langfristig tätig zu sein. Das beste Beispiel gab viele Jahre lang Borussia Mönchengladbach, wo von 1965 bis 1987 nur drei Bundesliga-Trainer benötigt wurden: Hennes Weisweiler, Udo Lattek und Jupp Heynckes. In Mönchengladbach hatte auch die Vermutung keine Gültigkeit, Trainer müßten sich notgedrungen nach einiger Zeit «verschlissen» haben. Dettmar Cramer weist seinem Berufsstand aber ebenfalls eine Mitverantwortung dafür zu, daß er heute so total der Willkür und Hektik des Geschäfts ausgesetzt ist. «Die Trainer», erklärt er, «haben mitgebastelt an der Überbewertung ihres Einflusses auf das Spiel und an der Überschätzung der Trainerfunktion je nach Lust und Laune. Wenn

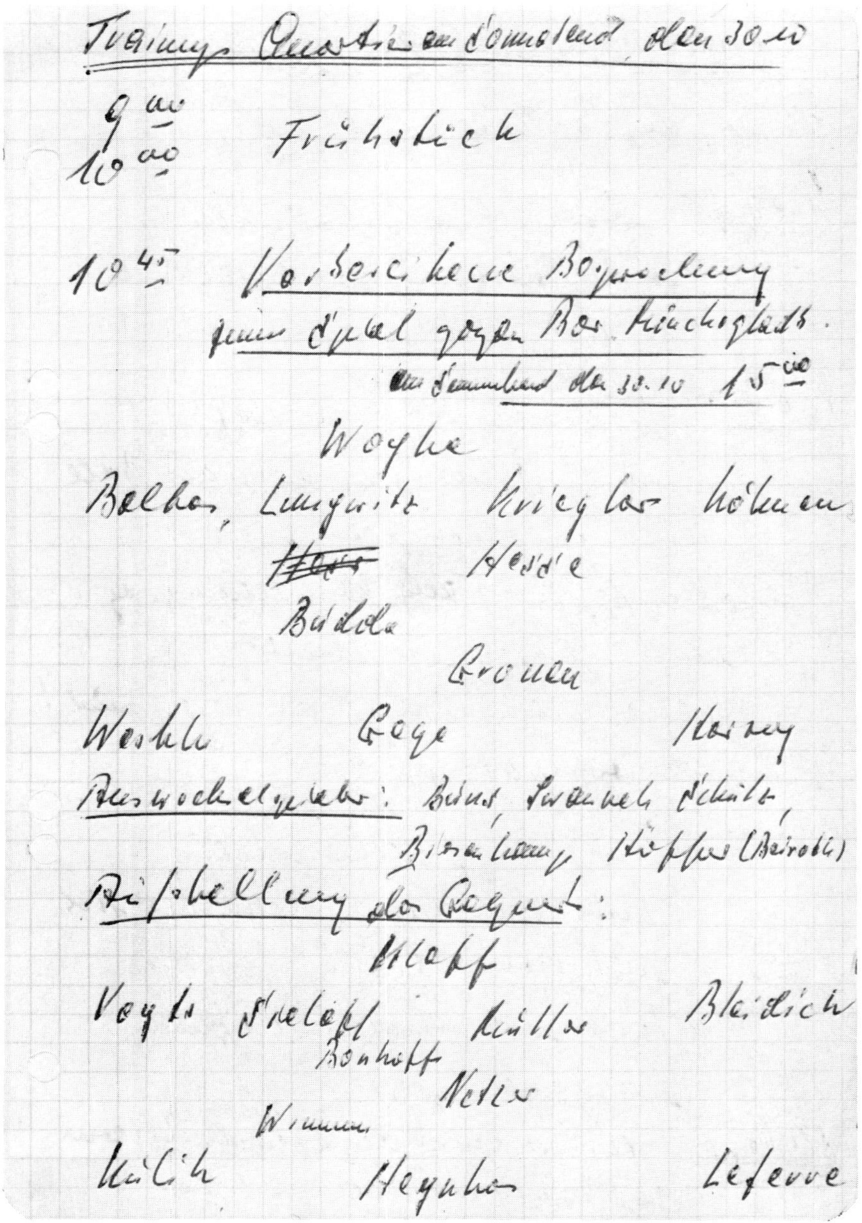

92/93 *Akribisch führte Heinz Lucas in seiner Trainerzeit (hier bei Fortuna Düsseldorf) Buch über Tages- und Trainingsabläufe; Spielanalysen; taktische Marschrouten und*

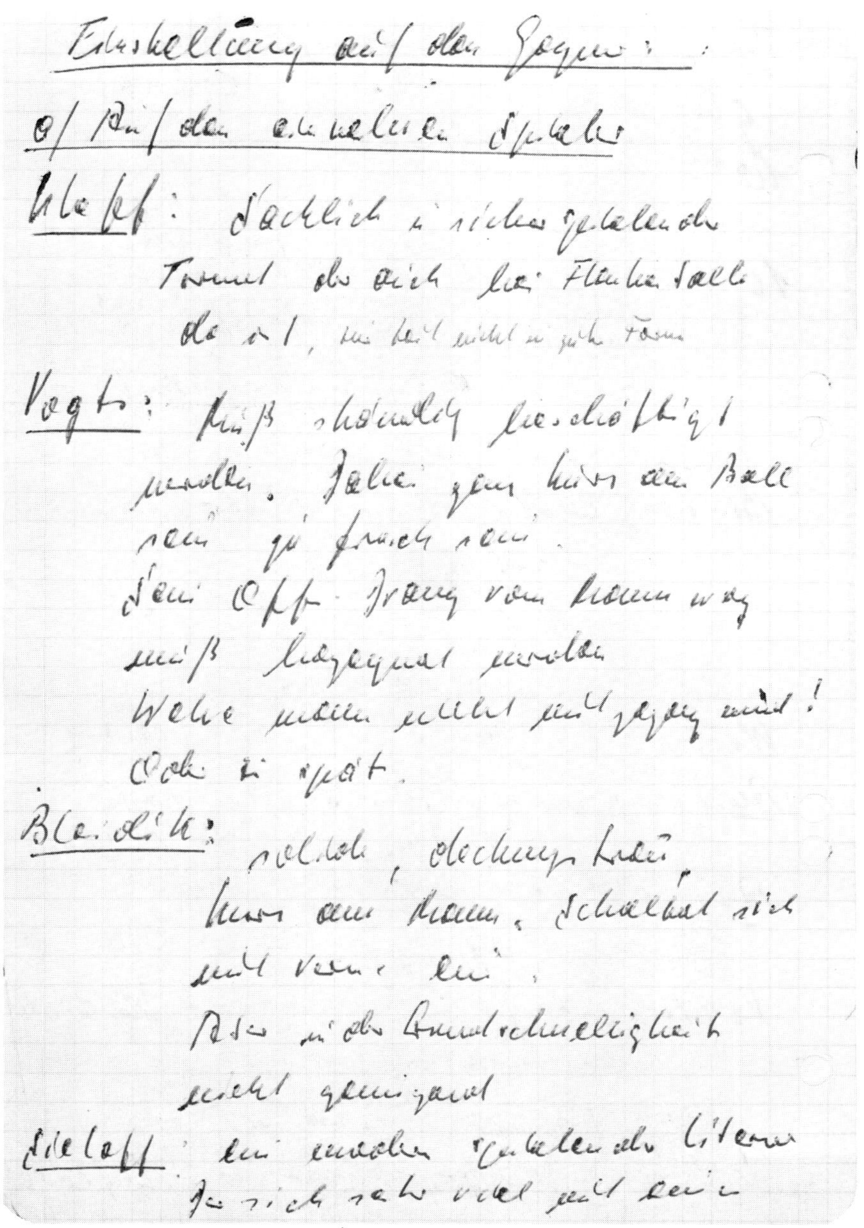
Einstellung auf den Gegner:
a/ Auf den einzelnen Spieler
Kleff:
Vogts:
Bleidick:
Sieloff

die Charakterisierung gegnerischer Spieler (hier der Mönchengladbacher) wurden auch bis ins einzelne niedergeschrieben.

Trainer beizeiten auf ihre begrenzten Möglichkeiten hingewiesen hätten, wäre das alles nicht so gekommen, auch nicht in den Medien.» Cramer fährt in seiner nüchternen Betrachtung fort: «Zwischen dem jubelnden Trainer im Erfolg und dem grollenden Trainer im Mißerfolg ist auch wieder kein Gleichgewicht da. Das hat ebenfalls zur Überschätzung des Trainers geführt und dazu, daß der Erfolgsdruck auf ihn größer ist als auf alle anderen.»

Freilich – Deutschland-Rallyes mit allerlei überraschenden Etappenzielen haben die Trainer auch schon vor der Einführung der Bundesliga gemacht. Und bereits in der Übergangszeit zwischen Hungerjahren und Wirtschaftswunder gut verdient dabei. Beispiel Fritz Pliska. Er gehörte zusammen mit Hennes Weisweiler, Fritz Langner, Paul Janes, Willi Jürissen, Helmut Schneider, Rudi Gellesch oder Jupp Steigleder 1947 zu den Absolventen des ersten Fußballehrer-Lehrgangs nach dem Krieg unter Herbergers Leitung in Köln. 1948 stand Pliska beim damals ebenso hoch wie Borussia Mönchengladbach im Kurs stehenden Rheydter SV als Spielertrainer mit 920 Mark im Sold. «Als ich 1950 Spielertrainer bei Borussia Mönchengladbach wurde, bekam ich schon 1150 Mark und einen VW Cabrio, mein erstes Auto.» Über Waldhof, Frankenthal, nochmals Mönchengladbach, Fortuna Düsseldorf und Bayer Leverkusen landete Pliska in Essen, wo er 1966 mit Rot-Weiß in die Bundesliga einzog. «Da kriegte ich 6000 Mark netto.» Heutige Spitzentrainer mit Monatsbezügen von deutlich über 30 000 Mark mögen darüber gelangweilt lächeln, aber damals war Pliskas Salär auch schon das eines Großverdieners. Heinz Lucas mußte sich 1953 nach bestandenem Examen als Sport- und Fußballehrer auf seiner ersten Trainerstelle bei Wacker 04 Berlin noch «mit unter 1000 Mark begnügen». Nach drei Wacker-Jahren und einer Saison bei Minerva 93 ließ er 1957 seinen im Krieg zerschossenen Unterkiefer operieren und unterschrieb 1958 – «auf Empfehlung Herbergers» – einen Trainervertrag mit dem Oberligaklub VfR Neumünster. Warum der Berliner Lucas die Insel-Stadt verließ, erläutert er mit den Worten: «Meine Überlegung war, du gehst nach Westdeutschland, machst da so drei, vier Jahre. Dann ist Deutschland wieder eins und Berlin die Hauptstadt. Wenn du dann als Berliner mit Westdeutschland-Erfahrung zurückkommst, bist du der King dort.» Nach den weiteren Trainer-Stationen Hannover 96, VfB Lübeck, Darmstadt 98, Fortuna Düsseldorf, München 1860, Eintracht Braunschweig und SpVgg Fürth denkt Heinz Lucas heute in seiner Wahlheimat Mettmann bei Düsseldorf so manches Mal an die Fehlkalkulation von 1958 zurück.

Nachdem Fritz Langner aus einem sowjetischen Gefangenenlager bei Hundsfeld östlich seiner Heimatstadt Breslau entlassen worden war, schlug er sich zunächst als Spielertrainer beim SV Eckernförde, SV Itzehoe und bei Concordia Hamburg durch. Dann holte ihn ein Freund nach Detmold. Als er 1948 den Kölner Trainer-Lehrgang absolviert hatte, trat er «für knapp 600 Mark» seine erste Trainertätigkeit an – bei Concordia Hamburg. Herberger empfahl ihn 1952 zu Düren 99. Nach einem Jahr als Trainer des Verbands Rheinland erlebte Fritz Langner acht überwiegend erfolgreiche Spielzeiten bei Westfalia Herne, wo er Helmut Benthaus und Hans Tilkowski trainierte. Mönchengladbach, Schalke («dort hatte ich von 1964 bis 1967 mit 7000 Mark netto mein Spitzengehalt»), Werder Bremen, der 1. FC Nürnberg, München 1860, VfL Osnabrück, SpVgg Erkenschwick – so zog bis zu seinem 63. Lebensjahr der Mann durchs Land, dem der Ruf anhing, ein «Feldwebel» zu sein, was ihn jedoch keineswegs stört: «Ich bin ganz gut damit gefahren, autoritär gewesen zu sein. Der Fußballer versteht nur die harte Sprache.»

Dem eisernen Schlesier Langner widerfuhr 1964 allerdings eine glatte Fehleinschätzung, die belegt, wie der Zufall auch den Trainern auf ihrem Zickzackkurs oft den Weg weist. Langner erlag, sehr zum Ärger des Mönchengladbacher Borussia-Präsidiums, den Lockungen von Schalke 04: «Trainer in der Bundesliga und dazu noch in Schalke zu sein, das war mein größter Wunsch.» Seinem Mönchengladbacher Nachfolger Hennes Weisweiler, der zögerte, von Viktoria Köln zur unattraktiven Borussia zu wechseln, redete er gut zu mit den Worten: «Die Mannschaft kannst du übernehmen, die frißt dir aus der Hand.» Die von Langner am kurzen Zügel geführten Borussen hatten aber schon etwas mehr als nur Disziplin zu bieten: Günter Netzer stürmte am linken Flügel, und in der Reserve tummelte sich – ein Jahr lang infolge der Drei-Mann-

94/95 *Zweimal Overath – dazwischen liegen rund zehn Jahre Bundesliga. Links der junge Overath im ersten Jahr der Spitzenklasse 1964; rechts (mit der von Sepp Herberger mißfällig kommentierten Langhaarmode) der reife Overath im Vorfeld der Weltmeisterschaft 1974 mit Bundestrainer Helmut Schön.*

Klausel für die «Erste» nicht spielberechtigt – Jupp Heynckes, der 1962 vom Mönchengladbacher Amateurverein Grün-Weiß Holt zur Borussia geholt worden war. Weisweiler zog mit seiner Entscheidung pro Mönchengladbach das große Los, Langner indessen eine Niete aus der Trommel. «Ich fand», erinnert er sich, «bei den Schalkern eine Mannschaft vor, die vollkommen versaut war und erst mal ausgemistet werden mußte.» Mit seinem damals ausgesprochen führungsschwachen «Wunschverein» kämpfte er drei Jahre schwer gegen die Abstiegsgefahr, die dauernd wie ein böser Geist über der Glückauf-Kampfbahn schwebte. Dann, im Juni 1967, erhielt er den Laufpaß. Während Schäfer, Morlock und Rahn in der ersten Bundesliga-Saison die Brücke in die Vergangenheit schlugen, kündigte sich mit einigen interessanten Namen auch bereits die ereignis- und erfolgreiche Fußball-Zukunft an. Beim 1. FC Köln spielten schon – gerade Profis geworden – Wolfgang Overath und Wolfgang Weber. Einige Akteure des ersten Bundesligajahres wie Sepp Piontek, Diethelm Ferner (beide Werder Bremen), Otto Rehhagel, Uwe Klimaschefski (beide Hertha BSC Berlin), Helmut Benthaus (Köln) und Heinz Höher (Meidericher SV) wurden später als Trainer fester Bestandteil des Fußballgeschäfts. Und der Torschützenkönig der ersten Saison war ein Spieler, der als die Verbindung zwischen Vergangenheit und Zukunft angesehen werden darf: Uwe Seeler (Hamburger SV). In den 30 Bundesligaspielen brachte er es auf respektable 30 Treffer.

96/97 *Geballte Energie war schon immer ein Plus deutschen Fußballs – Uwe Seeler (rechts) und Berti Vogts dürfen als zwei der besten Vertreter dieser Eigenschaft gelten. Wie viele Spiele haben die beiden mit ihrer Kampfkraft geprägt und entschieden!*

Zwei Supermannschaften kündigen sich an

So unmittelbar nach der dramatischen Trennung deutschen Spitzenfußballs in 16 Bundesliga- und 88 Regionalvereine (aufgeteilt in die Gruppen West/20 Klubs, Süd/20, Südwest/20, Nord/18 und Berlin/10) kann es nicht wundern, daß in der zweiten Klasse noch ein bemerkenswertes Spieler- und Trainerpotential steckte. Die Kluft zwischen Erst- und Zweitklassigkeit, heute eines der ernsten Probleme in der Spitzenfußball-Struktur, war damals höchstens ein kleiner Spalt. Und aus der Regionalliga kamen zwei Jahre nach der Einführung der Bundesliga jene zwei Klubs, die in der Eliteklasse 15 Jahre lang im Gleichschritt den Ton angaben – und deren Spieler hauptsächlichen Anteil an den «goldenen siebziger Jahren» mit glänzenden deutschen Erfolgen auf allen Ebenen internationalen Fußballs hatten. Erst Mitte der achtziger Jahre trennten sich die Wege der beiden Vereine, und das wohl für immer: Der eine etablierte sich endgültig als alles überragende Nummer eins der Bundesliga, dem anderen ging, was Pessimisten schon lange vorher befürchtet hatten, die Luft aus und er verfiel provinzieller Bedeutungslosigkeit – Rückkehr zur Herkunft gewissermaßen.
Bayern München und Borussia Mönchengladbach ähnelten sich Anfang der sechziger Jahre verblüffend, was den Vereinszustand, die sportliche Leistungsfähigkeit und die dann plötzlich sich bietenden Leitern des Aufstiegs betraf. Beide Vereine hatten 1962 einen neuen ersten Mann bekommen. In München war der Bauunternehmer Wilhelm Neudecker Nachfolger des Fabrikanten und Mäzens Roland Endler geworden, der erstmals ei-

98 *Gerd Müller in den Anfangsjahren seiner beispiellosen Torjägerkarriere: Er erzielt einen Bundesligatreffer im Spiel gegen Eintracht Frankfurt, deren Torhüter – man hat es fast schon vergessen – von 1967 bis 1969 Tilkowski hieß.*

99 *Stürmender Verteidiger Vogts und Laumen (rechts) im vergeblichen Einsatz gegen Torhüter Fraydl (Hertha BSC), einen der vielen Bundesliga-Legionäre. Als diese Aufnahme entstand, nämlich 1971, beherrschte Vogts die Lektion vom Abwehrspieler, der auch vom Angreifen etwas verstehen muß, bereits sehr gut. Sein Lehrmeister Weisweiler hatte sie ihm beharrlich beigebracht.*

nen Hauch Professionalismus in der Vereinsspitze hatte wehen lassen. In Mönchengladbach war – nach etlichen voraufgegangenen Führungskrisen und -wechseln – der Textilfabrikant Dr. Helmut Beyer in die Verantwortung des Vorsitzenden gerückt. Ein Jahr später mußten beide Vereine die herbe Enttäuschung schlucken, nicht bei der Bildung der Bundesliga berücksichtigt worden zu sein. Die Bayern, die damals eine etwas bessere Mannschaft als Borussia hatten (1962 und 1963 Platz drei in der Oberliga Süd), waren dabei härter betroffen. Ähnlich war bei beiden Vereinen auch der finanzielle Status. In Mönchengladbach taxierte Beyer die Geschäftsführung vor seiner Amtsübernahme als «katastrophal» und erstattete zur Abwendung einer drohenden Überprüfung oder gar Fahndung durch den Fiskus Selbstanzeige beim Finanzamt. Borussia mußte daraufhin Lohn- und Umsatzsteuer nachzahlen; die Klubkasse war entsprechend leer. In München verhielt es sich, was den Kassenzustand anging, ähnlich. Walter Fembeck, der langjährige Geschäftsführer, betont, es sei damals «wirklich nichts da» gewesen, was auf den baldigen Anbruch einer Ära sondergleichen hätte schließen lassen können. Fembeck berichtet: «Wir haben uns gesagt – Geld ist eh keines da, also müssen wir mit jungen Spielern arbeiten.» Ein wahrhaft glücklicher Entschluß, der allerdings auch von trüben Realitäten diktiert wurde.

Einer der Jungen war Franz Bekkenbauer, und er erinnert sich genau daran, wie es damals bei den Bayern zuging: »Mein erster Vertrag lautete über 400 Mark monatlich maximal, 160 Mark Grundgehalt plus Prämien.» Darüber hinausgehende Sonderzahlungen gab es erst, «als wir anfingen, Erfolg zu haben». Bei Fembeck («er hat Hochmut erst gar nicht aufkommen lassen bei uns, war hart in seinen Ausdrücken, hatte aber ein weiches

Herz») gab es am Monatsende die Gehälter: «Banküberweisungen waren damals noch unüblich, da ging man halt rein in die Geschäftsstelle und hat die Gehaltszahlung in bar bekommen.» Im Jahr des Aufstiegs zur Bundesliga, also in der Saison 1964/65, war es bei dem im Schatten der Sechziger stehenden Klub «um die Finanzen immer noch schlecht bestellt. Ich weiß noch wie heute, daß uns Robert Schwan in einer Mannschaftssitzung mitteilen mußte, es sei kein Geld da, und man müsse halt kleine Brötchen backen. Pro Punkt hat es damals 50 Mark gegeben.» Da wundert es nicht, daß der deutsche Rekord-Nationalspieler lange mit sich kämpfen mußte, «das Risiko des Vertragsspielers einzugehen und die sichere Position des Versicherungskaufmanns aufzugeben». Immerhin – die leeren Kassen und der Zwang, junge Spieler heranziehen zu müssen, erwiesen sich für die Bayern und Borussen als Segen. Doch wie auch im Fußballgeschehen die Zufälle oft ihr launiges Spiel treiben, hätte manches natürlich ganz anders kommen können. Beispiel Borussia. Schon der Trainerwechsel Langner/Weisweiler, der sich für die weitere Entwicklung am Bökelberg als entscheidend erweisen sollte, fand, wie dargestellt worden ist, nicht progammgemäß statt. Zufall war es auch, daß die Borussen 1965 beim Einzug in die Bundesliga neben Netzer und Heynckes ein drittes As vorzeigen konnten: Berti Vogts. Das Nachkriegskind vom 30. Dezember 1946 hat eine bemerkenswerte Entwicklung hinter sich. Mit neun Jahren war es dem VfR Büttgen beigetreten und spielte zunächst mit Fußballschuhen, die ihm sein Vater, ein Schuster, angefertigt hatte. Aber auch als Meßdiener tat sich Berti, wie es sich am gutkatholischen ländlichen Niederrhein geziemte, hervor. Mit 14 Jahren war der kleinwüchsige Junge Vollwaise, und seine Tante Maria Gepert übernahm die Erziehungspflichten.

Berti, Franz und die Zufälle

Als Fußballer war Berti Vogts schon damals nicht schlecht; mit dem Büttgener Betreuer Jupp Kaumanns errang sein Jahrgang die D-Jugend-Kreismeisterschaft. Dennoch – der Trainer des Fußballkreises Neuss reagierte ebenso entschieden wie unnachsichtig, als der Junge aus Büttgen erstmals zu einem Lehrgang erschien: «Was soll ich denn mit dem? Der ist noch viel zu klein!» So mußte Berti Vogts prompt zurück nach Hause fahren. Zum Glück ließ es einige Zeit später Trainer Heinz Murach in der Duisburger Sportschule Wedau bei einem Sichtungslehrgang für B-Jugendspieler dem Augenschein zum Trotz darauf ankommen. Vogts – welch ein Zufall! – war vom VfR Büttgen übrigens nur deshalb zum Lehrgang entsandt worden, weil er als Werkzeugmacher-Lehrling gerade Urlaub und damit Zeit hatte. Eine persönliche Einladung war es keineswegs, die Vogts bei Murach antreten ließ. Doch der kleine Dorfkicker, damals noch im Sturm spielend, imponierte. Und nach einwöchigem Lehrgang war Heinz Murach, später auch einmal Trainer des Bundesligisten Borussia Dortmund, von der Kampfkraft und Energie des unbekannten Jugendspielers so beeindruckt, daß er ihn erst einmal zum Abwehrspieler umformte und zudem fortan immer wieder bestellte. Berti Vogts war damit gewissermaßen entdeckt.

Als er 1965 von Hennes Weisweiler nach Mönchengladbach geholt wurde (er wäre übrigens viel lieber zu Fortuna Düsseldorf gegangen, weil diesem Verein seine ganze Sympathie im «großen» Fußball galt), war er trotz unbestreitbarer technischer Mängel bereits zum Jugend-Nationalspieler aufgestiegen. Und Weisweiler begann mit ihm seine lange Serie von zielstrebiger und erfolg-

100 *Der junge Heynckes – hier in einem Spiel gegen Eintracht Frankfurt – war in Hennes Weisweilers Kalkulation eine besonders wichtige Größe. Fast übrigens hätte Heynckes in Klaus Fischer noch einen Klassepartner erhalten. Doch der damals junge Bayer fiel, verletzt und mit zu engem Schuhwerk, beim Probetraining am Bökelberg durch – auch das kann einem hervorragenden Trainer passieren. Was hätte Borussia mit dem exzellenten Sturmduo Heynckes/Fischer wohl alles erreicht!*

reicher Förderung begabter Jugendspieler, die den Bökelberg rasch zum Tempel aufstrebender Talente werden ließ.
Berti Vogts wurde sogar zum Prototyp des zur Vollreife entwickelten Spielers schlechthin: Binnen weniger Jahre formte Weisweiler, den mit dem Spieler bald gar eine Art von Vater-Sohn-Beziehung verband, aus dem kampfkräftigen, hart zur Sache gehenden Verteidiger einen Abwehrspieler, der das gesamte Repertoire des modernen Fußballs beherrschte – bis hin zum energischen Sturmlauf über den Flügel und zum kraftvollen Torschuß. Viel später, beim Karriere-Ende von Berti Vogts im Jahre 1979, zog Hennes Weisweiler stolz die Summe seiner Bemühungen und rühmte die hervorragenden Anlagen des von ihm Geförderten: «Berti ist das Vorbild des Profis schlechthin. Obwohl er vom Talent her weit weniger mitbrachte als andere, hat er es durch Fleiß und eisernen Willen zum Weltklassespieler gebracht.»
Doch wie Zufälle Berti Vogts zum kämpferischen Mittelpunkt der damaligen Borussia-Elf werden ließen, spielten auch bei der Entwicklung der Bayern zum deutschen Ausnahmeklub Zufälle mit. Etwa dieser:

101 *Aus der Frühzeit der großen Beckenbauer-Karriere. Der Franz vor dem ersten Länderspiel am 26. September 1965 in Stockholm gegen die Schweden, ein Spiel, das als Qualifikations-Begegnung zur WM 1966 sehr große Bedeutung hatte. Willi Schulz (links) spricht dem jungen Neuling aus München Mut zu.*

Hätte der jugendliche Franz Bekkenbauer nicht in einem Spiel seines Stammvereins SC 1909 gegen den TSV 1860 von einem gegnerischen Akteur eine Ohrfeige erhalten, wäre er gewiß zu den populäreren und erfolgreicheren Sechzigern statt zu den Bayern gegangen. So aber war dieser Verein für ihn erledigt. Sepp Maier wäre um ein Haar bei den Bayern ausgestiegen, noch ehe er richtig Fuß gefaßt hatte. Fembeck: «Der Sepp wollte 1963 schon weg, weil er keine große Chance bei uns gesehen hat. Unser erster Torwart war damals der Fritz Kosar, der natürlich viel mehr Erfahrung hatte.» Gerd Müller, der neben Beckenbauer und Maier dritte Erfolgsgarant des Klubs zum Zeitpunkt des Bundesliga-Aufstiegs, war eine Zufalls-Entdeckung Fembecks: «Wir wurden durch ein Vereinsmitglied auf ihn hingewiesen. Ich bin dann zweimal nach Nördlingen zu den Landesligaspielen des VfL gefahren, um mir Müller anzusehen. Einmal hat er gut und einmal schlecht gespielt.» Die Verpflichtung des stämmigen Schwaben, der Deutschlands überragender Toremacher aller Zeiten werden sollte, war daraufhin keineswegs eine Überzeugungstat. «Wir haben ihn», bekennt Fembeck, «geholt, weil er ja nichts kostete – so um die 10 000 Mark als Ablösesumme für Nördlingen. Dieses Risiko konnten wir eingehen.»
Bedeutend auf den Etappen des Aufstiegs der beiden zweitklassigen Klubs zu Vereinen von internationaler Geltung war, daß sie zu einem wichtigen Zeitpunkt den richtigen Trainer hatten. In Mönchengladbach konnte sich Weisweiler, von 1954 bis 1969 als Nachfolger Herbergers Dozent an der Deutschen Sporthochschule Köln, mit seiner Spürnase für Talente und Spielentwicklungen frei entfalten; das Dreier-Präsidium Borussias war froh, daß da ein Fachmann am Werke war, den man gewähren lassen konnte. Und Heynckes erinnert

Gerd Müllers Tor-Rekord	
Bundesliga	365
DFB-Pokal	80
Länderspiele	68
Europacup (Meister)	36
Regionalliga Süd	33
Europacup (Pokalsieger)	20
Ligapokal	12
Messepokal/UEFA-Cup	7
Bundesliga-Aufstiegsrunde	6
Supercup	3
Weltpokal	1
Junioren-Nationalelf	1

Als Rekord-Torjäger der Bundesliga und der Nationalelf setzte Müller Bestmarken, die vorläufig ungefährdet sind. Allein siebenmal (!) wurde er Torschützenkönig der Bundesliga – auch ein Rekord.

sich, wie nach dem unter Langner üblichen «Training mit extremen Belastungen bei Weisweiler plötzlich ein anderer Ton herrschte. Alles war optimistischer, freier und mehr unserer Mentalität entsprechend.» In München war es in der Erinnerung Beckenbauers «ganz enorm entscheidend», daß Tschik Cajkovski die Trainerposition innehatte. Der kleine Jugoslawe stand damals auf dem Höhepunkt als Fußballehrer. Beim 1. FC Köln, wo er zuvor gewesen war, hatte er, so Thielen, «uns etwas vermittelt, was ganz selten ist, nämlich daß der Fußball das Allerwichtigste im Leben ist und das, was am meisten Spaß macht». Cajkovski habe «enorm viel Spielfreude in der Mannschaft geweckt und alle mit seinem übersprudelnden Temperament und seiner Begeisterung mitgerissen». Jetzt, bei den Bayern, war er wiederum «der ideale Mann», wie Beckenbauer betont. «Er hat uns Spielfreude vermittelt und erhalten, das war von großer Bedeutung für uns.» Daß er sich in der Einschätzung des hinzugeholten Mittelstürmers gründlich täuschte und «kleines dickes Müller» erst auf Neudeckers Anordnung einsetzte, tut seiner Bedeutung für die Entwicklung des Bayern-Teams nicht wesentlichen Abbruch. Beckenbauer nimmt Cajkovski im «Fall Müller» sogar in Schutz: «Der Gerd hatte, sagen wir mal vorsichtig, einige Pfunde zuviel und deshalb am Anfang seine Schwierigkeiten. Man konnte an ihm wirklich nichts erkennen, was darauf schließen ließ, daß er mal solch ein Torjäger wird.»

Für den modellhaften Aufstieg beider Klubs aus sportlicher Provinzialität zu höchstem Fußball-Rang, wie er seither in der Bundesliga lediglich ansatzweise Wiederholungen gefunden hat (durch den VfB Stuttgart nach seinem Wiederaufstieg 1977 und den SVW Mannheim in dessen ersten Bundesliga-Jahren), war anfangs mitentscheidend, daß hier wie da «die Mischung stimmte», so Beckenbauer. Die großen Talente wurden in ihrem Reifeprozeß durch erfahrene Spieler abgestützt wie Orzessek, Lowin, Milder in Mönchengladbach und Olk, Grosser, Ohlhauser in München. Die langfristige Etablierung an der Spitze konnte indessen nur erfolgen, weil da wie dort starke Führungen den Kurs bestimmten und sowohl fachmännisch als auch unbeirrt ihren Weg gingen. Immer ist der Erfolg eines Fußballklubs abhängig von der Führungsqualität, und viel zu selten vereinigen sich in den Präsidien Kenner- und Könnertum zur klaren Marschroute. Das Dilemma der Bundesliga, wie es sich heute darstellt in Führungskrisen, bedenklichen Verschuldungen, hektischen Trainerwechseln und unsteter Spieler-Politik, hat dort seine Wurzeln. In München sorgten ein starker Präsident (Neudecker), ein erfahrener Geschäftsführer (Fembeck) und ein kluger Manager (Schwan), der 1967 als Spielausschuß-Obmann in diese da-

102 *Deutscher Meister – was die Mönchengladbacher «Fohlen» 1970 erstmals schafften, war bis dahin in dem niederrheinischen Provinzverein für unmöglich gehalten worden. Obere Reihe: Laumen, Lehrmeister Weisweiler, Luggi Müller, Köppel, Bleidick. Untere Reihe: Assistenztrainer Schlott, Le Fevre, Dietrich, Netzer, Kleff, Vogts.*

103 *Helmut Grashoff*

104 *Uli Hoeneß*

105 *Reiner Calmund*

mit erstmals im deutschen Fußball besetzte Position aufstieg, dafür, daß die überaus günstige Konstellation voll genutzt werden konnte. Und in Mönchengladbach regierte seit 1967 ein Führungs-Trio in unveränderter Besetzung – 22 Jahre lang Paradebeispiel von Kontinuität. Neben Präsident Beyer gehörten ihm – seit 1966 als ehrenamtlicher, seit 1969 als hauptamtlicher Geschäftsführer und quasi Manager – Helmut Grashoff sowie Klubarzt Dr. Alfred Gerhards an. Die glücklichen Entscheidungen für die richtigen Trainer rundeten das Bild: Bei den Bayern waren Branko Zebec (ab 1968) und Udo Lattek (ab 1970) mit ihrer Sachlichkeit die idealen Nachfolger von Cajkovski, bei den Borussen durfte Hennes Weisweiler zehn Jahre lang sein ganzes Können und Wissen entfalten.
Viele bunte Farbtupfer haben das Monumentalbild der Bundesliga seit 1963 schillernd gemacht: Die Vizemeisterschaft des krassen Außenseiters Meidericher SV mit seinem Trainer (Riegel-)Rudi Gutendorf 1964, die überraschenden Titelgewinne von Werder Bremen 1965 und Eintracht Braunschweig 1967, die zähe Selbstbehauptung des VfL Bochum in den vergangenen Spieljahren oder die «Bayer-Modelle» in Leverkusen und Uerdingen, die dem Profifußball vielleicht schon den Finanzierungsweg der Zukunft zeigen. Aber alles wird klar überstrahlt von Ausmaß und Dauer des Höhenfluges, den die Bayern und Borussen seit 1965 demonstrierten.

Die 14 Erfolgsjahre von Helmut Schön

Als 1966, bei der Weltmeisterschaft in England, der bis dahin zweitgrößte Erfolg des deutschen Fußballs in Form des zweiten Platzes hinter den Gastgebern (nach dem mit 2:4 verlorenen, durch das «Wembley-Tor» dramatisch akzentuierten Finale in London) Wirklichkeit wurde, waren die beiden aufstrebenden Bundesliga-Neulinge lediglich durch Beckenbauer vertreten. Noch beherrschten neben den jungen Kölnern Overath und Weber (Schütze des spektakulären Tores zum 2:2-Ausgleich) ältere Stars die Szene wie Uwe Seeler, der schon 1958 dabei gewesen war, als Titelverteidiger Deutschland bei der WM in Schweden mit 1:3 an der in Göteborg fanatisch angefeuerten einheimischen Mannschaft scheiterte, nachdem sich Erich Jusko-

106 *Willi Lemke*

107 *Felix Magath*

108 *Robert Schwan*

wiak gegen den ihn provozierenden Hamrin vergessen hatte und vom Platz gestellt worden war. Die deutsche Elf verlor im anschließenden Spiel um Platz drei gegen Frankreich mit 3:6 – allerdings in mit Reservisten aufgefüllter Formation. Noch waren auch Helmut Haller, Willi Schulz und Karl-Heinz Schnellinger dabei, Spieler, die 1962 in Chile schon zu jener beachtlich starken Nationalelf gehört hatten, deren Hoffnung im WM-Viertelfinale durch ein 0:1 gegen Jugoslawien jäh beendet worden war. Am 4. November 1964 beim 1:1 im WM-Qualifikationsspiel gegen Schweden in Berlin erstmals in die Verantwortung gestellt, führte Helmut Schön von genau jenem Zeitpunkt an die Nationalmannschaft, als in Mönchengladbach und bei den Bayern der steile Aufstieg begann. Schön, im krassen Gegensatz zu Herbergers ausgeprägter Autorität eher ein «demokratischer», konzilianter, auch in der Mannschaftsführung geschmeidiger Trainer, feinsinnig, jedoch empfindlich ge-

Manager der Bundesliga

103–108 *Noch lange nach Kriegsende führten Feierabend-Funktionäre die Vereine. Fußball war Hobby – auch am Vorstandstisch. Doch das immer verantwortungsvoller und verzweigter werdende Bundesliga-Geschäft ließ bald den neuen Berufszweig des Managers sprießen, der rund um die Uhr wirtschaftliche und sportliche Verantwortung für den Klub zu tragen hat. Die bekanntesten Manager machen inzwischen fast ebenso Schlagzeilen wie die Starspieler. Dienstältester seiner Zunft ist Helmut Grashoff (Mönchengladbach), der sich nun aber aufs Altenteil zurückzieht und den früheren Schalker Rolf Rüssmann als Nachfolger «aufbaut». Grashoffs «Intimfeind» war stets Uli Hoeneß. Die beiden verkörpern die krasse Gegensätzlichkeit des Berufsstandes; zu äußerster Sparsamkeit gezwungen der eine, mit üppigen Millionen-Beträgen jonglierend der andere. Stark profiliert hat sich inzwischen der schwergewichtige Leverkusener Reiner Calmund; jovial und mit hervorragenden Kontakten, dazu als «Mann mit dem (Geld-)Koffer» in der Branche bekannt. Clever und beharrlich managt seit langem Willi Lemke in Bremen. Die Werder-Erfolge der letzten Jahre sprechen auch für ihn. In Krefeld sucht neuerdings ein ehemaliger Nationalspieler sein Manager-Glück: Felix Magath, der Mitte 1988 ein vorzeitiges Ende seiner Hamburger Management-Lehrzeit erleben mußte. Erster Fußball-Manager überhaupt war in deutschen Landen indessen Robert Schwan. Der einstige Gemüsehändler, der stets auch ein begeisterter Bergsteiger war, erkannte in München zudem die Marktlücke des Spieler-Managers (die clevere «Berater» inzwischen längst geschlossen haben) und band – damals ein Novum – Franz Beckenbauer an sich. Und auch wenn der Schwan-Rat nicht immer gut war: Der «Kaiser» hielt seinem «Marschall» über all die Jahre die Treue.*

109 *Georg Knöpfle †*

110 *Willi Multhaup †*

111 *Max Merkel*

Bundesliga-Meistermacher: Wer wird Udo je verdrängen?

Nur einem kleinen Kreis von Trainern war es bisher vergönnt, Mannschaften in der Bundesliga zur Deutschen Meisterschaft zu führen. Dabei nimmt – bezeichnend für die Dominanz des FC Bayern München – Udo Lattek mit Abstand den Spitzenplatz ein. Neun «fette Jahre» mit den Bayern nutzte er zu sechs Titelgewinnen (1972, 1973, 1974, 1985, 1986, 1987); hinzu kamen zwei Meisterschaften mit Borussia Mönchengladbach (1976, 1977). Acht Titel – diesen Spitzenplatz wird Lattek vor der Jahrtausend-Wende wohl niemand nehmen.

115 *Hennes Weisweiler †*

116 *Branko Zebec †*

117 *Pal Csernai*

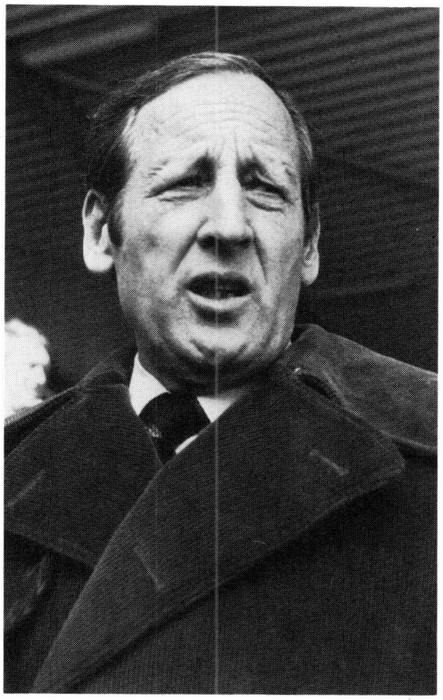
112 *Helmut Johannsen*

113 *Udo Lattek*

114 *Ernst Happel*

Platz zwei mit vier Meisterschaften (1970, 1971, 1975 bei Borussia Mönchengladbach, 1978 beim 1. FC Köln) hat Hennes Weisweiler inne. Dahinter folgen mit je zwei Meisterschaften Max Merkel (1966 für München 1860, 1968 für Nürnberg), Branko Zebec (1969 für die Bayern, 1979 für den HSV), Pal Csernai (1980 und 1981 für die Bayern), Ernst Happel (1982 und 1983 für den HSV) und Jupp Heynckes, der 1989 und 1990 seine beiden ersten Meisterstücke im Musterbetrieb des deutschen Nachkriegsfußballs, bei den Bayern nämlich, machte. Je einmal waren Georg Knöpfle (1964/Köln), Willi Multhaup (1965/Bremen), Helmut Johannsen (1967/Braunschweig), Helmut Benthaus (1984/Stuttgart) und Otto Rehhagel (1988/Bremen) erfolgreich.

118 *Helmut Benthaus*

119 *Otto Rehhagel*

120 *Jupp Heynckes*

genüber Streß oder Kritik, hatte in seiner 66er-Elf neben Beckenbauer aber auch schon die beiden großen Kölner Talente Overath und Weber. So bildete diese Mannschaft bereits ein Instrument des Übergangs in die bald anbrechende Erfolgsära; sie war in Teilen schon ganz und gar ein Produkt der Bundesliga.

Als 1970, nach großartigen Fußball-Dramen in Leon (3:2 nach Verlängerung gegen England) und Mexiko-Stadt (3:4 nach durch Schnellingers Tor zum 1:1 erzwungener Verlängerung gegen Italien), der dritte WM-Platz erreicht wurde (1:0 gegen Uruguay), waren neben Overath und Weber auch schon der Mönchengladbacher Vogts sowie die Münchner Beckenbauer, Maier und Müller dabei. 1972, beim ersten Triumph in der Europameisterschaft, wurde die Siegermannschaft (3:0 gegen die UdSSR) bereits klar von Borussia und Bayern bestimmt. Neben Netzer, Wimmer und Heynckes einerseits sowie Beckenbauer, Müller, Breitner, Schwarzenbeck, Hoeneß und Maier andererseits hatten nur noch der Bremer Höttges und der Schalker Erwin Kremers (ursprünglich übrigens beide auch Mönchengladbach) als «Fremdlinge» einen Platz gefunden. 1974 wurde der zweite WM-Triumph beim 2:1 gegen die Niederlande mit dem Bayern/Borussia-Übergewicht Maier, Vogts, Breitner, Schwarzenbeck, Beckenbauer, Bonhof, Hoeneß und Müller bei drei «Fremdspielern» (Grabowski, Overath, Hölzenbein) errungen. In diesen glanzvollen Erfolgsjahren brachte es Weisweiler sogar dahin, aus seinem vorzüglichen Borussia-Fundus neben Ludwig Müller, Sieloff und Köppel auch Außenseiter wie Laumen, Meyer, Danner und Bleidick in die Nationalelf zu hieven. Nach dem Titelgewinn von 1974, der im Gegensatz zu dem gänzlich unverhofften Erfolg von 1954 im Bewußtsein der Öffentlichkeit als fast so etwas wie eine Pflichtübung von den Bundesliga-Stars erwartet worden war und schon deshalb nicht auch nur annähernd so bewundert und in verklärender Erinnerung behalten wurde, ging es allmählich bergab vom Gipfel-Niveau deutschen Fußballs. Zwar folgte 1976 noch der Vorstoß ins Europameisterschafts-Finale von Belgrad (nach 2:2 ein 3:5 im dramatischen Elfmeter-Schießen gegen die ČSSR). Aber 1978 mußte Helmut Schön zum Abschied vom Bundestrainer-Amt die bittere Pille des Ausscheidens bei der WM in Argentinien nach den Gruppenspielen der zweiten Finalrunde schlucken. Von den «Großen» waren nur noch Maier, Vogts, Bonhof und Hölzenbein übriggeblieben, und Schön hatte es nicht fertiggebracht, aus der großen Zahl guter, aber kaum überragender Bundesligaspieler solche zu selektieren, die eine Ergänzung zu starker Einheit ermöglicht hätten.

121 *Der arme Sünder schleicht vom Feld: Erich Juskowiak nach seinem Feldverweis im WM-Halbfinalspiel von Göteborg gegen die Schweden. Juskowiaks «Blackout» kostete die deutsche Elf möglicherweise die Endspielteilnahme.*

122 *Ein erschöpfter und enttäuschter Verlierer: Uwe Seeler nach dem WM-Finale 1966. Rechts hinter dem väterlich von einem Bobby geleiteten Uwe ist Willi Schulz zu erkennen. Ganz rechts Helmut Schön, auch gezeichnet von der Nervenanspannung der 120 Londoner Endspiel-Minuten.*

123 *Tor oder nicht: Wohl über keinen anderen Treffer ist mehr diskutiert und geschrieben worden als über diesen, der nach Ansicht der meisten Beteiligten und Zuschauer keiner war. Tilkowski blickt dem von der Latte zurückspringenden Ball nach. Links Hunt und Weber. Schiedsrichter Dienst erkannte nach Befragen des sowjetischen Linienrichters Bachramow auf «Tor». Es stand 3:2, und damit war das Londoner Finale zugunsten der Engländer entschieden.*

Dennoch – die fast 14jährige Amtszeit des «Langen» war wie eine nur selten unterbrochene Perlenkette von Erfolgen. Einmal Weltmeister, einmal Europameister, je einmal Zweiter der WM und EM, dazu noch ein dritter WM-Platz – da verbieten sich Erwägungen für den Beobachter fast von selbst, ob nicht noch mehr herauszuholen gewesen wäre. Etwa bei anderer Rollenverteilung im Finale von Wembley. Schön und sein Assistent Cramer hatten grundverschiedene Auffassungen: Der eine wollte Beckenbauer auf Bobby Charlton ansetzen, der andere warnte davor, die beiden Spielmacher sich gegenseitig im direkten Duell neutralisieren zu lassen. Schön setzte sich durch. Und Beckenbauer wertet die Entscheidung heute differenziert: «Ich habe im rechten Mittelfeld gespielt und Bobby im linken. Wir hätten uns sowieso dauernd berührt. Mit dem nötigen Abstand meine ich heute, ich würde die gleiche Rolle wieder spielen, nur nicht mehr mit dieser Verbissenheit. Ich bin ihm ja damals, wie es für einen jungen Spieler normal ist, brav nachgelaufen. Besser wäre es gewesen, ich hätte ihm und damit auch mir selbst mehr Freiräume gelassen.» Cramer trat, natürlich auch aus Enttäuschung über die DFB-Entscheidung, Schön zum Bundestrainer zu machen, und in der Erkenntnis, daß zwischen Schön und ihm erhebliche Wesens- und Meinungsunterschiede bestanden, 1967 in die Dienste des Weltverbandes FIFA. 1970, bei der Weltmeisterschaft in Mexiko, führten Mißverständnisse und Fehlinterpretationen von Cramer-Äußerungen noch einmal zur tiefen Verstimmung zwischen beiden Männern, und der dünnhäutige Schön empfand Cramer als Rivalen, der es darauf abgesehen hatte, ihm seinen Posten streitig zu machen.

124 *Auf eine «vorwiegend heitere» Amtszeit durfte Helmut Schön zurückblicken, als er am 15. November 1978 in Frankfurt vor dem «Nebelländerspiel» gegen die Ungarn (in der 60. Minute beim Stande von 0:0 abgebrochen) offiziell als Bundestrainer verabschiedet wurde. Der von Udo Jürgens besungene «Mann mit der Mütze» hatte in 14 Jahren glänzende Erfolge mit der Nationalmannschaft errungen.*

125 *Gerd Müller, wie er gefeiert und gefürchtet wurde. Hier sein Siegtor zum 3:2 in der denkwürdigen «Hitzeschlacht» von Leon gegen England bei der Weltmeisterschaft 1970 in Mexiko.*

126 *Das war Gerd Müllers Schuß zum Siegtor gegen die Elf der Niederlande am 7. Juli 1974 im Münchner Olympiastadion. Der Schütze (rechts) ließ gleich vier Gegnern keine Abwehrmöglichkeit.*

127 *«Ja, wo bleibt denn der Pokal?» Heinz Flohe bringt ihn den ausgelassenen Weltmeistern. Hintere Reihe: Höttges, Maier, Müller, Grabowski, Breitner, Schwarzenbeck, Cullmann. Vorn: Hoeneß, Heynckes, Bonhof, Beckenbauer, Hölzenbein, Vogts, Overath.*

128 *Spielstark, ideenreich und mitunter wie aus einem Guß – so erwarb sich die Europameister-Elf von 1972 höchste Anerkennung. Die Klasse des Teams wurde hauptsächlich von diesen beiden Spielern bestimmt: Günter Netzer (vorn) führte auf dem Höhepunkt seiner Karriere in den vorderen Regionen Regie, Franz Bekkenbauer war der Lenker aus der Libero-Position, die durch den Münchner Weltklassefußballer beispielhaft ausgefüllt wurde.*

Als Schön 1972 seine großartige Europameister-Elf präsentierte, deren «Geburt» am 29. April mit dem 3:1-Sieg im Londoner Viertelfinal-Hinspiel gegen England (Besetzung: Maier – Höttges, Breitner, Schwarzenbeck, Beckenbauer, Wimmer, Grabowski, Hoeneß, Müller, Netzer, Held) erfolgt war, erlebte Cramer diese Sternstunden deutschen Fußballs also aus der Distanz mit. Gleichwohl fällt ihm das Urteil leicht, daß diese Elf «der Höhepunkt der deutschen Nationalmannschaft» war. «Ich kann mich kaum an ein besseres Länderspiel als das in London erinnern, in dieser Mannschaft stimmte alles.» Kämpferische (Höttges, Breitner) und spielerische Elemente (Bekkenbauer, Netzer) waren ideal gepaart mit Lauf- (Wimmer) und Torschuß-Spezialität (Müller). In jenen Monaten des Jahres 1972, als (neben Vogts) Overath verletzt fehlte, trug Netzer mit einer kurzen Hoch-Zeit seiner Länderspiel-Karriere dank glänzender Spielübersicht maßgeblich zum Erfolg bei. Meist jedoch bereitete dieser großartige Spieler sowohl seinem Klubtrainer Weisweiler als auch Helmut Schön Kopfzerbrechen, weil er sich nur schwer in ein Disziplin-Schema einfügen ließ und in Länderspielen zudem weit unter seinen spielerischen Möglichkeiten blieb.

Im Zusammenspiel mit Overath wurde dies fast immer am deutlichsten; beide «paßten» nicht zusammen. Und so mußte sich der Weltklassespieler Netzer bei WM-Turnieren mit kargen 21 Minuten Einsatz zufriedengeben – 1974 beim schmählichen 0:1 gegen die DDR. Overath, der ehrgeizige, kämpferisch hingebungsvollere, wenn auch spielerisch nicht ganz so brillante Kölner setzte sich im WM-Team von 1974 in einer für Netzer schon deprimierenden Eindeutigkeit durch.

Auf Schön folgte Jupp Derwall, unmittelbar nach der Weltmeisterschaft in Argentinien. Keine Frage für den DFB – der Assistent rückte nach. Damit war man bisher gut gefahren, warum nicht auch weiterhin! Aber obwohl der neue Bundestrainer, der wie Helmut Schön in dem seit 1975 als DFB-Präsident amtierenden Hermann Neuberger seinen größten Befürworter hatte (beide waren im Saargebiet auch fast Nachbarn), zunächst große Erfolge erzielte, die Nationalelf unter seiner Leitung die phantastische Serie von 23 Länderspielen hintereinander ohne Niederlage hinlegte, 1980 Europameister und 1982 Vize-Weltmeister wurde, scheiterte er im Juni 1984, nach der Europameisterschaft in Frankreich, ruhmlos. Das Konzept der «langen Leine», an der er die Stars zur Mitverantwortung

Spitzenreiter Nationalelf

Deutschland auf dem Spitzenplatz des Weltfußballs: Die drei Übersichten verdeutlichen die überragende Stellung, die in der Zeitspanne von 1954 bis 1990 errungen wurde: Drei WM-Titel, drei zweite Plätze, ein dritter Rang. Zum Vergleich: Bei den drei ersten WM-Turnieren hatte sich die deutsche Elf mit einem dritten Platz begnügen müssen. – In der Plazierungsübersicht der WM-Endrunden hat Deutschland nach dem Triumph vom 8. Juli 1990 in Rom klar die Spitzenreiter-Position vor Brasilien und Italien inne. – Die «ewige Tabelle» von WM-Endrundenspielen beläßt Brasilien nur noch deshalb die Tabellenführung, weil die Südamerikaner zwei Teilnahmen (1930, 1950) mehr aufweisen. In der Zahl der Spiele sind die Deutschen freilich auch hier schon an Brasilien vorbeigezogen, bei den errungenen Punkten ganz dichtauf – ebenfalls ein Beweis ihrer hervorragenden Turnier-Qualitäten.

führen wollte, hatte seine Autorität Zug um Zug ausgehöhlt und am Ende nur noch Ratlosigkeit bei einem Mann übriggelassen, der nicht über die in diesem Beruf notwendige Härte verfügte und überdies dem Spieler nicht gewachsen war, den er selbst in die Nationalelf zurückgeholt hatte – gegen manche Warnungen. Neuberger: «Als ein bestimmter Spieler wiederkam, gab es den Knacks.» Gemeint ist Paul Breitner, der Derwall ziemlich mühelos das Heft aus der Hand nahm. Die schlimmen Vorkommnisse bei der Weltmeisterschaft in Spanien

Siegertafel:

	Weltmeister	Zweiter	Dritter
1930:	Uruguay	Argentinien	nicht ausgespielt
1934:	Italien	CSSR	Deutschland
1938:	Italien	Ungarn	Brasilien
1950:	Uruguay	Brasilien	Schweden
1954:	Deutschland	Ungarn	Österreich
1958:	Brasilien	Schweden	Frankreich
1962:	Brasilien	CSSR	Chile
1966:	England	Deutschland	Portugal
1970:	Brasilien	Italien	Deutschland
1974:	Deutschland	Niederlande	Polen
1978:	Argentinien	Niederlande	Brasilien
1982:	Italien	Deutschland	Polen
1986:	Argentinien	Deutschland	Frankreich
1990:	Deutschland	Argentinien	Italien

Plazierungsübersicht:

	1. Platz	2. Platz	3. Platz
1. Deutschland	3	3	2
2. Brasilien	3	1	2
3. Italien	3	1	1
4. Argentinien	2	2	0
5. Uruguay	2	0	0
6. England	1	0	0
7. Ungarn	0	2	0
CSSR	0	2	0
Niederlande	0	2	0
10. Schweden	0	1	1
11. Polen	0	0	2
Frankreich	0	0	2
13. Österreich	0	0	1
Chile	0	0	1
Portugal	0	0	1

«Ewige Tabelle» (Spitzengruppe):

	Teilnahmen	Spiele	S	U	N	Tore	Punkte
1. Brasilien	14	66	44	10	12	148:65	98:34
2. Deutschland	12	68	42	12	14	145:90	96:40
3. Italien	12	54	31	11	12	89:54	73:35
4. Argentinien	10	48	26	7	15	82:59	59:37
5. England	9	41	18	11	12	55:38	47:35
6. Uruguay	9	37	15	8	14	61:52	38:36
7. UdSSR	7	31	15	6	10	53:34	36:26
8. Frankreich	9	34	16	3	15	71:56	35:33
9. Jugoslawien	8	33	15	4	14	55:42	34:32
10. Ungarn	9	32	15	3	14	87:57	33:31

129 *Die jubelnden Europameister von 1980. Hintere Reihe: Rummenigge, Schumacher, Cullmann, Schuster, Briegel, Hrubesch, Stielike und Derwall. Vorn: Allofs, Kaltz, Dietz, Karlheinz Förster und Müller.*

kündigten Derwalls Ende bereits an; satte, selbstgefällige Fußballprofis fügten, vom Bundestrainer ebensowenig wie von hohen DFB-Funktionären beizeiten an die Kandarre genommen, mit ihren Auftritten dem Ansehen des Berufsfußballs in Deutschland schweren Schaden zu. Schlimmer noch als das passive Verhalten im Spiel gegen die Österreicher waren dabei die Beweise von Geringschätzung, die die Stars für ihre Fans übrig hatten.
Derwalls Scheitern öffnete Neuberger, der in den Monaten Mai und Juni 1984 vom vergeblichen Bemühen um Helmut Benthaus als Nachfolger bis zur Ausbootung des mit seiner Ernennung rechnenden Erich Ribbeck kritikreiche Wochen erlebte, die Augen dafür, daß es nicht mehr genügen könne, die Bundestrainer-Position mit einem starren Nachfolge-Mechanismus zu besetzen. Nach der mehr aus einer Laune als aus Überzeugung erfolgten öffentlichen Kandidatur Beckenbauers (Bild-Zeitung vom 22. Juni 1984: «Ich bin bereit») lief die Entwicklung zügig auch an den mit Trainerlizenzen ausgestatteten DFB-Fußballehrern Erich Ribbeck und Horst Köppel vorbei und hin zum Rekord-Nationalspieler (103 Einsätze), der schon am 13. Juli in der Frankfurter DFB-Zentrale offiziell als neuer Teamchef der Nationalelf inauguriert wurde. Da Beckenbauer nicht über die Trainerlizenz verfügt, richtete die DFB-Führung eigens für ihn den Posten des Teamchefs ein und stellte ihm Köppel als Assistenten mit der erforderlichen Ausbildung zur Seite: eine im konservativen Verband revolutionäre Entscheidung.
Und ein mutiger Schritt des besten Mannes, den der deutsche Fußball zur Krisenzeit ins Feld führen konnte: Beckenbauer hatte ein ideales Alter, Praxisnähe, Fachkompetenz und eine erstaunlich gereifte Persönlichkeit zu bieten für eine Aufgabe, von der er freilich selbst genau wußte, wie schwer sie sein würde. Schon bei seinem Amtsantritt betonte er angesichts

des weitgehenden Fehlens überragender Spieler im deutschen Spitzenfußball und der nach Jahren des «Durchwurstelns» ziemlich verfahrenen Situation: «Ich bin kein Wunderheiler, der nur durch Handauflegen alle Probleme löst.» Mit seiner unbestreitbaren Autorität (die einzusetzen er sich auch nicht gegenüber in Ehren ergrauten Funktionären des Verbands scheute) glaubte er jedoch, die Spieler zu mehr Verantwortung anhalten und ihnen auch mehr Selbstbewußtsein vermitteln zu können. Beides, sowohl die Fähigkeit, Verantwortung zu übernehmen, als auch Selbstbewußtsein fehlte bei der letzten großen internationalen Prüfung unter Derwalls Regie, der Europameisterschaft 1984 in Frankreich, in auffallendem Maße.

Vom Ehrenretter zum Weltmeister-Macher

Beckenbauers Start war ernüchternd. Am 12. September 1984 erhielt die erste Nationalelf, die er zusammengestellt und vorbereitet hatte, durch Argentinien in Düsseldorf eine 1:3-Lektion erteilt. Fast sechs Jahre später sah es jedoch ganz anders aus. In seinem 66. und letzten Spiel als Teamchef schickte er seine Mannschaft zum Finale der Weltmeisterschaft 1990 im Olympiastadion von Rom als Favorit aufs Feld. Und die Favoritenrolle war keine zu große Bürde: Der 1:0-Sieg durch Andreas Brehmes Elfmetertor gegen Argentinien hätte sicherlich glanzvoller ausfallen können – er war aber hochverdient und schloß auf ideale Weise den Kreis: Vor Argentinien zu Argentinien, von einer bitteren Lehrstunde in Sachen Erfolgsfußball zum Gewinn des dritten WM-Titels.

Auf 36 Siege hat es der Teamchef Beckenbauer in seiner Amtszeit gebracht. Zwölf Niederlagen kassierte seine Mannschaft, 18 Unentschieden stehen zu Buche. Die Zahlen verraten nur wenig vom tatsächlichen Wesen und Verlauf der Bekkenbauer-Mission, die 1984 auf einem Tiefpunkt begonnen hatte. Denn da war nicht nur das vorzeitige Scheitern der Derwall-Mannschaft bei der Europameisterschaft in Frankreich, da hallte auch noch gut hörbar die Fülle der Mißklänge nach, die die Nationalelf 1982 bei der WM in Spanien angestimmt hatte. So mußte sich der nach Fritz Walter und Uwe Seeler dritte Ehrenspielführer der Nationalmannschaft anfangs eher als ihr Ehrenretter fühlen. Mit der ganzen Ausstrahlung seiner Persönlichkeit, dem ganzen Kredit seiner glanzvollen Laufbahn galt es, den Fußball vom Makel des Mißerfolgs und der Arroganz zu befreien.

Der Münchner mit der Wahlheimat Kitzbühel ging keinen leichten Weg. In den ersten Jahren waren seine Ungeduld, seine Impulsivität häufig Anlaß zu unverständlichen

130 *Historisches Datum 13. Juli 1984. DFB-Präsident Hermann Neuberger und Franz Beckenbauer besiegeln per Handschlag die Verantwortung des Rekord-Nationalspielers für das Eliteteam des Verbandes.*

Entscheidungen und Vorkommnissen. Innerhalb der Nationalelf experimentierte Beckenbauer oft und viel; 40 Spieler, die in diesen sechs Jahren ihr Länderspiel-Debüt erlebten, sind Beleg dafür. Bei der WM in Mexiko, zwei Jahre nach seinem Amtsantritt, bewegte sich der Teamchef mitunter am Rande des Eklats, des handfesten Skandals sogar. Erinnert sei nur an die harten verbalen Auseinandersetzungen mit einem mexikanischen Journalisten, der allzu indiskret über Freizeit-Aktivitäten der Spieler berichtet hatte. Auch das Zusammenleben mit zahlreichen Medienvertretern im gemeinsamen WM-Quartier nervte, reizte Beckenbauer, der einige Male dicht daran war, seinen Job aufzugeben.

Doch die Teamchef-Jahre haben Beckenbauer sehr viel Lernmaterial vermittelt. Zuletzt hatte er sogar seine größten Schwächen – «daß ich ungeduldig bin und mich zu leicht provozieren lasse» – in den Griff bekommen, wobei ihm die Assistenz des neuen DFB-Pressechefs Wolfgang Niersbach sichtlich gut bekam. Jedenfalls beherrschte Beckenbauer in den hektischen, nervenfetzenden Wochen der WM in Italien die Klaviatur der gezügelten, gleichwohl nicht selten witzigen, mitunter gar mutig-offenen Aussage meisterhaft. Und jedermann nahm ihm nach dem ungerechtfertigten Platzverweis für Rudi Völler im Spiel gegen die Holländer (2:1) ab, daß er wetterte: «Ich weiß nicht, wie lange man sich solche Schiedsrichter-Leistungen noch gefallen lassen muß. Wenn die FIFA nicht bald etwas unternimmt, dann wird die WM zu einer Karnevalsveranstaltung.» Da sprach, das war offenkundig, tiefe Besorgnis aus berufenem Mund.

Kompetenz im fachlichen Bereich hatte Beckenbauer, gestützt auf einen tüchtigen DFB-Trainerstab, schon vier Jahre zuvor bewiesen. Zur WM in Mexiko hatte er seine besten Angriffsspieler nicht oder nur einge-

Stationen zum WM-Titel

131 *Kurioses Völler-Tor zum 4:1 im eindrucksvollen Auftaktspiel gegen Jugoslawien.*

132 *Klinsmann-Jubel nach dem Führungstor gegen die Niederlande.*

133 *Nervenstarker Elfmeterschütze Matthäus beim 1:0 gegen die ČSFR.*

134 *Torhüter Illgner im Mittelpunkt der Gratulationen nach dem Elfmeterschießen gegen England. Illgner trug wesentlich zum günstigen Ausgang des Nervenkitzels bei.*

135 *Brehme hat den Strafstoß zum Siegtor im Finale verwandelt. Klinsmann, Völler, Reuter und Littbarski eilen hinzu, und bald wird der Schütze fast erdrückt werden. Für Brehme zahlt sich der „goldene Schuß" von Rom in Zukunft phantastisch aus. Der exzellente Abwehrspieler, 1988 in München quasi abgeschoben, steigt zum Spitzenreiter in der Werbung auf. Rund sechs Millionen Mark wird der Inter-Star, so Branchenkenner, in den nächsten Jahren aus Werbeverträgen kassieren.*

136 *Jubelnd, ausgelassen und glücklich mit dem FIFA-Pokal: Die Weltmeister und ihre Trainer im Olympiastadion von Rom.*

137 *Deutscher Torschützenkönig bei der WM 1954 in der Schweiz war Max Morlock. Der Nürnberger brachte es auf sechs Treffer; damit wäre er 1986 und 1990 bei den WM-Turnieren Torschütze Nummer eins neben Gary Lineker bzw. Salvatore Schillaci geworden. Hier Morlocks Tor beim 6:1 gegen Österreich. Der Nürnberger (links) springt deutlich höher als die gegnerischen Abwehrspieler.*

Die deutschen Spiele im Überblick

Deutschland – Türkei 4:1 (1:1). – Deutschland: Turek – Laband, Kohlmeyer, Eckel, Posipal, Mai, Klodt, Morlock, O. Walter, F. Walter, Schäfer. – Schiedsrichter: da Costa (Portugal). – Torschützen: Klodt, Morlock, Schäfer, O. Walter, Suat. – Zuschauer: 28 000.

Ungarn – Deutschland 8:3 (3:1). – Deutschland: Kwiatkowski – Bauer, Kohlmeyer, Posipal, Liebrich, Mebus, Rahn, Eckel, F. Walter, Pfaff, Herrmann. – Schiedsrichter: Ling (England). – Tore: Hidegkuti (2), Kocsis (4), Puskas, Toth, Pfaff, Herrmann, Rahn. – Zuschauer: 56 000.

Deutschland – Türkei 7:2 (3:1). – Deutschland: Turek – Laband, Bauer, Eckel, Posipal, Mai, Klodt, Morlock, O. Walter, F. Walter, Schäfer. – Schiedsrichter: Vincenti (Frankreich). – Tore: Morlock (3), Schäfer (2), O. Walter, F. Walter, Mustafa, Lefter. Zuschauer: 17 000

Deutschland – Jugoslawien 2:0 (1:0). – Deutschland: Turek – Laband, Kohlmeyer, Eckel, Liebrich, Mai, Rahn, Morlock, O. Walter, F. Walter, Schäfer. – Schiedsrichter: Zsolt (Ungarn). – Tore: Rahn, Horvat (Eigentor). – Zuschauer: 17 000.

Deutschland – Österreich 6:1 (1:0). – Deutschland: Turek – Posipal, Kohlmeyer, Eckel, Liebrich, Mai, Rahn, Morlock, O. Walter, F. Walter, Schäfer. – Schiedsrichter: Orlandini (Italien). – Tore: F. Walter (2), O. Walter (2), Schäfer, Morlock, Probst. – Zuschauer: 58 000.

Deutschland – Ungarn 3:2 (2:2). – Deutschland: Turek – Posipal, Kohlmeyer, Eckel, Liebrich, Mai, Rahn, Morlock, O. Walter, F. Walter, Schäfer. – Schiedsrichter: Ling (England). – Tore: Morlock, Rahn (2), Puskas, Czibor. – Zuschauer: 60 000.

WM 54: Erster Titel in Bern

Endrunde, 16 Teilnehmer

Gruppe 1

16. 6. Lausanne
Jugoslawien – Frankreich 1:0

16. 6. Genf
Brasilien – Mexiko 5:0

19. 6. Genf
Frankreich – Mexiko 3:2

19. 6. Lausanne
Brasilien – Jugoslawien 1:1 n. V.

1. Brasilien	2	6:1	3:1
2. Jugoslawien	2	2:1	3:1
3. Frankreich	2	3:3	2:2
4. Mexiko	2	2:8	0:4

Gruppe 2

17. 6. Zürich
Ungarn – Korea 9:0

17. 6. Bern
Deutschland – Türkei 4:1

20. 6. Basel
Ungarn – Deutschland 8:3

20. 6. Genf
Türkei – Korea 7:0

1. Ungarn	2	17:3	4:0
2. Deutschland	2	7:9	2:2
3. Türkei	2	8:4	2:2
4. Korea	2	0:16	0:4

Entscheidungsspiel um den zweiten Platz:
23. 6. Zürich
Deutschland – Türkei 7:2

Gruppe 3

16. 6. Zürich
Österreich – Schottland 1:0

16. 6. Bern
Uruguay – Tschechoslowakei 2:0

19. 6. Zürich
Österreich – Tschechoslowakei 5:0

19. 6. Basel
Uruguay – Schottland 7:0

1. Uruguay	2	9:0	4:0
2. Österreich	2	6:0	4:0
3. Tschechosl.	2	0:7	0:4
4. Schottland	2	0:8	0:4

Gruppe 4

17. 6. Basel
England – Belgien 4:4 n. V.

17. 6. Lausanne
Schweiz – Italien 2:1

20. 6. Bern
England – Schweiz 2:0

20. 6. Lugano
Italien – Belgien 4:1

1. England	2	6:4	3:1
2. Schweiz	2	2:3	2:2
3. Italien	2	5:3	2:2
4. Belgien	2	5:8	1:3

Entscheidungsspiel um den zweiten Platz:
23. 6. Basel
Schweiz – Italien 4:1

Viertelfinale

27. 6. Genf
Deutschland – Jugoslawien 2:0

27. 6. Bern
Ungarn – Brasilien 4:2

26. 6. Lausanne
Österreich – Schweiz 7:5

26. 6. Basel
Uruguay – England 4:2

Halbfinale

30. 6. Basel
Deutschland – Österreich 6:1

30. 6. Lausanne
Ungarn – Uruguay 4:2 n. V.

Spiel um den 3. Platz

3. 7. Zürich
Österreich – Uruguay 3:1

Endspiel

4. 7. Bern
Deutschland – Ungarn 3:2

Die deutschen Spiele im Überblick

Deutschland – Chile 1:0 (1:0). – Deutschland: Maier – Vogts, Schwarzenbeck, Beckenbauer, Breitner, Hoeneß, Cullmann, Overath (76. Hölzenbein), Grabowski Müller, Heynckes. – Schiedsrichter: Babacan (Türkei). – Tor: Breitner. – Zuschauer: 83 168.

Deutschland – Australien 3:0 (2:0). – Deutschland: Maier – Vogts, Schwarzenbeck, Beckenbauer, Breitner, Hoeneß, Cullmann (67. Wimmer), Overath, Grabowski, Müller, Heynckes (46. Hölzenbein). – Schiedsrichter: Kamel (Ägypten). – Tore: Overath, Cullmann, Müller. – Zuschauer: 53 300.

DDR – Deutschland 1:0 (0:0). – Deutschland: Maier – Vogts, Schwarzenbeck (68. Höttges), Beckenbauer, Breitner, Hoeneß, Cullmann, Overath (69. Netzer), Grabowski, Müller, Flohe. – Schiedsrichter: Ruiz (Uruguay). – Tor: Sparwasser. – Zuschauer: 60 200.

Deutschland – Jugoslawien 2:0 (1:0). – Deutschland: Maier – Vogts, Schwarzenbeck, Beckenbauer, Breitner, Wimmer (63. Hoeneß), Overath, Bonhof, Hölzenbein (78. Flohe), Müller, Herzog. – Schiedsrichter: Marquez (Brasilien). – Tore: Breitner, Müller. – Zuschauer: 67 500.

Deutschland – Schweden 4:2 (0:1). – Deutschland: Maier – Vogts, Schwarzenbeck, Beckenbauer, Breitner, Hoeneß, Bonhof, Overath, Hölzenbein (83. Flohe), Müller, Herzog (65. Grabowski). – Schiedsrichter: Kasakow (UdSSR). – Tore: Overath, Bonhof, Grabowski, Hoeneß, Edström, Sandberg. – Zuschauer: 67 800.

Deutschland – Polen 1:0 (0:0). – Deutschland: Maier – Vogts, Schwarzenbeck, Beckenbauer, Breitner, Hoeneß, Bonhof, Overath, Grabowski, Müller, Hölzenbein. – Schiedsrichter: Linemayr (Österreich). – Tor: Müller. – Zuschauer: 62 000.

Deutschland – Niederlande 2:1 (2:1). – Deutschland: Maier – Vogts, Schwarzenbeck, Beckenbauer, Breitner, Hoeneß, Bonhof, Overath, Grabowski, Müller, Hölzenbein. – Schiedsrichter: Taylor (England). – Tore: Neeskens, Breitner, Müller. – Zuschauer: 79 000.

138 *Nervenstarker Paul Breitner: Sein Elfmetertor zum 1:1 gegen Jongbloed war die Grundlage zum Titelgewinn in München.*

WM 74: Zweiter Triumph in München

Endrunde, 16 Teilnehmer, 1. Finalrunde

Gruppe 1

14. 6. Berlin	
Deutschland – Chile	**1:0**
14. 6. Hamburg	
DDR – Australien	**2:0**
18. 6. Hamburg	
Deutschland – Australien	**3:0**
18. 6. Berlin	
Chile – DDR	**1:1**
22. 6. Berlin	
Australien – Chile	**0:0**
22. 6. Hamburg	
DDR – Deutschland	**1:0**

1. DDR	3	4:1	5:1
2. Deutschland	3	4:1	4:2
3. Chile	3	1:2	2:4
4. Australien	3	0:5	1:5

Gruppe 2

13. 6. Frankfurt	
Jugoslawien – Brasilien	**0:0**
14. 6. Dortmund	
Schottland – Zaire	**2:0**
18. 6. Gelsenkirchen	
Jugoslawien – Zaire	**9:0**
18. 6. Frankfurt	
Schottland – Brasilien	**0:0**
22. 6. Gelsenkirchen	
Brasilien – Zaire	**3:0**
22. 6. Frankfurt	
Jugoslawien – Schottland	**1:1**

1. Jugoslawien	3	10:1	4:2
2. Brasilien	3	3:0	4:2
3. Schottland	3	3:1	4:2
4. Zaire	3	0:14	0:6

Gruppe 3

15. 6. Hannover	
Niederlande – Uruguay	**2:0**
15. 6. Düsseldorf	
Schweden – Bulgarien	**0:0**
19. 6. Dortmund	
Niederlande – Schweden	**0:0**
19. 6. Hannover	
Bulgarien – Uruguay	**1:1**
23. 6. Dortmund	
Niederlande – Bulgarien	**4:1**
23. 6. Düsseldorf	
Schweden – Uruguay	**3:0**

1. Niederlande	3	6:1	5:1
2. Schweden	3	3:0	4:2
3. Bulgarien	3	2:5	2:4
4. Uruguay	3	1:6	1:5

Gruppe 4

15. 6. München	
Italien – Haiti	**3:1**
15. 6. Stuttgart	
Polen – Argentinien	**3:2**
19. 6. München	
Polen – Haiti	**7:0**
19. 6. Stuttgart	
Argentinien – Italien	**1:1**
23. 6. München	
Argentinien – Haiti	**4:1**
23. 6. Stuttgart	
Polen – Italien	**2:1**

1. Polen	3	12:3	6:0
2. Argentinien	3	7:5	3:3
3. Italien	3	5:4	3:3
4. Haiti	3	2:14	0:6

2. Finalrunde

Gruppe A

26. 6. Hannover	
Brasilien – DDR	**1:0**
26. 6. Gelsenkirchen	
Niederlande – Argentinien	**4:0**
30. 6. Gelsenkirchen	
Niederlande – DDR	**2:0**
30. 6. Hannover	
Brasilien – Argentinien	**2:1**
3. 7. Dortmund	
Niederlande – Brasilien	**2:0**
3. 7. Gelsenkirchen	
DDR – Argentinien	**1:1**

1. Niederlande	3	8:0	6:0
2. Brasilien	3	3:3	4:2
3. DDR	3	1:4	1:5
4. Argentinien	3	2:7	1:5

Gruppe B

26. 6. Düsseldorf	
Deutschland – Jugoslawien	**2:0**
26. 6. Stuttgart	
Polen – Schweden	**1:0**
30. 6. Düsseldorf	
Deutschland – Schweden	**4:2**
30. 6. Frankfurt	
Polen – Jugoslawien	**2:1**
3. 7. Düsseldorf	
Schweden – Jugoslawien	**2:1**
3. 7. Frankfurt	
Deutschland – Polen	**1:0**

1. Deutschland	3	7:2	6:0
2. Polen	3	3:2	4:2
3. Schweden	3	4:6	2:4
4. Jugoslawien	3	2:6	0:6

Spiel um den 3. Platz

6. 7. München

Polen – Brasilien **1:0**

Endspiel

7. 7. München

Deutschland – Niederlande **2:1**

Die deutschen Spiele im Überblick

Deutschland – Jugoslawien 4:1 (2:0). – Deutschland: Illgner – Augenthaler, Reuter, Berthold, Buchwald, Häßler (74. Möller), Matthäus, Bein (74. Littbarski), Brehme, Klinsmann, Völler. – Schiedsrichter: Mikkelsen (Dänemark). – Tore: Matthäus (2), Klinsmann, Völler, Jozic. – Zuschauer: 74 765.

Deutschland – Vereinigte Arabische Emirate 5:1 (2:0). – Deutschland: Illgner – Augenthaler, Berthold (46. Littbarski), Buchwald, Reuter, Häßler, Matthäus, Bein, Brehme, Klinsmann (72. Riedle), Völler. – Schiedsrichter: Spirin (UdSSR). – Tore: Völler (2), Klinsmann, Matthäus, Bein, Khalid Ismail Mubarak. – Zuschauer: 72 167.

Deutschland – Kolumbien 1:1 (0:0). – Deutschland: Illgner – Augenthaler, Buchwald, Reuter, Häßler (88. Thon), Berthold, Matthäus, Bein (46. Littbarski), Pflügler, Klinsmann, Völler. – Schiedsrichter: Snoddy (Irland). – Tore: Littbarski, Rincon. – Zuschauer: 72 510.

Deutschland – Niederlande 2:1 (0:0). – Deutschland: Illgner – Augenthaler, Kohler, Buchwald, Reuter, Littbarski, Matthäus, Berthold, Brehme, Klinsmann (79. Riedle), Völler. – Schiedsrichter: Loustau (Argentinien). – Tore: Klinsmann, Brehme, Koeman. – Zuschauer: 74 559.

CSFR – Deutschland 0:1 (0:1). – Deutschland: Illgner – Augenthaler, Kohler, Berthold, Buchwald, Littbarski, Matthäus, Bein (83. Möller), Brehme, Klinsmann, Riedle. – Schiedsrichter: Kohl (Österreich). – Tor: Matthäus. – Zuschauer: 73 347.

Deutschland – England 1:1 (1:1, 0:0) n. V., 4:3 im Elfmeterschießen. – Deutschland: Illgner – Augenthaler, Buchwald, Kohler, Berthold, Häßler (67. Reuter), Matthäus, Thon, Brehme, Klinsmann, Völler (38. Riedle). – Schiedsrichter: Ramiz Wright (Brasilien). – Tore: Brehme, Lineker. – Tore im Elfmeterschießen: Brehme, Matthäus, Riedle, Thon, Lineker, Beardsley, Platt. Illgner hält gegen Pearce, Waddle schießt über das Tor. – Zuschauer: 50 000.

Argentinien – Deutschland 0:1 (0:0). – Deutschland: Illgner – Augenthaler, Kohler, Buchwald, Häßler, Berthold (73. Reuter), Matthäus, Littbarski, Brehme, Klinsmann, Völler. – Schiedsrichter: Mendez (Mexiko). – Tor: Brehme. – Zuschauer: 73 603.

139 *Guido Buchwald bestätigte seine hervorragenden WM-Leistungen in Italien auch als Maradonna-Bewacher im Finale.*

WM 90: Zum dritten Mal auf dem Gipfel

Vorrunde

Gruppe A	Gruppe B	Gruppe C	Gruppe D	Gruppe E	Gruppe F
9. 6. Rom **Italien – Österreich 1:0**	8. 6. Mailand **Argentinien – Kamerun 0:1**	10. 6. Turin **Brasilien – Schweden 2:1**	9. 6. Bologna **Ver. Arab. Emirate – Kolumbien 0:2**	12. 6. Verona **Belgien – Südkorea 0:2**	11. 6. Cagliari **England – Irland 1:1**
10. 6. Florenz **USA – CSFR 1:5**	9. 6. Bari **UdSSR – Rumänien 0:2**	11. 6. Genua **Costa Rica – Schottland 1:0**	10. 6. Mailand **Deutschland – Jugoslawien 4:1**	13. 6. Udine **Uruguay – Spanien 0:0**	12. 6. Palermo **Holland – Ägypten 1:1**
14. 6. Rom **Italien – USA 1:0**	13. 6. Neapel **Argentinien – UdSSR 2:0**	16. 6. Turin **Brasilien – Costa Rica 1:0**	14. 6. Bologna **Jugoslawien – Kolumbien 1:0**	17. 6. Verona **Belgien – Uruguay 3:1**	16. 6. Cagliari **England – Holland 0:0**
15. 6. Florenz **Österreich – CSFR 0:1**	14. 6. Bari **Kamerun – Rumänien 2:1**	16. 6. Genua **Schweden – Schottland 1:2**	15. 6. Mailand **Deutschland – Ver.Arab.Emirate 5:1**	17. 6. Udine **Südkorea – Spanien 1:3**	17. 6. Palermo **Irland – Ägypten 0:0**
19. 6. Rom **Italien – CSFR 2:0**	18. 6. Neapel **Argentinien – Rumänien 1:1**	20. 6. Turin **Brasilien – Schottland 1:0**	19. 6. Mailand **Deutschland – Kolumbien 1:1**	21. 6. Verona **Belgien – Spanien 1:2**	21. 6. Cagliari **England – Ägypten 1:0**
19. 6. Florenz **Österreich – USA 2:1**	18. 6. Bari **Kamerun – UdSSR 0:4**	20.6. Genua **Schweden – Costa Rica 1:2**	19. 6. Bologna **Jugoslawien – Ver.Arab.Emirate 4:1**	21. 6. Udine **Südkorea – Uruguay 0:1**	21. 6. Palermo **Irland – Holland 1:1**
1. Italien 3 4:0 6-0	1. Kamerun 3 3:5 4-2	1. Brasilien 3 4:1 6-0	1. Deutschland 3 10:3 5-1	1. Spanien 3 5:2 5-1	1. England 3 2:1 4-2
2. CSFR 3 6:3 4-2	2. Rumänien 3 4:3 3-3	2. Costa Rica 3 3:2 4-2	2. Jugoslawien 3 6:5 4-2	2. Belgien 3 6:3 4-2	2. Irland 3 2:2 3-3
3. Österreich 3 2:3 2-4	3. Argentinien 3 3:2 3-3	3. Schottland 3 2:3 2-4	3. Kolumbien 3 3:2 3-3	3. Uruguay 3 2:3 3-3	3. Holland 3 2:2 3-3
4. USA 3 2:8 0-6	4. UdSSR 3 4:4 2-4	4. Schweden 3 3:6 0-6	4. V. A. Emirate 3 2:11 0-6	4. Südkorea 3 1:6 0-6	4. Ägypten 3 1:2 2-4

Achtelfinale

23. 6. Neapel **Kamerun – Kolumbien n. V. 2:1**	23. 6. Bari **CSFR – Costa Rica 4:1**	24. 6. Turin **Brasilien – Argentinien 0:1**	24. 6. Mailand **Deutschland – Holland 2:1**
25. 6. Genua **Irland – Rumänien n. V. 0:0 (Elfm. 5:4)**	25. 6. Rom **Italien – Uruguay 2:0**	26. 6. Verona **Spanien – Jugoslawien n. V. 1:2**	26. 6. Bologna **England – Belgien n. V. 1:0**

Viertelfinale

30. 6.Florenz **Argentinien – Jugoslawien n. V. 0:0 (Elfm. 3:2)**	30. 6. Rom **Irland – Italien 0:1**	1. 7. Mailand **CSFR – Deutschland 0:1**	1. 7. Neapel **Kamerun – England n. V. 2:3**

Halbfinale

3. 7. Neapel **Argentinien – Italien n. V. 1:1 (Elfm. 4:3)**	4. 7. Turin **Deutschland – England n. V. 1:1 (Elfm. 4:3)**

Spiel um den 3. Platz	Endspiel
7. 7. Bari **Italien – England 2:1**	8. 7. Rom **Argentinien – Deutschland 0:1**

schränkt zur Verfügung: Karl-Heinz Rummenigge, Pierre Littbarski und Rudi Völler waren nach schweren Verletzungen nicht auf höchstem Leistungsstand. Aus der Einsicht, daß mit attraktivem Spiel kaum ein Blumentopf zu gewinnen sein würde, entschied sich der Teamchef zur Verblüffung seiner Beobachter zu einer, wie er es immer gern nannte, «konservativen» Spielweise. Man hätte sie auch einfach defensiv nennen können, doch dieses Wort paßte dem Mann nicht auf die Zunge, der zu seiner Zeit ein Fußball-Künstler, fast ein Genie im Umgang mit der Lederkugel gewesen war. Vorsicht, Abwehrstärke, taktische Meisterschaft – das waren die ausgerechnet von diesem Franz Beckenbauer bewußt geförderten Eigenschaften der deutschen Mexiko-Mannschaft, die nach holprigem Beginn (1:1 gegen Uruguay), nach herbem Rückschlag im letzten Gruppenspiel (0:2 gegen Dänemark), nach Zittersiegen gegen Marokko (1:0) und Mexiko (0:0; 4:1 im Elfmeterschießen) mit einer guten Kampf- und Spielleistung (2:0 gegen Frankreich) ins Finale vorstieß, dann aber ausgerechnet der Ungeduld zum Opfer fiel, die sie sich ein einziges Mal glaubte leisten zu können: Als Argentiniens scheinbar schon das Endspiel entscheidender 2:0-Vorsprung durch Tore von Rummenigge und Völler doch noch wettgemacht worden war, wollte die Mannschaft zu schnell zuviel, stürmte weiter – und fing sich Burruchagas Kontertor zum 2:3 ein.

Dennoch, nach dem uneinsichtig-selbstgefälligen, das Publikum fast verhöhnenden Auftritt des 82er-Teams, dem der zweite WM-Platz am Ende fast übelgenommen worden war, stellte die Vize-Weltmeisterschaft von Mexiko ein erstes deutliches Positiv-Erlebnis beim Wiederaufstieg des deutschen Fußballs dar.

Beckenbauers Verdienst, zweifellos. Seine Vorbildfunktion spornte die Spieler ungemein an, seine Führung, wenn sie auch nicht immer frei von übersprudelnden Emotionen war, gab ihnen Sicherheit, seine immense Erfahrung machte sie stark, sein Hang zur Perfektion zwang sie, ihr Letztes zu geben. Anfangs hatte der Teamchef beklagt, in der Mannschaft gebe es viel zu viele Taubstumme. Doch in zäher Arbeit mit den Spielern sorgte Beckenbauer dafür, daß wieder mehr geredet, auch einmal geschrien wurde. Dankbar nahm er nach dem eher enttäuschenden Ausgang der EM-Endrunde 1988 (1:2 im Halbfinale gegen die Niederlande) die Chance an, die sich durch das Nachrücken spielstarker Talente bot: Der junge Thomas Häßler debütierte beim 4:0 im WM-Qualifikationsspiel von Helsinki glanzvoll, auch mit Karlheinz Riedle durfte Beckenbauer zufrieden sein – eine Alternative zu Völler und Jürgen Klinsmann. Wenig später rückte auch Andreas Möller in die Nationalelf auf, ein weiteres Riesentalent, das die spielerische Seite der Mannschaft merklich stärkte.

Mit Olaf Thon und Frankreich-Heimkehrer Pierre Littbarski standen auch ältere, schon erfahrene Spieler eines hervorragend besetzten Mittelfeldes zur Verfügung. «Mit unserer jungen Mannschaft», meinte Franz Beckenbauer bereits zum Jahreswechsel 1988/1989, «sehe ich gute Perspektiven.» Im März 1989 – der Teamchef war soeben auf Vorschlag des DFB-Trainerstabes und des Bundes Deutscher Fußball-Lehrer zum «Fußball-Lehrer ehrenhalber» ernannt worden – prognostizierte Beckenbauer schon ein wenig deutlicher: «Wir bekommen ein spielerisch sehr gutes Team.» Kurz vor dem erfolgreichen Abschluß der WM-Qualifikation durch einen 2:1-Zittersieg gegen Wales in Köln ließ der Teamchef Mitte August 1989 sogar bereits wissen: «Wir hatten nie bessere Voraussetzungen, um guten Fußball zu spielen.» Und unter Hinweis auf die Hoffnungsträger Häßler/Möller fügte er hinzu: «Erstmals seit fünf Jahren entspricht die Mannschaft in etwa meinen Vorstellungen.»

Das Gefühl, sich einer neuen Aufgabe zuwenden zu dürfen angesichts des deutlichen, das Ende seiner Rettermission signalisierenden Fußballaufschwungs, ließ Franz Beckenbauer Ende November 1989 entscheiden: Nach der WM in Italien ist Schluß! In seinem Optimismus wurde er bis zur Abreise ins WM-Gastgeberland nur noch weiter bestärkt. Anfang Mai meinte er: «Wir haben eine so gute Mannschaft, daß sie, wenn sie den Leistungswillen von 1986 aufbringt, sogar Weltmeister werden kann.» Das höchste Zielwort war erstmals gefallen – ohne die bei Trainern weitverbreitete Angst vor Überheblichkeit und statt dessen in realistischer Einschätzung des Leistungsvermögens.

Beckenbauer hatte sich nicht getäuscht: Gleich im ersten WM-Spiel brannte seine Mannschaft beim 4:1 gegen Jugoslawien ein Feuerwerk an Willen, Einsatz und Spielstärke ab und war von diesem Moment an endgültig in der Favoritenrolle. Über ein 5:1 gegen die Außenseiter-Elf der Vereinigten Arabischen Emirate und ein eher enttäuschendes 1:1 gegen Kolumbien (Beckenbauer: «Es ist eben ein Unterschied, ob man gewinnen will oder gewinnen muß») kämpfte sich der souveräne Gruppenerste Deutschland im Achtelfinale durch ein 2:1 gegen die Niederlande durch, die damit erstmals seit 1986 (3:1 in Dortmund) wieder einmal bezwungen wurden. Das 1:0 im Viertelfinale gegen die CSFR fiel recht mühsam aus, beim 1:1 gegen die Engländer in der Runde der letzten Vier half den Deutschen das Glück, aber auch das von Beckenbauer kräftig geförderte Selbstbewußtsein, als Torhüter Bodo Illgner im Elfmeterschießen (5:4) gegen Pearce Sieger blieb und kein deutscher Schütze versagte.

Damit war das Finale erreicht, der durch Sperre mehrerer Spieler personell stark geschwächte Titelverteidiger Argentinien zum Abschuß quasi freigegeben. Dem glanzvollen Abgang Beckenbauers von der Bühne stand nichts mehr im Wege. Nach nur sechs Jahren hatte er die Nationalelf auf den WM-Gipfel geführt, obwohl er selbst beim Amtsantritt noch skeptisch orakelt hatte: «Bis wir wieder ganz oben sind, kann es zehn Jahre dauern.» Zufrieden mit sich und beeindruckt von seiner Mannschaft («ich hänge an ihr, mag jeden einzelnen Spieler») meinte er: «Es ist ein schönes Gefühl, daß in einer Zeit, in der auch ich eine gewisse Verantwortung trug, soviel im deutschen Fußball zum Positiven bewegt werden konnte.»

Womit der Teamchef allzu bescheiden seinen erheblichen Anteil daran herunterzuspielen suchte, daß die Repräsentanten des deutschen Spitzenfußballs nicht nur wieder erfolgreich waren, sondern auch ausgesprochen sympathisch wirkten – fast wie nette Jungs von nebenan. Im Auftreten, in der Bindung zu dem Heer der Fans, in der Art und Weise, wie sie ohne Allüren und durchaus mit Herzblut ihr Spiel «verkauften», ist den Siegern von Italien, geführt und inspiriert von ihrem Idol Bekkenbauer, ein großer Ansehenszugewinn der Unterhaltungsbranche Fußball zuzuschreiben. Und im Rückblick auf die acht Jahre zurückliegende WM in Spanien mutet es kaum glaublich an, daß Stars wie Lothar Matthäus, der für seine in punkto Leistung, Vorbildfunktion und Verantwortung voll ausgefüllte Kapitänsrolle mit dem Titel «Fußballer des Jahres 1990» bedacht wurde, Rudi Völler, Jürgen Klinsmann, Andreas Brehme, aber auch Leistungsträger dieser WM wie Guido Buchwald, Jürgen Kohler, Pierre Littbarski, Thomas Berthold oder Bodo Illgner auf einer Stufe stehen konnten mit den Siegern von München 1974, die vielleicht alles in allem noch etwas namhafter waren, ihre Nachfolger von Rom in der positiven Ausstrahlung jedoch keinesweg übertrafen. Und der Konstrukteur des jüngsten Erfolgsteams langer, großer deutscher Länderspiel-Geschichte konnte mit dem Endspiel-Sieg auch endgültig eine vielleicht nie mehr zu übertreffende Sonderstellung beziehen: Rekord-Nationalspieler, Weltmeister 1974, Europameister 1972, Vize-Weltmeister 1966, Chef des Weltmeister-Teams 1990 und des WM-Zweiten 1986 – wer könnte da jemals mithalten? Berti Vogts hätte am Abend des 8. Juli 1990, als gefeiert und gesungen wurde auf dem Rasen, auf den Rängen, in den Katakomben des Olympiastadions der «Ewigen Stadt», leicht schwindlig werden können angesichts des sich nun vollziehenden Wechsels am Kopf der Seilschaft in luftiger Gipfelhöhe.

Vogts nach Beckenbauer: Obwohl die beiden Männer der gemeinsame Gang durch die herrlichen siebziger Jahre verbindet, obwohl sie – jeder auf ganz andere, eigene Weise – Weltklassespieler waren, brach mit dem Triumph von Rom ein gänzlich neues Kapitel für die Nationalelf an. Denn die Weltläufigkeit eines Beckenbauer, seine impulsive, oft intuitive Führung und Entscheidung sind nicht die Sache des Methodikers Vogts, dem nach über zehnjähriger Trainertätigkeit im DFB-Nachwuchsbereich der Ruf des fleißigen Arbeiters vorauseilte, der dabei stets hohen Wert auf die technisch-spielerische Ausbildung der Aktiven legte. Nicht telegene Repräsentation, sondern «ehrliche Arbeit», wie er selbst sein Fußball-Ideal nennt, wird die Stärke des Neuen sein, der gleichwohl der Unterstützung seines Vorgängers sicher sein kann. «Ich will dem Berti gern helfen», kündigte der zurückgetretene Teamchef an, der sich für die nächsten Jahre vornehmlich Werbe- und Repräsentationsaufgaben zuwenden wollte. «Ich werde Franz Beckenbauers Arbeit fortsetzen, denn wir haben beide die gleichen Auffassungen vom Fußball», äußerte Vogts. Kontinuität scheint also für die Zukunft gewährleistet.

140 *Wieder daheim, aber noch nicht zu müde zum Feiern: Die Weltmeister Brehme, Matthäus, Bein, Berthold und Klinsmann auf dem Balkon des Frankfurter Rathauses.*

«Straßenfeger» Europapokal

Es war ein im Ruhrgebiet regengrauer Tag, an dem die Entwicklung des Nachkriegsfußballs von improvisatorischen Anfängen aus Trümmern zum Massenereignis mit vorzüglichem Unterhaltungswert einen wichtigen Antrieb erhielt: 13. September 1955, erster Spieltag im Europapokal für einen deutschen Klub. Und der hieß Rot-Weiß Essen. Die Essener mit ihrem großartigen Angriff um August Gottschalk, Helmut Rahn und Franz («Penny») Islacker waren eine der überragenden deutschen Mannschaften Anfang der fünfziger Jahre, hatten sich 1953 im ersten Pokalfinale der Nachkriegszeit mit 2:1 gegen Alemannia Aachen durchgesetzt (Torschützen: Rahn und Islakker für Essen, Jupp Derwall für Aachen) und zwei Jahre später mit einem 4:3-Erfolg gegen den 1. FC Kaiserslautern ihren bisher einzigen deutschen Meistertitel gesichert. Ihr Torhüter stand mit 27 Jahren auf der Höhe seiner Laufbahn: Fritz Herkenrath. Der Sproß einer Kölner Lehrerfamilie war auf sehr merkwürdigen Wegen zu einem der überragenden deutschen Keeper der fünfziger Jahre (21 Länderspiele) aufgestiegen. «Ich kam», berichtet er, «1945 als 17jähriger Luftwaffenhelfer aus dem Krieg zurück und meldete mich beim Turnverein Dellbrück an – für die Handballmannschaft.» Auf das Talent des jungen Herkenrath aufmerksam geworden, setzte ihn der TV Dellbrück bald in der ersten Mannschaft ein. «Ich spielte Rechtsaußen. Eines Tages fiel der Torwart aus, und dann hat man mich ins Tor gestellt.» Handball, damals ausschließlich Feld-Handball «mit Riesentoren, wie man sie im Fußball hat», machte Fritz Herkenrath jedoch nicht lange Spaß. Der benachbarte Fußballverein Preußen Dellbrück zog ihn an; allerdings wechselte Herkenrath nur unter der Bedingung, «nicht als Torwart, sondern als Feldspieler eingesetzt zu werden». Lange dauerte es jedoch nicht, «dann bin ich auch bei denen ins Tor gekommen, und da mußte ich bleiben.» Zu seinem Glück, denn schon als 19jähriger stand Herkenrath in Herbergers Notizbuch verzeichnet, und bei den damals recht erfolgreichen Preußen (Oberliga West), die inzwischen längst in dem rechtsrheinischen Kölner Fusionsklub Viktoria aufgegangen sind, profilierte er sich als Torhüter der seinerzeit noch beliebten Verbands-Auswahlspiele.

Der 1. FC Köln holt sich das Talent, «aber ich hatte keine Ahnung, daß da gleichzeitig auch der Frans de Munck unter Vertrag stand», ein exzellenter, aber auch exzentrischer Niederländer. Ein Jahr lang spielte Fritz Herkenrath die Rolle des Edel-Reservisten, denn «de Munck war der erfahrenere, reifere, ältere Mann, und ohne ihm Negatives zu wollen, einer, der viel von Show verstand. Da blieb ich auf der Strekke.» So wechselte Herkenrath 1951 zu Rot-Weiß Essen, wo er die deutsche Europapokal-Premiere miterlebte. In der ersten Achtelfinal-Begegnung – nur 16 Klubs hatten für den neuen Wettbewerb gemeldet – unterlagen die Essener in der Besetzung Herkenrath – Jänisch, Zastrau, Köchling, Wewers, Röttger, Röhrig, Vordenbäumen, Abromeit, Sauer, Steffens der schottischen Elf von Hibernian Edinburgh mit 0:4. Dem Fachblatt «Kickers» war die Begegnung vor nur 5500

141 *Ein Torhüter wider Willen, und was für einer: Fritz Herkenrath schrieb in den fünfziger Jahren auch ein Stück Fußballgeschichte. Er brachte es auf 21 Länderspieleinsätze, kam mit Rot-Weiß Essen zu Pokalsieger- und Meisterehren und gehörte zu den Mitwirkenden bei der deutschen Europapokal-Premiere, die – kaum beachtet – mißlang.*

Zuschauern in der Ausgabe vom 19. September zwar wenigstens 60 Druckzeilen wert (freilich kein Vergleich mit der Dimension heutiger Europacup-Berichterstattung), aber in den meisten Tageszeitungen wurde nur in kürzeren Meldungen vom Spiel Notiz genommen. Das «Sportmagazin» stellte in seiner Ausgabe vom 15. September fest, die nicht in Bestbesetzung (ohne Rahn und Islacker) angetretenen Essener «waren diesmal zu schwach, spielten aber auch zu unglücklich, um ein ernsthafter Gegner zu sein». Fritz Herkenrath, der nach der sportlichen eine akademische Karriere begann, 1962 Dozent an der Pädagogischen Akademie Aachen wurde, seit deren Umwandlung in eine Hochschule Studienprofessor für Sport war und schließlich noch an die Universität Düsseldorf wechselte, weiß in seiner Erinnerung noch sehr genau, daß sich damals kaum jemand über die spätere Bedeutung des Wettbewerbs im klaren war. «Wir trugen zu jener Zeit viele internationale Begegnungen aus, und das war in unserer Auffassung eine davon.» Herkenrath weiß nicht einmal mehr genau, «ob die Bezeichnung ‹Europapokal› vor dem Spiel überhaupt gefallen ist». Man habe sich, wie üblich, eine Dreiviertelstunde vor dem Anstoß im Stadion getroffen. Der Gedanke an ein (heute selbstverständliches) Trainingslager sei niemandem gekommen. «Und selbst unser Trainer hat uns nicht nennenswert auf das Spiel eingestimmt. Wir hatten überhaupt keine Einstellung zu der Wichtigkeit des Spiels.»

Wenn Fritz Herkenrath heutzutage Europapokal-Abende am Bildschirm erlebt und dabei erfährt, welche große Beachtung und Bedeutung den Spielen zugemessen wird, denkt er sich manchmal: «Was waren wir doch damals, ich gebrauche mal den harten Ausdruck, blöde, daß wir so ein Spiel wie jedes normale Spiel genommen haben.» Allerdings – wie hätten die Essener Spieler anders eingestellt werden sollen, wenn die landläufige Meinung von dem neuen Wettbewerb ziemlich verschwommen war! Zudem waren damals, 1955, die Spieler noch weit von profihafter Einstellung entfernt. «Wir trainierten zweimal in der Woche – weniger als heute jeder bessere Amateurverein. Und selbst das Warmmachen, das heute so intensiv betrieben wird, kannten wir nicht. Das war quasi auf ein Minimum in der Umkleidekabine beschränkt.»

So also fing das an, was heute als Millionenspiel ganz Europa in seinen Bann zieht. Und es muß damals ein weitblickender Mann gewesen sein, der im «Kicker» dem Bericht vom Spiel einen Vorspann voranstellte mit der Feststellung, es handele sich um «einen Wettbewerb, in dem viele den echten Vorläufer einer späteren Europäischen Meisterschaft zu erkennen glauben». Das Rückspiel in Edinburgh endete für die Rot-Weißen mit einem ehrenvollen 0:0, aber sie waren natürlich aus dem Rennen – wie auch der 1. FC Saarbrücken, der ein wenig später (damals gab es noch keine einheitlichen Spieltermine im Europapakal) als Meister des noch selbständigen Saarländischen Fußball-Bundes am AC Mailand mit 1:4 und 4:3 scheiterte. So etwas wie Europapokal-Fieber kam erstmals in Deutschland auf, als am 18. Mai 1960 Eintracht Frankfurt (Loy – Lutz, Höfer, Weilbächer, Eigenbrodt, Stinka, Kreß, Lindner, Stein, Pfaff, Meier) in Glasgow das Finale gegen den überragenden Sieger der ersten fünf Spieljahre, Real Madrid mit di Stefano, Gento, Kopa, Santamaria und Zarraga, 3:7 verlor. Zu der Zeit war das Fernsehen, das dem Wettbewerb später zu seiner immensen Popularität verhalf, schon stark auf dem Vormarsch. Als erster deutscher Europapokal-Sieger ging am 5. Mai 1966 die Elf von Borussia Dortmund (Tilkowski – Cyliax, Redder, Kurrat, Paul, Assauer, Libuda, Schmidt, Held, Sturm, Emmerich) in die Annalen

142 *August Gottschalk (links) und Berni Termath (rechts) waren zwei Stützen der großen Essener Elf in den fünfziger Jahren. Hier eine Szene aus einem Spiel der Oberliga West gegen Borussia Mönchengladbach.*

Die «Top Ten» des deutschen Nachkriegs-Fußballs

	Europapokal-/ UEFA-Pokal-Gewinn	Deutsche Meisterschaft	Deutscher Pokalsieg
1. Bayern München	4/1967, 1974 1975, 1976	11/1969, 1972, 1973, 1974, 1980, 1981, 1985, 1986, 1987, 1989, 1990	8/1957, 1966, 1967, 1969, 1971, 1982, 1984, 1986
2. Borussia Mönchengladbach	2/1975, 1979	5/1970, 1971, 1975, 1976, 1977	2/1960, 1973
3. Hamburger SV	2/1977, 1983	4/1960, 1979, 1982, 1983	3/1963, 1976, 1987
4. Borussia Dortmund	1/1966	3/1956, 1957, 1963	2/1965, 1989
5. Eintracht Frankfurt	1/1980	1/1959	4/1974, 1975, 1981, 1988
6. Bayer Leverkusen	1/1988		
7. 1. FC Köln		3/1962, 1964, 1978	4/1968, 1977, 1978, 1983
8. VfB Stuttgart		3/1950, 1952, 1984	2/1954, 1958
9. 1. FC Nürnberg		3/1948, 1961, 1968	1/1962
10. 1. FC Kaiserslautern		2/1951, 1953	1/1990
Werder Bremen		2/1965, 1988	1/1961

143 *Der erste Europapokal-Triumph des FC Bayern München, der den Grundstock für die weltweite Popularität des Vereins legte: Franz («Bulle») Roth (links) und Paul Breitner 1974 nach dem Sieg über Atletico Madrid. Für den Erfolg waren in Brüssel zwei Endspiele nötig. Das erste am 15. Mai war ohne Sieger (1:1) zu Ende gegangen, das zweite am 17. Mai entschied der FC Bayern München mit 4:0 klar für sich.*

ein. Sie gewann – ebenfalls in Glasgow – das Finale der Cup-Sieger (das seit 1961 ausgespielt wurde) mit 2:1 gegen den FC Liverpool – durch ein herrliches Libuda-Tor in der Verlängerung. Schon im Jahr darauf kündigte sich die große Ära des FC Bayern München an; er bezwang, auch im Wettbewerb der Cupsieger, Glasgow Rangers in Nürnberg mit 1:0 (31. Mai, Torschütze: Roth). Diesem Sieg in dem etwas weniger bedeutenden «Ableger»-Wettbewerb des Pokals der Meister fügte das Bayern-Team auf der Höhe seiner Ausgereiftheit 1974, 1975 und 1976 seine drei Triumphe im Meister-Cup gegen Atletico Madrid (1:1, 4:0 in Brüssel), Leeds United (2:0 in Paris) und AS St. Etienne (1:0 in Glasgow) an, die den Klub in die vorderste Reihe der erfolgreichsten europäischen Fußballvereine rückten und den hohen Grad an Beliebtheit entstehen ließen, der bis heute Geltung hat. Die Siegermannschaften der Bayern waren 1974: Maier – Hansen, Schwarzenbeck, Beckenbauer, Breitner, Roth, Hoeneß, Zobel, Kapellmann, Müller, Torstensson (Dürnberger). 1975: Maier – Zobel, Beckenbauer, Schwarzenbeck, Dürnberger, Andersson (Josef Weiß), Roth, Kapellmann, Hoeneß (Wunder), Müller, Torstensson. 1976: Maier – Hansen, Beckenbauer, Schwarzenbeck, Horsmann, Roth, Dürnberger, Kapellmann, Hoeneß, Müller, Rummenigge.

Neben den Dortmundern und Bayern glückte es zunächst nur noch drei deutschen Vereinen, den Klassebeweis eines europäischen Titels abzuliefern: Dem Hamburger SV 1977 (Pokalsieger, 2:0 gegen RSC Anderlecht; Kargus – Kaltz, Ripp, Nogly, Hidien, Memering, Magath, Steffenhagen, Reimann, Keller, Volkert) und 1983 (Gewinn des Meisterpokals in der Besetzung Stein – Kaltz, Hieronymus, Jakobs, Wehmeyer, Hartwig, Groh, Magath, Rolff, Milewski, Hrubesch, Bastrup/v. Heesen durch 1:0 in Athen gegen Juventus Turin) sowie Eintracht Frankfurt (1980) und Borussia Mönchengladbach (1975, 1979), die sich allerdings mit Erfolgen im drittrangigen UEFA-Pokal-Wettbewerb zufriedengeben mußten. Während die Bayern mit ihren Assen Beckenbauer, Müller, Maier, Hoeneß, Roth und Dürnberger im Europapokal Ruhm wie vergleichsweise nur Real Madrid, Ajax Amsterdam und der FC Liverpool ernteten, machten die Mönchengladbacher am nachhaltigsten Europacup-Geschichte in einem Achtelfinalspiel, das später für ungültig erklärt wurde: Am 20. Oktober 1971 deklassierten sie in einem Spielrausch sondergleichen Inter Mailand mit 7:1. Doch Roberto Boninsegna und einem unsportlichen Zuschauer müssen sie es zuschreiben, daß der Glanzsieg annulliert wurde: Da den italienischen Nationalspieler in der 28. Minute eine Büchse am Kopf getroffen hatte und er sich

144 *Abschied nach Maß für Karl-Heinz Rummenigge: in seinem letzten Spiel für Bayern München wurde am 31. Mai 1984 in Frankfurt der deutsche Pokal gewonnen. Im dramatischen Elfmeterschießen bedeutete ein Fehlschuß ausgerechnet von Lothar Matthäus, der nach dem Finale von Borussia Mönchengladbach zu den Bayern wechselte, das «Aus» für die Rheinländer.*

darauf vom Platz tragen ließ, entschied die Disziplinar-Kommission der Europäischen Fußball-Union (UEFA) auf Spiel-Wiederholung. Im Berliner Olympiastadion scheiterten die in Mailand mit 2:4 unterlegenen Borussen mit einem 0:0, und – welch ein Zufall! – ausgerechnet Boninsegna brach Ludwig Müller in diesem Spiel das Schienbein. Noch einige Unglücksspiele mehr wie beim FC Everton, wo sie durch Elfmeterschießen ausschieden (1970), und bei Real Madrid (1:1), wo sie 1976 durch den niederländischen Schiedsrichter Leonardus van der Kroft kraß benachteiligt wurden (Vogts damals: «Der Europapokal ist nichts wert, weil er käuflich ist!»), gaben den Mönchengladbachern das Etikett einer sympathischen Super-Elf, die nur den einen kleinen Fehler hatte, daß sie in entscheidenden Spielen nicht über die letzte Abgebrühtheit verfügte. Und wie zur Bestätigung dafür setzten sich die Bayern, als die beiden großen deutschen Teams am 31. Mai 1984 im deutschen Pokal-Finale aufeinanderprallten, nach einem 1:1-Endstand mit 8:7 im Elfmeterschießen gegen den Widersacher aus der niederrheinischen Provinz durch.

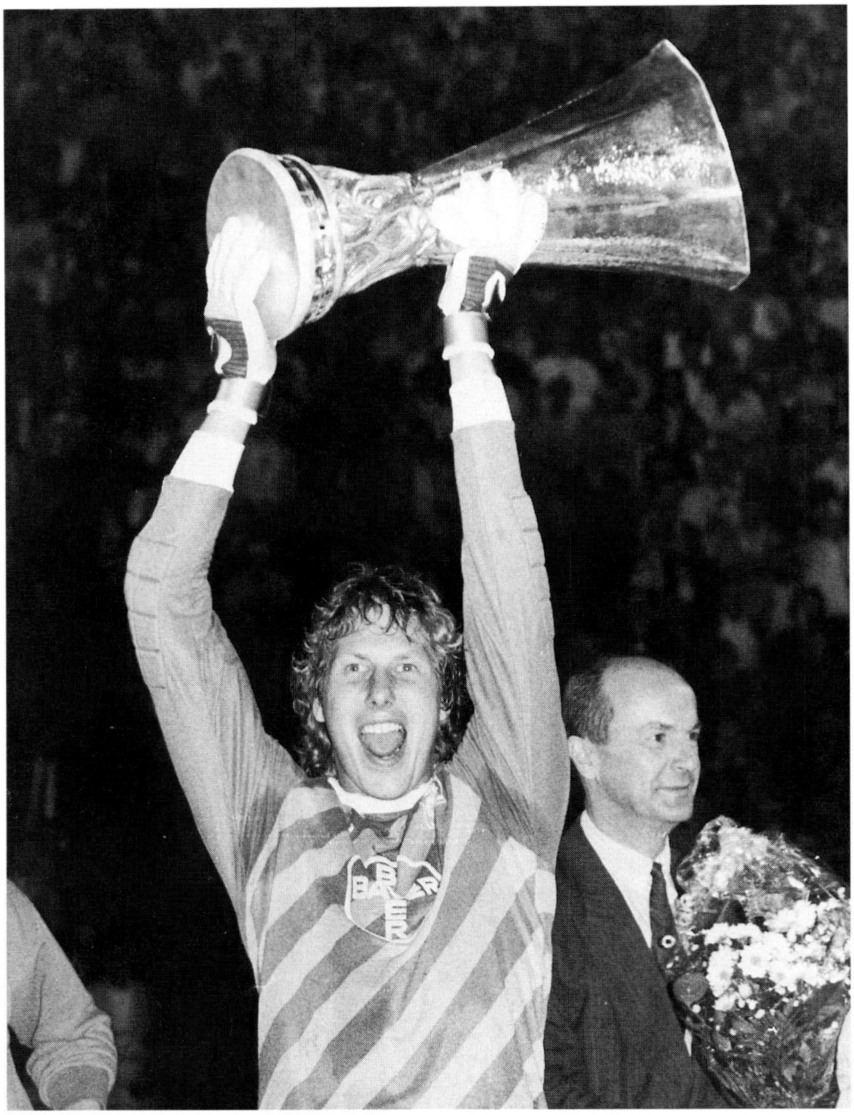

145 *Der Held und der Pokal. Leverkusens Torhüter Rüdiger Vollborn parierte am 18. Mai 1988 im Elfmeterschießen gegen Español Barcelona einen Schuß. Das bedeutete den Gewinn des UEFA-Cups, für den scheidenden Trainer Erich Ribbeck ein herrliches Abschiedsgeschenk und für den Werksclub aus der Provinzstadt an der Grenze zu Köln ein ermutigendes Zeichen auf dem Weg zu höchster Geltung. Rechts Klubvorsitzender Gert-Achim Fischer.*

Zweifellos hat der Europapokal erheblich dazu beigetragen, daß der Fußballsport in den Jahrzehnten seit dem Ende des Zweiten Weltkriegs zu einem Unterhaltungsmedium von hoher Beliebtheit geworden ist. Das Spektakel großer Europapokalspiele wie am 25. Mai 1983, als der Hamburger SV im Athener Meistercup-Finale durch das herrliche Tor von Magath Juventus Turin mit 1:0 bezwang, schlägt einen ganzen Kontinent in seinen Bann. Und das Fernsehen macht's möglich, daß die Städte an solchen Abenden wie ausgestorben sind. Im nationalen Fußball war der Europacup neben den glänzenden Erfolgen der Nationalelf auch ein weiterer Beweis für die wahrhaftig «goldenen siebziger Jahre»:

Nach der HSV-Sternstunde von Athen vergingen allerdings fünf Jahre, bis wieder einmal ein deutscher Triumph im Europacup fällig war: 1988 bewies Bayer Leverkusen seine stetige, stark werksgestützte Aufwärtsentwicklung durch den Gewinn des UEFA-Pokals; mit einer 0:3-Niederlage fast chancenlos als Gast von Espanol Barcelona heimgekehrt, erzwangen die Rheinländer daheim mit einem 3:0 den Gleichstand und setzten sich schließlich im dramatischen Elfmeterschießen mit 3:2 durch.

Im Europapokal mit dem weitaus höchsten Prestigewert, dem der Landesmeister, folgten auf den Sieg der Hamburger allerdings magere Jahre für die Deutschen. Die Bayern ließen sich 1987 in Wien den Cup von einem Außenseiter, dem FC Porto, wegschnappen (1:2), und in den folgenden Jahren waren für München und für Bremen südeuropäische Super-Teams Endstation: Real Madrid und der AC Mailand, dessen gewaltige finanzielle Möglichkeiten Bundesliga-Spitzenklubs fast wie Spielzeugvereine erscheinen lassen.

Ein Skandal – zur Geburtstagsfeier serviert

Daß das Gold auf den vielen Ruhmes-Pokalen ein paar häßliche Kratzer erhielt, ist jenem Kapitel deutschen Nachkriegsfußballs zuzuschreiben, das von 1971 bis 1976 als «Bundesliga-Skandal» zahllose Akten der Sport- und ordentlichen Gerichte füllte und sowohl die Verfahren gegen Schalke 04 1964 (Steuerhinterziehung) als auch gegen Hertha BSC Berlin 1965 (Ausschluß aus der Bundesliga wegen verbotener Zuwendungen an Spieler) in Tragweite und Ausmaß klar übertraf. Es ist wahrscheinlich (wenn auch unbewiesen geblieben), daß schon vorher Fußballspiele in den entscheidenden Phasen um Aufstieg und Abstieg «verschoben» wurden. Und es bedarf schon großer Zuversicht zu meinen, solche Schiebung sei durch das harte Vorgehen des DFB gegen die «Sünder» von 1971 für die Zukunft ausgeschlossen. Bezahlter Sport ist – nicht nur im Fußball – immer auch für Manipulationen anfälliger Sport. Aber paradoxerweise ist der unbezahlte, von mehr oder weniger lupenreinen Amateuren betriebene Sport nicht minder gefährdet. Und wenn den Thekengesprächen, dem Stammtischgeflüster, den oft kaum verhüllten Andeutungen geglaubt werden kann, dann werden in den unteren Klassen Jahr für Jahr in der Endphase der Meisterschaft Spiele durch Absprachen entschieden – für ein Faß Bier oder vielleicht auch mehr. Allerdings – was auf unterer Ebene wie ein sportliches Kavaliersdelikt gewertet zu werden scheint, das zudem nur selten bewiesen werden kann, rüttelt bei den Berufsspielern an der Glaubwürdigkeit des Sports schlechthin. Die Bundesliga bekam nach der Affäre in den Spieljahren 1971/72 und 1972/73 mit einer dramatisch abgesunkenen Besucherzahl einen Denkzettel dafür verpaßt.

Von jener Glaubwürdigkeit als der zentralen Säule ihres Berufs hielten in der Bundesliga-Saison 1970/71 einige Akteure des Geschäfts nicht viel. Auch die Schalker nicht, die sich am 17. April 1971 im Gewand schlechter Schauspieler kläglich abmühten, um der Elf von Arminia Bielefeld zu einem 1:0-Erfolg zu verhelfen. Viele der 14 000 Zuschauer in der Glückauf-Kampfbahn riefen «Schiebung» hinunter auf das Spielfeld. Und die Rheinische Post fragte am 19. April in ihrem Bundesliga-Kommentar: «Wird der Abstieg statt mit dem Ball mit Banknoten entschieden?» Am 6. Juni 1971, einen Tag nach dem Saisonende, schien die Frage längst verhallt. Mönchengladbach jubelte über den zweiten Meistertitel, Offenbach stand neben Rot-Weiß Essen als zweiter Absteiger aus der Bundesliga fest. An jenem Tag feierte Horst Gregorio Canellas, Präsident der Offenbacher Kickers, seinen 50. Geburtstag. Doch der eingeladenen Fußball-Prominenz mit Bundestrainer Schön an der Spitze verging gründlich die Lust auf Sekt und Imbiß im sonnenüberfluteten Garten von Canellas, als der Kickers-Boß begann, Tonbänder laufen zu lassen: Auf ihnen waren Telefongespräche festgehalten, die er in den voraufgegangenen Wochen mit verschiedenen Bundesligaspielern geführt hatte. Ob Canellas dabei nur deshalb zur Manipulation von Spielen animierte,

146 *Viele Überraschungen präsentierte Hans Kindermann, Vorsitzender des DFB-Kontrollausschusses, als «Staatsanwalt» des Verbandes aus seinem Aktenkoffer. Die meisten Spieler und Trainer, die er nach Frankfurt zitierte, blieben in der Bundesliga-Affäre nicht ungerupft. Kindermann wuchs im Laufe des Skandals nach schwieriger Anlaufzeit in die Rolle des «Saubermanns» und befreite den Spitzenfußball mit entschlossenem Vorgehen erstaunlich schnell vom Makel der Manipulation.*

147 *Schalker Skandalsünder auf der Anklagebank des Essener Landgerichts. Lütkebohmert, Fichtel, Wittkamp, Libuda, Rüßmann, Galbierz und Fischer (von links) trieben ihr leichtfertiges Manipulationsspiel bis zum Meineid. Am Ende kamen sie mit Geldstrafen noch sehr glimpflich davon.*

um Beweise für den durch Bestechungen verfälschten Kampf um den Klassenverbleib zu sammeln, oder ob er zur Abwendung des Abstiegs «mitschieben» wollte, ist ungeklärt geblieben. Jedenfalls hatten die nichtsahnenden Spieler Canellas höchst aufschlußreiche Bemerkungen aufs Band gesprochen. Manfred Manglitz, damaliger Torhüter des 1. FC Köln: «Ich hab' nicht gern in so 'ner Sache so grüne Jungs, die quatschen mir zuviel, verstehen Sie das?» – «Es sind fünf Mann, und es gibt überhaupt nichts, daß was schiefgeht, glauben Sie es mir.» Horst Wild von Hertha BSC Berlin: «Ich habe einen ganz duften Vorschlag: Weil es Offenbach ist, und ohne Kuhhandel hin und her – 140 (gemeint sind 140 000 Mark. Der Verfasser), und die Sache ist für Sie in Ordnung.» «Wir fahren doch lieber in den Süden runter als wie in den verdammten Westen rein.»

Zunächst nur zögernd reagierte die DFB-Führung nach der Garten-Party bei Canellas auf das Ungeheuerliche, machte sich der Kontrollausschuß-Vorsitzende Hans Kindermann (Stuttgart) daran, Ermittlungen anzustellen, Vernehmungen durchzuführen. Aber mit jeder Sitzung wurde Kindermann der Erkenntnis mehr gewiß, daß da ein ganzer Sumpf trüber Manipulationen trockenzulegen sei. Kaum ein Tag verging in diesem Frühjahr, Sommer und Herbst 1971, an dem nicht neue Enthüllungen, Vermutungen, Anschuldigungen in die schockierte Fußball-Öffentlichkeit drangen. Schließlich stand fest: Bemühungen um Ergebnis-Absprachen waren im Spieljahr 1970/71 für die Abstiegskandidaten gegen Zahlungsgebote bis zu 250 000 Mark zur Selbstverständlichkeit geworden, illegale Kontakte zwischen Vorstandsmitgliedern, Spielern, Trainern und Hintermännern hatten sich in mannigfachen Verästelungen zu einem gefährlichen Manipulationsgebilde ausgewuchert. Arminia Bielefeld und Schalke 04 spielten bald die zentrale Rolle in der Affäre. In Bielefeld beschlagnahmte die Staatsanwaltschaft im Oktober 1971 Arminia-Unterlagen, und obwohl sie damit bald Erkenntnisse auch über das in Schalke «gekaufte» 1:0 gewonnen hatte, obwohl ein früherer Arminia-Mannschaftsbegleiter schon am 31. Januar 1972 unter Eid vor dem Essener Landgericht erklärt hatte, dem Schalker Spieler Woldemar Slomiany 40 000 Mark zur Weiterleitung an seine Kameraden übergeben zu haben, obwohl vom damaligen Schalker Torhüter Dieter Burdenski, inzwischen pikanterweise zu Arminia Bielefeld gewechselt (er wanderte dann 1972 weiter zu Werder Bremen), am 12. Mai 1972 unter Eid vor der Bielefelder Staatsanwaltschaft die gleiche Aussage gemacht worden war – die Schalker Spieler um Fichtel, Rüssmann, Libuda, Fischer und Wittkamp bildeten eine bis zum Meineid verschworene Gemeinschaft des Leugnens. Erst viereinhalb Jahre nach dem an die Bielefelder verkauften Spiel vom April 1971 gestanden sie am 22. Dezember 1975 endlich, damals pro Mann die für einen Fußballprofi lächerliche Summe von 2300 Mark als Bestechungsprämie am Löwenpark des Grafen Westerholt unter sich aufgeteilt zu haben. Die 7. Strafkammer des Essener Landgerichts ahndete am 9. Januar 1976 den Meineid außerordentlich mild mit Geldstrafen zwischen 4200 und 9960 Mark. Das schlimmste Kapitel der Bundesliga-Affäre war endlich abgeschlossen, endgültig aber war der Skandal mit seinen letzten Ausläufern erst Ende 1977 juristisch bewältigt.

Insgesamt deckte Kindermann in monatelanger Kleinarbeit, teilweise in Kooperation mit den Staatsanwaltschaften, so viele Manipulations-Komplexe auf, daß schließlich

148 *Im Schatten des Bundesligaskandals gewann Schalke 04 am 1. Juli 1972 mit einem 5:0 gegen den 1. FC Kaiserslautern den Fußballpokal. Nationalspieler Reinhard («Stan») Libuda (rechts), hier im Zweikampf mit Dietmar Schwager, gehörte zu den Stars der Gelsenkirchener Mannschaft, die durch die Folgen der Manipulation bald auseinandergerissen wurde und sich so selbst um eine glänzende sportliche Perspektive brachte.*

vier Vereine (neben Bielefeld und Schalke noch Rot-Weiß Oberhausen und Kickers Offenbach), drei Trainer (Piechaczek, Preissler, Brocker), fast ein Dutzend Funktionäre sowie 49 Spieler aus sieben Vereinen (unter ihnen die Nationalspieler Fichtel, Manglitz, Patzke, Groß, Ulsaß und Varga) vor die DFB-Gerichte treten mußten. Ungestraft gingen nur wenige nach Hause. Kindermann erwarb sich in dieser Zeit als DFB-«Staatsanwalt» den Beinamen «Saubermann». Und auch wenn versierte Juristen dem Verband besonders mit dem Argument, die vielfach verhängten Lizenzentzüge auf Dauer kämen einem Berufsverbot gleich, erhebliche Schwierigkeiten bereiteten und teilweise mit Einstweiligen Verfügungen den Einsatz von Spielern erzwangen – ohne das schnelle Vorgehen Kindermanns und die konsequenten Strafen durch die DFB-Gerichtsbarkeit hätte der Skandal verheerende Folgen für das Ansehen des Berufsfußballs haben können. Denn – so der eifrige Ermittler aus Schwaben – «hätten wir alles den ordentlichen Gerichten überlassen, wäre der Skandal kaum vor 1985 vom Tisch gewesen». Zur Bilanz jenes unrühmlichen Zwischenspiels im deutschen Fußball gehört auch, daß der DFB neben Sperren und Lizenzentzügen Geldstrafen in Höhe von 400 000 Mark verhängte, von denen ein Teil allerdings nicht in die Verbandskasse floß, weil sich die verurteilten Spieler der Zahlungspflicht entzogen – etwa, indem sie in nicht dem Fußball-Weltverband angehörende Länder abwanderten. Und die besonders schmerzliche Schalker Bilanz: Torheit der Spieler zerstörte 1971 eine Mannschaft, die im Begriff war, an die große alte Vorkriegstradition anzuknüpfen. Vizemeisterschaft und Pokalsieg 1972 deuten an, was damals verpaßt wurde.

Auftrieb durch die WM 74

Daß die Auswirkungen der Affäre auf das Publikum verhältnismäßig rasch überwunden werden konnten, war auch darauf zurückzuführen, daß es Hermann Neuberger mit seinem eigentlichen Meisterstück verstanden hatte, die Weltmeisterschaft 1974 in die Bundesrepublik zu holen. So kamen dem Spitzenfußball aus zwei Richtungen Impulse zu: Der hohe sportliche Leistungsstandard der Liga bewies sich nach der zwei Jahre zuvor gewonnenen Europameisterschaft durch den Sieg im WM-Endspiel erneut, zudem boten mit einem Mal zehn Städte (Hamburg, Hannover, Berlin, Dortmund, Gelsenkirchen, Düsseldorf, Köln, Frankfurt, Stuttgart, München) Groß-Sportanlagen mit dem zeitgemäßen Komfort vieler überdachter Sitzplätze, ausreichender Parkräume und guter Bewirtschaftung. Zwei Städte (Köln, Bochum) kamen als WM-Nachzügler später noch hinzu, weitere Kommunen (Mönchengladbach, Leverkusen, Nürnberg, Bremen, Kaiserslautern) konnten nicht umhin, ihre Stadien in den folgenden Jahren ebenfalls den gehobenen Ansprüchen der Zuschauer anzugleichen. Wie der Fußballsport, hat sich auch sein Publikum verändert. Es ist anspruchsvoller, aber auch wählerischer geworden. Waren in den ersten Nachkriegsjahren Fußballspiele oft das einzige Unterhaltungsangebot, so werden die Menschen heute mit Freizeitreizen überflutet. Und dabei hat der Fußball selbst auf dem Sektor Sport ernst zu nehmende Konkurrenz erhalten: Das Tennisspiel lädt Millionen zur Selbstausübung ein, die von der Gesundheitswelle getragene Trimmbewegung animiert ebenfalls die Massen, immer mehr Golfplätze werden errichtet. Grundsätzlich ist festzustellen, daß die Menschen stärker von passiver Sportbetrachtung zu aktiver Sportausübung wechseln und auch deshalb ihren Spielbesuch häufig auf reizvolle Begegnungen beschränken. Dettmar Cramer, ein Mann, der den Fußballsport als Lebensinhalt liebt, ist ehrlich genug zuzugeben, daß dies «soziologisch gesehen hocherfreulich» sei. Und er findet auch mit bemerkenswert deutlichen Worten: «Wenn sich die Bundesliga auf die Dauer nach einer kürzeren Decke strecken muß, dann schadet ihr das nicht. Und es ist auch nicht zum Schaden der Liga, wenn nach kargeren Gesetzen bezahlt wird als bisher.»

Nicht das durch verändertes, qualifizierteres Freizeitverhalten des Publikums hervorgerufene Schrumpfen der Zuschauerzahlen in der Bundesliga, das von 1978 bis 1989 fast ununterbrochen anhielt, ehe in der Saison 1989/90 eine kräftige Erholung erfolgte, ist das gegenwärtig größte Fußballproblem. Denn daß dieses Spiel nichts von seiner Faszination verloren hat, zeigt sich an den hohen Einschaltquoten des Fernsehens bei Fußball-Schlagern und an der geradezu hektischen Jagd auf Eintrittskarten bei spektakulären Ereignissen wie den Topspielen der entscheidenden Europacup-Runden in München, Köln oder Bremen. Tausende von Bestellungen mit Blankoschecks treffen zu solchen Anlässen auf den Geschäftsstellen der Vereine ein.

Die großen Probleme des Fußballs sind heute vielmehr sportliche Fehlentwicklungen in der Spitze, der Unterbau der Bundesliga und der Psychologen wie Kriminalisten beschäftigende Vandalismus meist jugendlicher Banden vor, bei und nach den Spielen. Was den Unterbau betrifft, so erweist sich die 1981 eingeführte eingleisige Zweite Liga als nur eingeschränkt lebensfähig. «Gesundschrumpfung» nannte

149 *Münchens Olympiastadion, Heimat des FC Bayern, wurde jahrelang als mustergültig gerühmt und ist auch heute noch oft genug eine Goldgrube für den Verein, wenn die Ränge mit über 70 000 Besuchern vollbesetzt sind. Aber die Beanstandungen an Sportanlagen wie dieser, die als nicht fußballgerecht empfunden werden, haben sich in jüngster Zeit gemehrt. Die Bayern-Führung hofft, in absehbarer Zeit Gastgeber in einer reinen Fußballarena zu sein.*

Neuberger damals die drastische Verringerung der Zweitliga-Plätze von 41 auf 20. Da sich inzwischen aber längst erwiesen hat, daß auch so wenige Zweitligisten im Schatten der attraktiveren Bundesliga mehr kranken als gedeihen, weil – Zeichen der Zeit – nur noch das Erstklassige gefragt ist, könnte die Zukunft des Unterbaues nach der vorübergehenden Aufstockung oder Zweiteilung der Liga zur Aufnahme von DDR-Klubs infolge der fußballsportlichen Vereinigung vielleicht eher in einer «Gesund-Regionalisierung» liegen. Zurück zur guten alten Oberliga – so fordern viele, die erleben, wie nachbarliche Konkurrenzkämpfe und traditionsreiche Derbys auch unter dem Etikett der Zweit- oder gar Drittklassigkeit immer noch ein zahlreiches Publikum finden. Die Amateur-Spitzenklassen im Norden, Süden, vor allem aber im Westen geben dafür fast an jedem Sonntag gute Beispiele. Und hier hat der Fußballsport inzwischen auch durch die Einführung des Vertragsamateurs eine steuerrechtlich solide Grundlage bezogen.

Über die Sportanlagen zur Darbietung erstklassigen Fußballs ist unterdessen nicht einmal 20 Jahre nach der Weltmeisterschafts-Endrunde in der Bundesrepublik eine neue Diskussion entbrannt. Die Anfang der siebziger Jahre auf den Plan getretene Generation von Stadien, damals als hochmodern gepriesen und angenommen, hat vermutlich schon in einigen Jahren ausgedient. Schuld daran ist zu einem großen Teil der sich immer stärker ausbreitende Vandalismus. Meist jugendliche Stadion-Besucher nutzen die Bundesliga-Bühne mit ihrer Anonymität in der Masse zur Selbstdarstellung mit teilweise brutaler Gewalt. Inspiriert werden die gewalttätigen Gruppen dabei aus England und den Niederlanden, wo Hooligans seit Jahren im Umfeld des Spitzenfußballs Schrekken verbreiten. Ausgehend von einem Beschluß des internationalen

Die Zuschauerzahlen der Bundesliga

Saison	Gesamtzahl	Schnitt
1. 1963/64	5 909 776	24 624
2. 1964/65	6 492 539	27 052
3. 1965/66	7 094 666	23 185
4. 1966/67	7 129 485	23 299
5. 1967/68	6 147 508	20 090
6. 1968/69	6 550 497	21 407
7. 1969/70	6 113 726	19 979
8. 1970/71	6 322 114	20 661
9. 1971/72	5 487 286	17 932
10. 1972/73	5 014 332	16 387
11. 1973/74	6 239 167	20 389
12. 1974/75	6 738 303	22 021
13. 1975/76	7 082 272	23 145
14. 1976/77	7 492 028	24 484
15. 1977/78	8 310 459	27 158
16. 1978/79	7 431 092	24 285
17. 1979/80	6 938 832	22 676
18. 1980/81	7 050 274	23 040
19. 1981/82	6 397 702	20 907
20. 1982/83	6 213 148	20 304
21. 1983/84	6 022 151	19 680
22. 1984/85	5 765 284	18 841
23. 1985/86	5 404 571	17 662
24. 1986/87	5 938 961	19 408
25. 1987/88	5 705 523	18 646
26. 1988/89	5 495 457	17 959
27. 1989/90	6 257 355	20 449

Die 15 größten Stadien

Berlin	Olympiastadion	76 000*
München	Olympiastadion	73 000
Gelsenkirchen	Parkstadion	70 600*
Düsseldorf	Rheinstadion	68 400*
Stuttgart	Neckarstadion	67 750*
Hamburg	Volksparkstadion	61 500*
Frankfurt	Waldstadion	61 000*
Hannover	Niedersachsenstadion	60 500*
Köln	Müngersdorfer Stadion	60 400*
Dortmund	Westfalenstadion	54 000*
Bochum	Ruhrstadion	50 000*
Karlsruhe	Wildparkstadion	46 000
Nürnberg	Städtisches Stadion	45 570*
Ludwigshafen	Südweststadion	41 000
Bremen	Weserstadion	40 000*

* Die Anlagen wurden zur oder nach der Weltmeisterschaft 1974 neugebaut, modernisiert bzw. erweitert.

150 *Torjubel von Borussia-Star Frank Mill in einem der stimmungsvollsten Stadien der Bundesliga. Borussia Dortmund ist im rundum überdachten Westfalen-Stadion zum Zuschauer-Magnet Nummer eins der Liga geworden; 36 800 Besucher im Schnitt – das war in der Saison 1989/90 noch mehr, als die Bayern aufzuweisen hatten. Aber auch im Westfalen-Stadion gibt's Probleme: Die Zahl von nur 16 300 Sitzplätzen ist ungenügend; häufig sind Sitzplatzkarten an den Tageskassen ausverkauft.*

Verbandes FIFA vom 26. Juli 1989, soll schon mit Beginn der WM-Qualifikation für 1994 nur noch in Stadien gespielt werden, die allein Sitzplätze anbieten. Denn Besucher, die sitzen, neigen nach Expertenansicht nicht oder nur wenig dazu, sich an Ausschreitungen zu beteiligen. Zudem sind sie natürlich besser zu kontrollieren und zu beobachten als die in letzter Zeit immer mehr in Verruf geratenen Fan-Horden auf Stehplatz Kurve. Der Deutsche Fußball-Bund hat den von der FIFA gespielten Ball aufgenommen: Auch in Deutschland sollen künftig bei Länderspielen nur noch Anlagen berücksichtigt werden, in denen das Sitzplatzangebot groß genug ist. Eine DFB-Vereinbarung mit den Städten, in die als erste München, Frankfurt, Nürnberg, Stuttgart und Hannover einwilligten, sieht vor, daß diese ihren Einnahmeanteil aus der Bandenwerbung (650 000 Mark) zweckgebunden zur Umrüstung der Stadien verwenden.

Absehbar ist auch, daß die vor gar nicht allzu langer Zeit noch als segensreich empfundenen Mehrzweckstadien eines Tages als Bausünden in der Landschaft stehen werden. Treffende Beispiele dafür sind das Münchner Olympiastadion, Hamburgs Volksparkstadion und das Gelsenkirchener Parkstadion: Die nur teilweise Überdachung und der dadurch nur unzureichende Schutz vieler Zuschauer gegen Schlechtwetter stören ebenso wie die Tatsache, daß ein großer Teil des Publikums viel zu weit vom Geschehen entfernt ist. Ohne Opernglas ist auf einer der oberen Sitzreihen des Olympiastadions kaum noch der Schütze eines vehementen Weitschusses zu identifizieren. Als Ideal-Anlagen nach heutigem und wohl auch zukünftigem Geschmack haben sich längst jene intimen Sportarenen erwiesen, die in Dortmund, Bochum, Kaiserslautern oder neuerdings auch Leverku-

sen fast so etwas wie Opernhaus-Intimität vermitteln – bei allerdings ungleich höherer Phonstärke. Die Besucher sind miteingebunden ins Geschehen, erleben intensiver mit, werden auch durch die unvergleichliche Atmosphäre beeindruckt – und brauchen dennoch nicht auf ein großes Angebot überdachter (Sitz-)Plätze zu verzichten.
Einige Bundesligavereine, so der VfB Stuttgart und der FC Bayern München, sind mittlerweile bereits in die Offensive gegangen und fordern den Um- oder Neubau fußballgerechter Stadien, in denen nicht durch vielleicht alle drei, vier Jahre einmal genutzte Leichtathletik-Anlagen der Anspruch des Publikums zu kurz kommen muß. Die Argumente der Klubs haben durchaus Gewicht, sind sie doch nicht nur hervorragende Werbeagenturen ihrer Kommunen, sondern mit ihren gutbesuchten Spielen auch ein ständig sprudelnder Einnahmequell. Die Stadienmiete beläuft sich auf bis zu zehn Prozent der erzielten Einnahmen, und zudem sind die Städte in unterschiedlicher Art und Weise – je nach örtlicher Vereinbarung – an den Einnahmen aus der Bandenwerbung oder gar aus Fernseh-Direktübertragungen beteiligt.
Doch der Forderung stehen die leeren Kassen der kommunalen Behörden entgegen, die hohen Schulden, die fast alle Städte zur Bewältigung ihrer mannigfaltigen Aufgaben aufgenommen haben. Geld für eine großzügige Modernisierung der Sportanlagen oder gar einen Neubau ist nirgends vorhanden. Und nicht selten läßt sich in den Rathäusern auch eine Mentalität ausmachen, die Ausgaben zugunsten des professionellen Fußballbetriebs rundweg ablehnt – ungeachtet der Tatsache, daß kein anderes kommunales Freizeit- oder Kulturangebot so stark von der Bevölkerung angenommen wird wie ein Bundesligaspiel.
Bayern Münchens Manager Uli Hoeneß, dem nie bange davor ist, pointiert seine Ansicht kundzutun, hatte schon zu Beginn des Jahres 1990 gegenüber der in München erscheinenden «Süddeutschen Zeitung» erklärt: «Jedes Theater in München wird unterstützt, aber von uns verlangt man Stadionmiete und kassiert die Einnahmen aus der Bandenwerbung.» Nun müsse in absehbarer Zeit ein neues Stadion her, damit der FC Bayern eine angemessene Bleibe für die Zukunft bekomme. Hoeneß ist es damit ernst: «Ein reines Fußballstadion – das ist das Maß aller Dinge. Wir führen deshalb Gespräche mit der Stadt, mit der Olympiapark GmbH, auch mit geeigneten Sponsoren. Bis Mitte der neunziger Jahre muß sich da Entscheidendes getan haben.» Und der Hinweis darauf, daß vielen Kommunen der von einer einflußreichen Lobby unterstützte Kulturetat wichtiger ist als der des Sports, wird von Hoeneß kalt gekontert: «Fußball ist schließlich auch Kultur, ist wichtig für die Leute, Brot und Spiele eben.» Er sei sehr wohl dafür, daß sich professionell aufgezogene Fußballbetriebe jetzt und auch künftig selbst tragen müßten. «Aber das Stadion muß man ihnen, bitteschön, schon zur Verfügung stellen. Bei uns in München ist es

151 *Ein Schreibtisch voller Arbeit und ein Kopf voller Ideen: Uli Hoeneß, Manager des FC Bayern München, in der Schaltzentrale des erfolgreichsten deutschen Klubs der Nachkriegszeit. Viel Geld wird an diesem Schreibtisch umgesetzt.*

so, daß jeder Theaterplatz mit 80 Mark pro Vorstellung subventioniert wird.»
Der eloquente Bayern-Manager, geliebt, bewundert und gehaßt in der Branche, will beim Thema Stadion nicht mehr lockerlassen, weist neidvoll auf die kleinen, aber schmucken Arenen der Konkurrenz hin, sieht in Nürnberg ein weiteres Bundesliga-Schmuckkästchen entstehen und nimmt sich vor: «Ich werde immer wieder nachfassen. Eine gute Mannschaft haben und Theater machen – so muß man weiterkommen.»

152/153 *Natürlich halten die Münchner Bayern auch die Spitzenposition bei Ablösesummen auf dem Transfer-Binnenmarkt. Stolze sechs Millionen Mark machten sie 1990 locker, um den Dänen Brian Laudrup (unten) beim FC Bayer Uerdingen freizukaufen. Laudrup hatte in Krefeld keine Perspektive mehr für sich gesehen und auf seine vorzeitige Freigabe gedrängt. 1984 hatten die Bayern Lothar Matthäus (oben) noch für vergleichsweise bescheidene 2,132 Millionen Mark verpflichten können. Sein Vertrag am Bökelberg lief allerdings aus. Matthäus war das erste Borussen-As, das nach München zog. Drei Jahre später folgte Trainer Jupp Heynckes. Und 1990 wechselte auch der hochtalentierte Stefan Effenberg zum Entsetzen vieler Klubfans, die um die sportliche Substanz der Mannschaft fürchteten, die Fronten.*

Die Bayern – in der Bundesliga das Maß aller Dinge

Ja, die Bayern: Mögen sie auch noch etliche Jahre unter dem kühn geschwungenen, aber unpraktischen Zeltdach Fußball verkaufen müssen, so sind sie doch auch ohne ein neues, heimeliges Fußballstadion bereits das Maß aller Dinge, jedenfalls in der Bundesliga. Der Verein, der 1932 – übrigens durch einen 2:0-Erfolg in Nürnberg gegen Eintracht Frankfurt – seinen ersten nationalen Meistertitel gewann, dann aber 37 Jahre bis zur zweiten Meisterschaft warten mußte, ist mittlerweile zwölfmal auf dem «Kuchenteller» des DFB verewigt. Ein Rekordmeister mit einer Rekordserie in den letzten beiden Jahrzehnten: elf Meistertitel, fünf nationale Pokalgewinne, viermal Europapokal-, einmal Weltpokalsieger. Das sind Dimensionen wie bei Real Madrid, dem AC Mailand, dem FC Liverpool, um die erfolgreichsten europäischen Fußballklubs der Nachkriegszeit zu nennen.

Geschickt und klug hat es der Münchner Klub verstanden, aus dem «geschenkten» Kapital der sechziger Jahre, bestehend aus Franz Beckenbauer, Gerd Müller und Sepp Maier, immer neuen Gewinn zu ziehen, mit gekonnter Anlage und Mehrung des Kapitals einen hohen Leistungsstand der Lizenzspieler-Mannschaft zu gewährleisten. Von kleinen Durststrecken 1976 bis 1979 und 1982 bis 1984 abgesehen, beherrschen die Bayern das nationale Fußballgeschehen, zumindest bestimmen sie es maßgeblich mit.

Und wie sollte das bald anders werden? Der Verein hat sich längst zu einem Unternehmen von stattlicher Größenordnung entwickelt, der in allen Belangen der Meßbarkeit führend ist. Die Bayern haben mit rund 16 000 Mitgliedern im gesamten deutschen Sport die absolute Spitzenposition inne. Die Bayern bringen es auf einen Jahresumsatz von an die 40 Millionen Mark – «mit klar steigender Tendenz», wie Uli Hoeneß hinzufügt, und sie haben damit die Größe eines mittelständischen Unternehmens erreicht. Die Bayern sind Arbeitsplatz für rund 20 Angestellte (natürlich ohne die zwei Dutzend Profis) sowie – zuständig allein für den Lizenzspielerbereich – vier hauptamtliche Trainer und zwei Masseure. Die Bayern geben allein für die Lizenzspielerabteilung, den produktiven Teil des Unternehmens also, Monat für Monat deutlich über eine Million Mark aus. Das sind nicht mehr die Bayern des Bertl Moll, die in den ersten Nachkriegsjahren ein Trümmer- und Improvisationsverein wie die meisten anderen waren. Das ist ohne Frage eine neue Größenordnung im deutschen Spitzensport.

Und mit der Dynamik der Erfolgreichen preschen Uli Hoeneß und die Seinen von der Säbener Straße weiter im Bundesliga-Geschäft voran. Nicht Stillstand, nicht Bewahrung des Erreichten, sondern Vormarsch in neue Dimensionen – so lautet die Devise. Hoeneß prognostiziert für seinen Verein, dessen Umsatz noch vor zehn, zwölf Jahren kaum mehr als zehn Millionen Mark betragen hatte, nicht nur eine weitere Steigerung in Richtung 50 Millionen, er sagt auch voraus, daß die Relation von Einnahmen aus Eintrittsgeldern und Werbung, früher bei etwa 80:20 und jetzt bei 60:40 angelangt, in absehbarer Zeit bei 50:50 gelandet sein wird. «Der Trend geht sogar weiter zu unter pari.» Allein vom Sponsor Opel sind den Bayern pro Saison seit 1989 fünf Millionen Mark sicher – kein Klub kassiert für Trikotwerbung und begleitende Maßnahmen auch nur annähernd soviel.

Vor einigen Jahren hatte Hoeneß phantasievoll und visionär erklärt: «Ich sehe ein Spitzenspiel der Bundesliga zwischen Bayern München und dem 1. FC Köln oder Werder Bremen bei Einnahmen von 20 Millionen Mark durch Fernsehen und Werbung.» Daß die Wirklichkeit von der Vision nicht mehr ganz so weit entfernt ist, zeigte sich am 18. April 1990, als München im Halbfinal-Rückspiel des Europapokals gegen den AC Mailand rund fünf Millionen Mark kassierte – ein hübsches Trostpflaster für den 2:1-Sieg, der nicht reichte, um ins Finale zu kommen.

Ähnlich kühne Erwartungen hegt Uli Hoeneß zur Zeit auch in Richtung Fernsehhonorar. Für die Spielzeit 1990/91 zahlte die die Bundesliga-Rechte besitzende und verwaltende Bertelsmann-Tochter Ufa 50 Millionen Mark an die 38 Klubs des Profifußballs. «In den nächsten fünf bis maximal zehn Jahren», glaubt Hoeneß, «werden wir auf 200 Millionen Mark pro Saison kommen, da bin ich mir ganz sicher. Die italienischen Vereine bekommen jetzt schon 185 Millionen Mark pro Spieljahr, und daß sie mehr bekommen als die deutschen, ist überhaupt nicht einzusehen.» Hoeneß verspricht damit gerade den weniger attraktiven Klubs der Bundesliga reichen Geldsegen von künftigen Fernseh-Millionen: «Der VfL Bochum könnte mit dem auf ihn entfallenden Anteil schon weitgehend seinen Etat decken.»

In einer Zeit, in der das Geld den Fußball bestimmt, muß für den FC Bayern München mit seiner florierenden Konjunktur der Spitzenplatz in der Branche geradezu reserviert sein. Für die Saison 1990/91 beispielsweise ließ der Verein über 13 Millionen Mark auf dem Spielermarkt – die Konkurrenz investierte

154 *Es muß nicht immer Bayern München sein. 1988 feierten die Bremer im Weserstadion ihre zweite Deutsche Meisterschaft nach 1965 – Krönung siebenjähriger Arbeit, die Trainer Otto Rehagel (mit der Meisterschale) weitgehend uneingeschränkt verrichten durfte. Kontinuität zählt auch im hektisch gewordenen Fußballgeschäft der Gegenwart noch.*

nirgendwo auch nur annähernd soviel. Daß die Hälfte der Summe über den Kapitalmarkt hatte beschafft werden müssen, fällt bei den Bayern nicht sonderlich ins Gewicht. Der Klub verfügt über genug Sicherheiten und kann zudem Erfolgsgarantien abgeben. «Bisher hatten wir eine gute Mannschaft, jetzt haben wir eine sehr gute», stellte Hoeneß nach dem teuersten Einkaufsbummel in der Bayern-Geschichte mit Stolz und Zuversicht fest, wobei den Manager vor allem die Jugend und Entwicklungsfähigkeit der meisten Spieler optimistisch stimmen.

«Natürlich ist die Deutsche Meisterschaft weiter unser Hauptziel. Sie ist die Basis unserer Planung. Wenn wir darüber hinaus auch einmal den Europapokal gewinnen, um so besser. Aber er darf uns nicht so wichtig sein, denn in diesem Wettbewerb lassen sich Fehler kaum noch kompensieren, ist vieles Glückssache. Der Europapokal wird überschätzt.» Die Zielvorgabe des Managers klingt eindeutiger, als sie vermutlich in Wirklichkeit ist, denn sicherlich gehört der erneute Gewinn des Europacups, die Übernahme der europäischen Krone vom AC Mailand, zu den großen Träumen auch des mitunter so nüchtern argumentierenden Uli Hoeneß. Eindeutig aber ist, daß den Bayern mit ihrem Spieler-Potential im nationalen Fußballgeschehen kaum das Wasser gereicht werden kann. Die Bayern als Serienmeister auch der nächsten Jahre – diese Vorstellung bedarf keiner großen Phantasie, wobei die Wirklichkeit phantastische Ausrutscher wie die 0:1-Pokalschlappe beim drittklassigen FV Weinheim (4. August 1990) keineswegs ausschließt. Aber was anderswo Sorgenfalten auf die Stirn wirft oder unmutige Reaktionen auslösen mag – Uli Hoeneß wäre das nur recht: «Eine Hegemonie des FC Bayern auch in der Zukunft würde dem deutschen Fußball nicht schaden. Denn je öfter wir Meister werden, desto größer wäre doch die Brisanz und Spannung, die darin liegt, uns endlich zu stürzen.» Keine Angst vor Langeweile also, keine Sorge davor, daß das Interesse mehr und mehr erlahmen müßte, wenn Jahr für Jahr immer nur die Bayern gejagt würden? «Wenn wir jedes Jahr Deutscher Meister sind, machen wir die Stadien überall voll mit unserer Attraktivität, dort, wo wir gastieren, sogar noch mehr als zu Hause.»

155 *Borussia-Fans in der Nordkurve des Mönchengladbacher Stadions am Bökelberg. Die überwiegend jugendliche Kadertruppe unter den Anhängern des fünfmaligen Deutschen Meisters der siebziger Jahre hat inzwischen nicht mehr allzu oft soviel Grund zum Jubel. Borussia geriet 1989 in heftige sportliche und dann auch klubinterne Turbulenzen.*

Doch auch wenn er sich mit herausforderndem Egoismus eine solche Bayern-Hegemonie wünscht und nichts Böses für die Liga darin sieht, so hält Hoeneß eine solche Münchner Meister-Monotonie doch für unwahrscheinlich, «sofern die anderen Vereine nicht in Lethargie verfallen, sondern sich selbst entwickeln und in ihrer speziellen Situation das Richtige machen». Es müsse durchaus nicht so sein, «daß immer nur der Verein oben ist, der jedes Jahr die teuersten Spieler kauft».

Uli Hoeneß sieht sogar Anzeichen dafür, daß die Pilotfunktion seines Vereins bei mehr Konkurrenzklubs als früher verstärkte Anstrengungen ausgelöst hat: «Die Spitze in der Bundesliga ist immer breiter geworden. Leverkusen, Dortmund, Köln, auch Bremen, Stuttgart und Frankfurt fordern uns heraus.» Was er bei den Herausforderern allerdings zu oft noch vermißt, ist «die Verantwortung für teure Transfers, für die man dann natürlich auch den Kopf hinhalten muß». Da schöpfen seiner Ansicht nach die Konkurrenzvereine bei weitem noch nicht alle Möglichkeiten aus, die ihnen zu Gebote stehen. Auch mehr Selbstbewußtsein ist den Bayern-Herausforderern häufig zu wünschen, die sich statt dessen allzufrüh mit den Plätzen zwei bis fünf zufriedengeben.

Immerhin hat sich an der Bundesliga-Börse in den vergangenen Jahren ein Außenseiter aus der Provinz immer stärker in den Vordergrund geschoben: Bayer Leverkusen. Offensichtlich vom Schock des Jahres 1985 getrieben, als der kleine Bayer-Bruder aus Krefeld den deutschen Pokalsieg – übrigens gegen Bayern München – errang, haben die Leverkusener kräftig investiert, zuletzt in die DDR-Stars Andreas Thom und Ulf Kirsten sowie den Rumänen Ion Angelo Lupescu. Der UEFA-Cup-Gewinn im Jahre 1988 wird von den Strategen in der Bayer-Zentrale, die in Manager Reiner Calmund einen rührigen und besonders im Jugendbereich unübertrefflich kontaktfreudigen Macher gefunden haben, nur als Vorspeise eines umfangreichen Titel-Menüs empfunden, das sie sich aufzutischen gedenken. Geld spielt dabei keine so hinderliche Rolle wie in anderen Klubs; der mächtige Konzern findet im Zweifelsfall schon Möglichkeiten der Finanzierung. Gute Chancen, den Bayern in den nächsten Jahren ein Bein zu stellen, rechnen sich auch Borussia Dortmund und der 1. FC Köln aus. Frankfurts Fußball-Ehrgeiz ist neu entfacht nach Jahren der Mittelmäßigkeit oder gar Existenzsorgen. Und in Bremen will Präsident Dr. Franz Böhmert zusammen mit Manager Willi Lemke sowie Trainer Otto Rehhagel wie in den vergangenen Jahren beweisen, daß die Formel «Große Stadt = Großes Stadion = Großer Erfolg» zwar sehr viel für sich hat, aber auch andere Fußballformeln die Tür zur Spitzengruppe der Bundesliga öffnen können. Bremer Kontinuität im oberen Drittel der Spitzenklasse, aber auch der Pokalsieg des 1. FC Kaiserslautern im Mai 1990 gegen eben diesen SV Werder stehen als Beweise dafür, daß die Bundesliga immer noch Spielraum hat für Klubs des Mottos «klein, aber fein». Klein, aber fein – so hatte sich 20 Jahre lang auch der Aufstiegs-Kompagnon der Bayern im Jahre 1965 präsentiert: Borussia Mönchengladbach. Mochte der Sturmlauf der erst blutjungen, später erwachsenen Fohlen zu Titeln oder Pokalen auch 1979 zu Ende gegangen sein, so war der Klub doch weiterhin für einen Spitzenplatz in der Bundesliga gut. Das hielt die Sympathie bei Hunderttausenden lebendig: Borussia als der David des kalten Fußball-Geschäfts, der die Goliaths von Zeit zu Zeit immer wieder einmal mit Lust und List zu Fall zu bringen wußte. 15 Jahre lang hatte das simple Überlebenssystem der kleinen, fast verschworen arbeitenden Klubführung funktioniert: Spitzenspieler wie Günter Netzer, Allan Simonson, Henning Jensen, Rainer Bonhof, Uli Stielike oder Calle Del'Haye abgeben, mit den Transfergewinnen die Finanzlage stabilisieren und von unten ausgesuchte Talente nachwachsen lassen. So wurde dem Standort-Nachteil in der niederrheinischen Provinz mit einem viel zu kleinen, unkomfortablen Stadion zum Trotz Spitzenleistung bis in die achtziger Jahre hinein geboten.

156/157 *Auch krasse Außenseiter haben im deutschen Spitzenfußball noch Titelchancen – wie der 1. FC Kaiserslautern (hier Bruno Labbadia/links und Kapitän Stefan Kuntz mit dem Pokal im Berliner Olympiastadion) durch den Gewinn des deutschen Cup-Finales gegen den hohen Favoriten Werder Bremen im Frühjahr 1990 demonstrierte. – Wie schwer Titel und Pokale aber selbst für glänzend besetzte Mannschaften wie die um Publikumsliebling Pierre Littbarski zu gewinnen sind, zeigt sich beim 1. FC Köln. Seit 1983 (Pokalsieg) mußten die Rheinländer viele Jahre lang vergeblich auf einen neuen Triumph hoffen.*

158 *Bayer fordert die Bayern heraus. Der Werksklub aus Leverkusen ist personell mittlerweile gut genug besetzt, um auch dem Rekordmeister die Stirn bieten zu können, so etwa durch den 1990 verpflichteten Franco Foda (hier der frühere Kaiserslauterer im Duell mit dem Münchner Stefan Reuter (links) . . .*

159 *. . . oder auch durch Ulf Kirsten. Der frühere DDR-Nationalspieler aus Dresden schloß sich wenige Monate nach dem Wechsel Thoms ebenfalls dem TSV Bayer an.*

160 *Im Jahr 1989 mit großen Hoffnungen, aber ohne ausreichend kritische Prüfung für 1,8 Millionen Mark aus Kiew geholt: Igor Belanow, hier vor der Fan-Kurve. Der über seinen Leistungszenit längst hinausgetrudelte „Sputnik“ erfüllte die hochgeschraubten Erwartungen nicht.*

Doch der alternative Mönchengladbacher Weg zum Erfolg verstrebte sich zuletzt im Unbestimmten. Und Borussia, zwei Jahrzehnte lang ein Klub ohne Skandale oder auch nur Affären, ist inzwischen ein Verein wie viele andere, hat gewissermaßen die Unschuld verloren. In der schweren Saison 1989/90, als der Abstieg aus der Bundesliga schon unabwendbar schien, brach das Präsidiums-Trio mit seinem ehernen Grundsatz, niemals einen Trainer zu entlassen. Mitte November beugte es sich dem immer stärker werdenden Druck von außen und ersetzte Wolf Werner durch dessen Assistenten Gerd vom Bruch. Und fast schlimmer noch: Ende März 1990 platzte das Trio, zerbrach die Freundschaft zwischen Manager Helmut Grashoff und Schatzmeister Dr. Alfred Gerhards, der bei den Vorstandswahlen «durchfiel». Eine 22jährige Zusammenarbeit war beendet; Gerhards war – so die Überzeugung vieler Beobachter – durch einen Winkelzug Grashoffs die Quittung dafür ausgestellt worden, daß er im Niedergang der voraufgegangenen Monate ungewohnt kritische Anstöße – so auch zum Trainerwechsel – gegeben hatte.

Reste ihres sportlichen Kapitals hatten die Borussen ganz anders als die Bayern, bei denen es stetig gemehrt worden war, zu diesem Zeitpunkt bereits verspielt. Teure Fehleinkäufe auf dem Spielermarkt wie der Sowjetrusse Igor Belanow, viel zu teure Investitionen in andere Spieler, teils nur als ausgesprochene «Noteinkäufe» verständlich, aber vor allem das Fehlen nachwachsender Riesentalente, auf die der Klub so viele Jahre dringend angewiesen gewesen war – das alles summierte sich zu einer sportlich mißlichen Situation, in der auch dem Manager, der jahrelang als vorbildlich solide, seriös und sachkundig gepriesen worden war, zunehmend Kritik galt.

Allzu lange hatte Helmut Grashoff es, beruhigt vom Erfolg, versäumt, dem Verein potente Gönner und Sponsoren zuzuführen, die tiefen Gräben zu den Verantwortlichen der Stadt zuzuschütten, die Borussia mit dem Stadion-Ausbau hinhielten, auch Einfluß auf eine positive sportliche Entwicklung zu nehmen. Als Jupp Heynckes am 1. Juli 1987 seine Arbeit in München antrat, enttäuscht von der Beschränktheit der Möglichkeiten, die ihm in Mönchengladbach sieben Jahre lang den Griff zum großen Erfolg verwehrt hatten, stand Borussia gerade im Begriff, ihren Dauerplatz in den europäischen Pokal-Wettbewerben aufzugeben.

Für immer? Vielleicht bedarf es eines Fußball-Wunders, wenn dem Absturz in die Mittelmäßigkeit ein neuer, kräftiger Aufschwung folgen soll. Aber die Entwicklung dieses Sports seit der Stunde Null im Jahre 1945 mit ihren vielen Überraschungen, Unvorhersehbarkeiten und Unplanmäßigkeiten läßt zumindest Hoffnung.

Überraschungen geben dem Spiel seit jeher die Würze. Da kommt eine international kaum so richtig ernst genommene deutsche Mannschaft, gerade erst nach dem Kriegs- und Nachkriegs-Wirrwarr neu gebildet, und entzaubert die Ungarn in Bern, jene Ungarn, die damals als fast unbezwingbar galten. Da sorgen Außenseiter wie der SV Sodingen, die Sportfreunde Katernberg, der SV Alsenborn oder jüngst auch der FC Homburg und Wattenscheid 09 für Furore, meist nicht all zu lang, aber doch nachhaltig. Da treffen in Mönchengladbach Hennes Weisweiler, Günter Netzer, Jupp Heynckes und Berti Vogts zusammen – rein zufällig – und entfachen für mehr als ein Jahrzehnt einen Fußball-Tanz in der tiefen niederrheinischen Provinz, der weit über die Grenzen hinaus begeistert. Überraschungen, Unvorhersehbarkeiten, die staunen machen. Im kleinen erleben wir sie Spieltag für Spieltag, von der Bundesliga bis in die Kreisliga C. Und der Unterschied ist nur, daß die Bundesliga-Überraschung mehr Beachtung findet.

Null Bock: Der Fußball in der Krise

Dennoch – auch im Fußball ist der Erfolg meist geplant und der Mißerfolg für gewöhnlich die Folge einer Fehlerkette oder Fehlentwicklung. Ein gutes Team kann einmal stolpern, wie das der Bayern sogar in Weinheim. Auf die Dauer setzt sich seine Qualität immer durch. Und eine infolge falscher Weichenstellung seiner Lenker auf ein Abstellgleis geschobene Mannschaft wird noch eine Zeitlang, von der Substanz zehrend, zu Erfolgen rollen, aber irgendwann stirbt sie im Stillstand der Fehlplanung.

Im deutschen Spitzenfußball hatte eine folgenschwere Fehlentwicklung, die das Spiel bis Mitte der achtziger Jahre zunehmend ärmer an Ideen, Inspiration, Individualität werden ließ, nach Meinung von Kennern schon auf dem Höhepunkt der «goldenen siebziger Jahre» begonnen – nur merkte es im Siegesrausch niemand. Dettmar Cramer faßt seine Eindrücke von 45 Jahren deutschen Nachkriegsfußballs zusammen: «Die erste Periode war noch klar geprägt von der Technik, dem Spielverständnis und dem Spielwitz der Vorkriegszeit. Die Kondition spielte bei meist nur zweimaligem Training in der Woche noch keine wichtige Rolle. Mit der Einführung der Oberliga kamen mehr Trainingseinheiten dazu, außerdem Trainingslager mit noch intensiverer Vorbereitung. Kondition und Spielverständnis wurden so deutlich verbessert. Über die Weltmeisterschaften und die Europapokal-Wettbewerbe sind die Anforderungen an die Kondition dann noch höher geworden. Und irgendwann hat es einen Knick gegeben in der logischen Entwicklung: Nach 1972 wurde das Konditionelle so in den Vordergrund geschoben, daß viele andere wichtige Bestandteile des Fußballspiels zu kurz gekommen sind.» Der glänzende Analytiker und Theoretiker Cramer bündelt sein Urteil in die Worte: «Wir haben uns, dem Schlagwort vom ‹Fußball total› folgend, den es nicht gibt, vom Spiel wegentwickelt zur Überschätzung des Konditionellen. Auch Jupp Heynckes, das Kind des „Kapitulationstages“ 9. Mai 1945, mittlerweile ein Mann, der 25 Jahre Bundesliga miterlebt und mitgeprägt hat, begründet die Entwicklung «vom Spieler zum Renner» damit, «daß es nach 1972 einfach nicht mehr so viele Spielerpersönlichkeiten gab. Viele Vereine glichen dieses Manko aus durch verstärkte Arbeit auf physischem Gebiet. Und um ihren Vorsprung nicht zu verlieren, haben dann sogar die Spitzenvereine in dieser Hinsicht nachgezogen». Was dabei herauskam, war ein häufig wenig ansehnlicher Fußball, ein Spiel im unattraktiven Einheits-Look von Tempobolzerei und Kraftmeierei. Die Entwicklung wurde um so fataler, als sie auch den Nachwuchsbereich voll erfaßte. Schon in den Schüler- und Jugendmannschaften stand viel zu sehr – wiederum Zeichen der Zeit – der Erfolg statt das Spiel an sich im Mittelpunkt. Cramer stellte Mitte der achtziger Jahre enttäuscht fest: «Ich sehe in der Bundesliga viel zu viele junge Spieler, die die Voraussetzungen technischer Art nicht im notwendigen Umfang mitbringen.» Der Erfolgsdruck wiederum, Zentnerlast auf den Schultern gerade der Trainer, ließ kaum Zeit zur Bestandsaufnahme, zur Neuorientierung aus besserer Einsicht. Es durfte möglichst Woche für Woche nicht verloren werden – egal wie.

Eine verhängnisvolle Wechselwirkung, denn wie sollte die Fußball-Fehlentwicklung aufgehalten, gar umgekehrt werden, wenn oben schlechte Beispiele gegeben und unten falsche Ziele gesetzt wurden? Ohnehin litt das Spiel bei seiner weiten Verbreitung unter den inzwischen völlig veränderten gesellschaftlichen Verhältnissen. Es war nicht mehr das dominierende Freizeit-Angebot für Sportinteressierte wie im ersten Nachkriegs-Jahrzehnt. Viele andere Freizeitgewohnheiten konkurrierten längst mit ihm. Es gab auch nicht mehr den einst florierenden Straßen- und Hinterhoffußball im nötigen Umfang, der ja immer die gewissermaßen spielerische Vorstufe jeder späteren Technik-Schulung gewesen war. Und es war eine ganz neue Generation im Nachwachsen begriffen, die Generation der verwöhnten Kinder einer Freizeit- und Überflußgesellschaft. «Wir haben früher», sagt Jupp Heynckes, «nichts anderes als Fußball gekannt. Heute kommen auf die jungen Leute nicht nur große schulische und berufliche Probleme, sondern auch all die Ablenkungen von der Freundin über das Moped und den Walkman bis zur Disco zu.»

Anfang der achtziger Jahre erreichte der Trend in die verkehrte Richtung seinen Höhepunkt. Null Bock war in. Berti Vogts hatte sich damals gerade als Nachwuchstrainer im Deutschen Fußball-Bund etabliert, und weil er immer, von der Ausbildung zum Werkzeugmacher in Neuss bis zur Vervollkommnung seiner Spielerpersönlichkeit in Mönchengladbach, alles mit vollem Engagement zu tun pflegte, empfand er auch diese Trainertätigkeit nicht bloß als Job zum Geldverdienen. Rückblickend erinnert er sich: «Damals, so um 1982 bis 1984, bekamen wir es häufig mit jungen Spielern zu tun, die überhaupt keine positive Einstellung zum Fußball hatten. Sie nahmen wenig an, investierten wenig, wollten nur wenig lernen.»

Verwöhnt, gelangweilt, gedankenlos und leicht aufsässig lebten sie vor sich hin – Kinder einer Zeit, in der das Materielle eine krasse Überbetonung gefunden hat.

«Ich mußte früher», erinnert sich Vogts, «kämpfen, um etwas zu werden. Heute machen es die Vereine den jungen Spielern oft viel zu leicht, bieten ihnen viel zu früh einen Haufen Geld.» Mitte der achtziger Jahre schon mußte der neue Chef der Nationalelf in seiner Eigenschaft als Nachwuchstrainer erfahren, «daß man einem 16jährigen über 8000 Mark im Monat geboten hat. Da frage ich mich, wo das hinführen soll». Bei Auslandsreisen zu Länderspielen, Turnieren oder internationalen Meisterschaften machte Vogts häufig mit seinen Auserwählten die Erfahrung, «daß die sich über die fünf Mark Taschengeld vom DFB kaputtlachten, wo sie aus Monaco oder Leningrad für 500 oder 700 Mark in der Woche nach Hause telefonierten». In diesen Jahren wunderte sich Vogts auch darüber, «wie unselbständig die jungen Spieler waren. Die füllten nicht einmal die Antwortkarte für eine Einladung zum DFB selbst aus. Sogar das nahm man ihnen in den Geschäftsstellen der Vereine ab.» Und einmal, mitten im Winter bei der Abreise zum Turnier in Leningrad, staunte Vogts nicht schlecht, «als da zwei Jungs ohne Mantel zum Flughafen kamen, mit dünnen italienischen Schuhen, offenem Hemd und nur einer Jacke». Vogts fragte sich: «Wie sollen solche Spieler später je Verantwortung übernehmen, lernen, sich durchzusetzen und zu behaupten? Weil man es ihnen in jeder Hinsicht so leicht macht, ihnen alles abnimmt, sie sich selbst überläßt, werden sie es sehr, sehr schwer haben, im Leben genau so wie auf dem Spielfeld.»

In seiner Eigenschaft als DFB-Trainer für Nachwuchsschulung und -förderung griff Vogts, Energiebündel seit eh und je, in den Gang der Fehlentwicklung ein: «Wir stellten unsere Talentsichtung um, sagten uns: Solche Typen wollen wir nicht mehr, die sich schon damit zufriedengeben, daß sie in Auswahlmannschaften spielen.» Vogts und auf seine Initiative hin die Verbands- und teilweise sogar die Klubtrainer für die 14- bis 18jährigen hielten Ausschau nach anderen Talenten, setzten aber vor allem auch andere Akzente der Schulung und Betreuung: Verantwortlichkeit, Initiative, positive Einstellung zur Leistung waren wieder gefragt, dazu kehrte das Spiel in den Mittelpunkt zurück.

161 *Das sympathische Lächeln darf nicht darüber hinwegtäuschen, daß der neue Bundestrainer Berti Vogts ein harter Kritiker und unbequemer Mahner sein kann, wenn es um zukünftige Fußball-Qualität geht.*

Neue Einsicht – neuer Aufbruch – neue Ziele – neuer Glanz

«Optimale Talentförderung» – so heißt nun seit fünf, sechs Jahren das Schlagwort, und der Erfolg zeigte sich auch bei der WM in Italien: «Daß Franz Beckenbauer dort», so Jupp Heynckes, «mehr als ein halbes Dutzend Mittelfeldspieler erster Güteklasse hatte, ist dieser neuen Entwicklung zuzuschreiben.» Der Münchner Erfolgstrainer mißt seinem ehemaligen Mönchengladbacher Teamkollegen entscheidenden Anteil an der «neuen deutschen Welle» bei: «Berti hat durch sein Engagement ganz entscheidend zur Weichenstellung beigetragen und Pionierarbeit geleistet. Wie wichtig seine Rolle in den letzten Jahren war, zeigt sich daran, daß fast alle Spieler unserer WM-Mannschaft von 1990 durch seine Schule gegangen sind.»

«Umdenken tut not» – mit dieser Erkenntnis machte der Willens- und Tatmensch Vogts «den großen Schnitt». Die neuen Kriterien der Talentförderung wurden begleitet von einem fundamentalen Umdenken: «Titel sind nicht so wichtig, auf die richtige Ausbildung der Nachwuchsspieler kommt es an», erkannte Vogts. Er machte zudem die Talentschulung quantitativ und qualitativ ersprießlicher. Eine seiner wichtigsten Maßnahmen: 1988 setzte er durch, daß bundesweit an zehn Sportschulen ein Stützpunkttraining eingeführt wurde – mit ehemaligen Stars wie Uwe Seeler, Klaus Fischer, Wolfgang Overath oder Bernd Förster als prominenten, zugkräftigen «Paten». «An 19 Montagen der Saison kommen die Jungen zur individuellen Technik-Schulung dorthin. So bringen wir sie systematisch voran», erläutert Vogts, der stolz gerade auf dieses Konzept ist: «Wenn 15jährige heutzutage schon rund 80 und 18jährige sogar bis zu 100 Spiele pro Saison absolvieren, dann fragt man sich: Wann sollen die noch vernünftig trainieren, wann soll man denen noch etwas beibringen? Das war unsere Grundüberlegung zum Stützpunkttraining.»

Auch als Lenker der Nationalelf will Vogts zusammen mit seinem Freund Rainer Bonhof, den er als Assistenten berief, weiterhin darauf achten, daß die Entwicklung der Nachwuchsförderung auf dem gottlob noch rechzeitig gefundenen Erfolgskurs bleibt – und wenn möglich noch weiter optimiert wird in der klaren Erkenntnis, daß richtig geförderte Talente das Fußballkapital von morgen sind. Der nächste Schritt auf diesem Weg: «Wir wollen erreichen, daß einmal erkannte Talente nicht nachrückenden Spielern einen Platz wegnehmen. Das heißt, wer über die Landesverbands-Auswahl hinausgekommen ist in die nächsthöhere Mannschaft, der soll darunter nicht mehr berücksichtigt werden, damit dort seine Position für ein neues Talent frei bleibt.» Das setzt bei Trainern und Betreuern die Überwindung von Egoismen voraus und erfordert eine weitgehende Verzahnung aller Maßnahmen. Vogts, gründlicher Arbeiter und auf seine Weise ein ähnlicher Perfektionist wie Franz Beckenbauer, macht es niemandem leicht im Bestreben um höchste Ausschöpfung aller Möglichkeiten. Und er will auch, gerade bei seinem Steckenpferd Jugendfußball, der unbequeme Mahner bleiben: Mahner vor Auswüchsen bei der Abwerbung talentierter junger Spieler durch Bundesligaklubs, vor allzu früher Verpflanzung der Jungen («wenn sie schon mit 14 aus dem Elternhaus herausgerissen werden und ins Internat sollen, dann ist das nicht in Ordnung»), vor der Überbetonung des Erfolgs- und Titeldenkens in den Leistungsklassen des Jugendfußballs.

In wenigen zurückliegenden Jahren ist jedenfalls ein neuer Typus des jungen, ambitionierten Spitzenfußballers entstanden. Jupp Heynckes, der in Mönchengladbach schon gezwungenermaßen dem Nachwuchs zugewandt sein mußte und in München aus guter Einsicht diesen Arbeits-Schwerpunkt eines jeden pädagogisch orientierten Trainers beibehielt, charakterisiert den Spielertyp zum Beginn der neunziger Jahre: «Unverändert ist in unserer Konsumgesellschaft zwar, daß die jungen Spieler sehr früh alle Wünsche erfüllt bekommen. Aber wir haben jetzt doch wieder eine Generation ungemein ehrgeiziger Spieler. Da ist nichts mehr von null Bock zu spüren. Die Jungen arbeiten hart an sich, sie sind dabei aber vielleicht etwas lockerer, setzen sich nicht so unter Erfolgsdruck, wie es früher bei uns der Fall war, und das ist sicherlich positiv.» Natürlich spiele die materielle Zielsetzung bei der neuen Generation von Talenten eine bedeutende Rolle: «Die Spieler hoffen auf den sozialen Aufstieg durch den Spitzenfußball. Da trifft man auf viel Statusdenken. Das ist schon eine wichtige Antriebsfeder für ihren Ehrgeiz. Es lockt sie, daß sie als Bundesligaspieler einmal sagen können: Ich bin wer.»

Glücklicherweise war Berti Vogts in den Einsichts- und Umbruchjahren kein Einzelkämpfer. Vielleicht hätte er sonst so schnell auch gar nicht soviel zu bewegen vermocht. Das Fußballspiel ist, wenn es dem Zustand der Perfektion wenigstens nahekommen will, eine ideale Mischung von Athletik und Technik, gepaart mit guter Mannschafts-Harmonie und einer wohldosierten

162 *Thomas Häßler*

163 *Andreas Möller*

164 *Olaf Thon*

165 *Stefan Effenberg*

166 *Michael Sternkopf*

162–166 *Eine neue Generation spielstarker deutscher Spitzenspieler ist nach den Flaute-Jahren der Null-Bock-Generation nachgewachsen. Ihr auffallendster Vertreter, der kleine Thomas Häßler, war Juventus Turin als 24jähriger über 15 Millionen Mark wert. Auch dem ein Jahr jüngeren Andy Möller, auf den Eintracht Frankfurt große Hoffnungen setzt, sind neue spielerische Impulse in der Bundesliga und der Nationalelf zuzuschreiben. „Er hat sich durchgeboxt", urteilt Berti Vogts, der Möllers Entwicklung aufmerksam verfolgt hat. Olaf Thon, Stefan Effenberg und Michael Sternkopf gehören zur jungen Bayern-Garde, die Manager Uli Hoeneß zu der Feststellung veranlaßt: „Uns braucht um die Zukunft nicht bange zu sein." Allerdings – wie schwer es gerade junge Stars im Münchner Millionen-Team haben, einen Stammplatz zu ergattern, mußte der 3,5-Millionen-Einkauf Sternkopf zu Beginn seines Engagements an der Isar erfahren.*

Prise Taktik. Die Athletik hatte ihre Hoch-Zeit, wie beschrieben, gehabt. Und irgendwann kam – gerade bei den Spitzentrainern – die Erkenntnis: Auf diesem Sektor ist nichts mehr zu verbessern. «Physisch», bestätigt Jupp Heynckes, «sind unsere Spieler gewissermaßen ausgereizt. Kondition, Konstitution, Zweikampf-Verhalten – da ist keine wesentliche Steigerung mehr drin. Also mußten wir, wenn es noch Fortschritte geben sollte, wieder mehr auf das spielerische Element achten, mehr den Spieler statt den Renner fördern.» Das geschah – auch und parallel zum Jugendfußball in der Bundesliga. «Wir Trainer haben umgedacht und in den letzten zwei, drei Jahren in dieser Hinsicht eine ganze Menge erreicht», sagt Heynckes. «Wir wissen, daß erfolgreicher Fußball allein nicht mehr ausreicht, sondern daß auch guter Fußball geboten werden muß. Erlebnis-Fußball ist das, was wir für die Zukunft brauchen, wenn wir das Publikum voll und ganz zufriedenstellen wollen.» Daß dabei noch viel Spielraum zur Fortentwicklung geblieben ist – kein Freund der Bundesliga wird es bestreiten. Denn der neue Trend ist zwar da, drückt sich aus in Talenten wie Andreas Möller oder Thomas Häßler, aber da ist nach wie vor auch der Zwang zum Siegen, der Druck des Erfolgs, der Trainerstühle sehr schnell wackelig macht, wenn die Erwartungen von Klubführung, Medien und Publikum zu kurz kommen. Und notfalls ist es – aus Trainersicht – immer noch besser, häßlich zu gewinnen als herrlich zu verlieren. Die Aussicht aber, daß von unten das Saatgut von Vogts noch stärker nachwächst und die Anzahl der spielstarken Akteure für die Spitzenklasse deutlich größer macht, darf für die Zukunft optimistisch stimmen. Und der Bekkenbauer-Nachfolger ist noch keineswegs zufrieden: Eine seiner ersten Amtshandlungen nach dem Titelgewinn in Italien, nach der Über-

nahme der von Beckenbauer abgegebenen Verantwortung war es, den Jugendtrainern in den DFB-Landesverbänden ans Herz zu legen: «Fördert den Jugendfußball noch mehr, legt noch mehr Wert als bisher auf die Technik und die Stärkung des spielerischen Elements.»
Vogts steht in dieser Hinsicht ganz in der erstaunlichen Tradition all jener ehemaligen großen Fußballer, die selbst eher Kämpfer als Techniker waren; in die Trainerhaut geschlüpft, waren meistens gerade sie es, die das Spielerische förderten, wie es oft im Leben paradoxerweise so ist, daß Menschen gern das anstreben und sein wollen, von dem sie das Gegenteil sind. Zudem steht Vogts zweifelsfrei in der direkten Nachfolge jenes Trainers, mit dem er jahrelang intensiv gearbeitet hatte, der sein großer Lehrmeister und väterlicher Vertrauter gewesen war: Hennes Weisweiler.
Mit dem dritten Gewinn des WM-Titels ist, so glauben jedenfalls fast alle Verantwortlichen, eine hervorragende Voraussetzung dafür geschaffen worden, daß die positive Entwicklung im deutschen Fußball weitergeht und die Wechselwirkung von guter Basisarbeit unten und beispielhafter Trendvorgabe oben neue Impulse gibt. «Die Chance, den Trend zu verstärken, ist sehr groß», glaubt Jupp Heynckes. «Wir haben bisher immer ein bißchen in Nostalgie machen müssen, auf die Mannschaften von 1954 und 1974 als Vorbilder hingewiesen. Jetzt haben wir als Ansporn auch die 90er-Mannschaft, sie steht lebendig unter uns.»
Heynckes glaubt wie Berti Vogts, daß der Titelgewinn den Fußball als Sportausübung wieder erheblich attraktiver gemacht hat: «Viele Jungs werden jetzt statt zum Tennis zu den Fußballvereinen gehen.» Vogts hofft in diesem Zusammenhang (und leise Zweifel sind unüberhörbar), «daß die Vereine auf den Ansturm vorbereitet sind, Programme für die Jungen haben». Der verbissene Arbeiter Vogts weiß, in welch schwere Verantwortung er als Nachfolger Beckenbauers gestellt werden wird: Nach dem WM-Titelgewinn einsteigen zu müssen, ist fast so halsbrecherisch wie aus einem fahrenden Zug auszusteigen.
Vogts packt vielleicht gerade deshalb seine Aufgabe fordernd, drängend an, als sei ihm jede Stunde selbstzufriedenen Jubels schon zuviel: «Der Titel ist Vergangenheit. Jetzt muß hart gearbeitet werden. Es gilt, die WM zu nutzen, anstatt sie zu benutzen.» Worte, die nur zwei Wochen nach dem Sieg von Rom symptomatisch für den Neuen der Nationalelf sind. «Der Fußball», sagt Berti Vogts überzeugt, «befindet sich auf einer Woge der Begeisterung, und daraus muß etwas gemacht werden.» Für die Nationalelf heißt das klipp und klar: «Sie muß weiter so auftreten wie bisher, im Spiel, aber auch in der Öffentlichkeit und gegenüber den Medien.» Und für die Bundesliga? Vogts läßt keinen Zweifel: «Auch dort muß sich der Fußball so präsentieren wie in Italien. Es muß ehrlicher Fußball geboten werden mit Engagement und Einsatz bis zur 90. Minute.»
Es darf hoffnungsvoll stimmen, daß von einer Tendenz, es nach dem Titelgewinn erst einmal gemächlicher weitergehen zu lassen, nichts zu bemerken ist. Sattheit wollen sich die Verantwortlichen jenes Verbandes nicht leisten, der in der Erfolgsbilanz seit 1945 einzigartig in der Welt dasteht. Vielmehr soll mit dem Pfund gewuchert werden: Die weitverzweigte, auf Zweckmäßigkeit und Leistung bedachte Verbandsstruktur schafft ganz offensichtlich gründlicher als anderswo die Basis dafür, daß das so recht zur Geltung kommt, was Jupp Heynckes «die deutschen Fußballeigenschaften» nennt: «Disziplin, Engagement und Gewissenhaftigkeit sind bei uns sehr hoch entwickelt.» Solide Leistungsfähigkeit also, und gestützt, gefördert von so vielen kompetenten Persönlichkeiten wie hierzulande, muß sie keine vorübergehende Erscheinung, kein sich bald wieder verflüchtigendes Phänomen sein. Andererseits lebt dieses Woche für Woche hunderttausendfach betriebene Spiel nicht nur von Solidarität, von Bravheit. «Auch das Spektakel, die große Zahl, sogar der Bankrott irgend eines Vereins gehören mit zur Attraktivität dieser Sportart. Ich hätte Angst vor zuviel Solidität, die leicht zu Langeweile führen könnte.» Das ist die Meinung von Karl-Heinz Thielen, der auch ein sehr, sehr langer Wegbegleiter deutschen Spitzenfußballs der Nachkriegszeit ist.
Uli Hoeneß steht ganz auf dieser Linie: «So eine liebe, nette Mannschaft zu haben, können und wollen wir uns zum Beispiel überhaupt nicht erlauben. Das entspricht nicht dem Anspruch, den unser Verein nach außen erheben muß.» Die Attraktion, der Star gehöre einfach mit dazu, denn «sonst würde der Zuschauer, der uns haßt, nicht mehr ins Stadion gehen. Und wir brauchen auch die, die nur kommen, um uns auszupfeifen. Zu Paul Breitners Zeiten waren das wahnsinnig viele, im Moment hält es sich in Grenzen». Für Hoeneß ein Zeichen, daß nach der Seite der Solidität mit Sicherheit genug getan worden ist.
Gegen die Langeweile dieses Millionen-Spiels wirken aber auch all die schillernden Figuren des Spektakels, die im positiven Sinne verrückten Mäzene wie Klaus Steilmann oder Jean Löring, die so gegensätzlichen Präsidenten von Manfred Ommer über Gerd Schmelzer bis zu Dr. Franz Böhmert oder Professor Fritz Scherer und die grenzenlos scheinende Vielzahl der Spielertypen – bei genauerem Hinsehen weit entfernt von der oft vermuteten Uniformität.
Bei alledem ist in den vergangenen Jahren eine Erfahrung ganz besonders schmerzlich gemacht worden: Der Bundesligaklub und seine Stars

167/168 *Der Fußball und die Mäzene – wahrlich ein Thema für sich. Die nach Duden-Interpretation «freigebigen Gönner» wirken auf allen Etagen des Fußballgebäudes, manche dabei deutlich sichtbar und sogar mit Amtsbefugnis, andere mehr im Hintergrund, viele aus Anhänglichkeit zum Sport, nicht wenige auch aus Eitelkeit und Selbstdarstellungsdrang. Am weitesten hat es als Mäzen der Wattenscheider Klaus Steilmann (oben beim Torjubel mit Trainer Hannes Bongartz/rechts und Co-Trainer Peter Kunkel) gebracht. Der Herr über ein Textilunternehmen mit rund 1,5 Milliarden Mark Jahresumsatz ist seit 1964 der SG 09 verbunden, war jahrelang Klubpräsident, macht heute noch in Altherren-Spielen mit und sitzt regelmäßig auf der Trainerbank. Auch wenn Steilmann beteuert, die Lizenzmannschaft des Vereins müsse sich selbst tragen – ohne die direkte und indirekte Hilfe vom «Boß» wäre Wattenscheid 1990 nie und nimmer Bundesligist geworden. Noch einige Jährchen länger, wenngleich zuletzt nicht so erfolgreich, lenkt und fördert Jean Löring (unten rechts mit den Trainern Udo Lattek und Erich Ribbeck) die zweitklassige Kölner Fortuna. Der Verein wäre ohne den engagierten Patron, der für Fortuna auch schon Spieler und Trainer war, nie über die Amateurklassen hinausgekommen. Millionensummen hat der Präsident in sein Hobby gepumpt. Neben diesen beiden Spitzenreitern des Mäzenatentums gibt es von der Bundesliga bis in die Amateurklassen noch wahre Hundertschaften von Gönnern. Viele Klubs hat der Geldmangel sogar in völlige Abhängigkeit von ihren Mäzenen getrieben.*

169 *Als zwischen Fans und Stars ein gefährlich tiefer Graben entstand: Torhüter Harald Schumacher (vorn rechts) auf dem Weg zum deutschen Teamquartier bei der Weltmeisterschaft 1982 in Gijon. Gerade ist das skandalöse Österreich-Spiel (1:0) zu Ende gegangen. Viele Schlachtenbummler sind aufgebracht, verärgert, enttäuscht. Doch den deutschen Spielern fehlt in dieser Stunde das Gespür dafür, sich unsportlich verhalten zu haben. In Gijon wurde viel Kredit beim Publikum verspielt.*

müssen, ob sie geliebt oder gehaßt werden, nach Ansicht des Bayern-Managers Uli Hoeneß auf jeden Fall «zum Anfassen» sein. Hoeneß berichtet, er sei 1982 erschrocken gewesen, als er bei der Weltmeisterschaft in Spanien die beiden verschiedenen Lager erkannte: «Damals waren hier die Zuschauer und da die Spieler. Da fand überhaupt kein Übergreifen mehr statt, da gab es kein gegenseitiges Verstehen mehr.» Konsequenzen aus den Spanien-Eindrücken für den plötzlich von Zweifeln erschütterten Volkssport Fußball ziehend, hatten die Bayern bald begonnen, dafür zu sorgen, «daß», so Hoeneß, «der Zuschauer am Spielfeldrand stehen und ‹seinen› Star umarmen kann. Er muß das Gefühl haben: Das ist mein Spieler, mein FC Bayern. Dahin müssen wir kommen, dann haben wir auch Zuschauer in einer Zeit, in der es so wenige Möglichkeiten gibt, sich mit etwas zu identifizieren. Ich glaube, da haben wir

170/172 *Die Stars von heute wissen wieder, was sie ihren Fans schuldig sind: Ehrlichen Fußball, aber auch Nähe und Dialog. Hier die WM-Stars Lothar Matthäus (oben), Klaus Augenthaler (unten links) und Jürgen Klinsmann bei der Kontaktpflege während des Turniers in Italien. Matthäus wuchs nach mancherlei Enttäuschungen bei wichtigen Prüfungen bei der WM 1990 zum Superstar.*

mit dem Fußballsport eine ganz große Chance.»
Einmal im Monat treffen sich in München, im Vereinslokal an der Säbener Straße oder im Weißen Bräuhaus im Tal, die «alten Bayern» von 1946, 1947 am Stammtisch – Bertl Moll, Fritz Seidl, Otto Schweizer, Willi Simetsreiter. In Dortmund finden sich noch hin und wieder die großen Borussen zusammen, Alfred Niepieklo, Helmut Bracht, Elwin Schlebrowski. Die Erfolge, die sie gemeinsam hatten, binden immer noch, und die Kameradschaft von einst erwies sich als beständig, weil sie echt war. Auch Erwin Seeler und die großen Alten vom HSV treffen sich noch bisweilen. Und in Bremen hat die Altmeister-Mannschaft von einst ebenfalls ihren ständigen Treff: Jeden letzten Freitag im Monat im Deutschen Haus direkt neben dem historischen Rathaus. Richard Ackerschott ist mit über 65 einer der Jüngeren in dem Kreis, der naturgemäß immer kleiner wird, aber nicht auseinanderbricht. Solche Pflege des Gemeinschaftsgefühls ist den heutigen Nachfolgern der einstigen Cracks weitgehend fremd. Das Fußballspiel hat alle Merkmale eines Berufs angenommen, und wie eine Betriebs- oder Bürogemeinschaft geht man seiner Wege, wenn die Arbeit auf dem Spielfeld getan ist. Sachlicher, wie das Spiel geworden ist, sind heute eben auch die zwischenmenschlichen Beziehungen. So kommt es, daß Bertl Moll in München, Erwin Seeler in Hamburg oder Richard Ackerschott in Bremen bei ihren Kameradschaftstreffen vieles am heutigen Fußball zu kritisieren haben, vieles nicht mehr recht verstehen und schon gar nicht gutheißen. Die Wandlungen des Spiels von innen und wiederum nach innen, von außen und wiederum nach außen waren in diesen 45 Jahren ja auch riesengroß, sind kaum noch verständlich. Fußball 1945 und Fußball heute – das ist fast, als würde er mittlerweile auf einem andern Stern gespielt.

173

174

175

176 *Als Kameradschaft nicht nur ein Wort war: Kartoffelschälende Dortmunder Borussen im sauerländischen Niedermarsberg. Neben Adi Preißler, Bildmitte („sowas machten wir zur Entlastung der Küche selbst im Hotel") rechts die Spieler Heini Ruhmhofer und Erwin Halfen, ganz rechts Torwart Willi Kronsbein, links mit Akkordeon Herbert Sandmann, ganz links stehend Paul Koschmieder und der große alte August Lenz. Das Foto entstand 1947; es war die Zeit der Kalorienspiele, und die Dortmunder hatten im Sauerland ihr gern besuchtes Stammquartier (Preißler „Da wurde meistens ein Schwein für uns geschlachtet").* ▷

◁ 173 *Das war fast 40 Jahre vor dem Gewinn des WM-Titels in Rom der bescheidene Anfang deutscher Nachkriegs-Länderspielgeschichte. Das gesamte Aufgebot in Stuttgart: Fritz Walter (1), Mebus (2), Turek (3), Ottmar Walter (4), der Masseur (5), Matzkowski (6), Baumann (7), Streitle (8), Balogh (9), der langjährige Spielausschuß-Vorsitzende Körfer (10), Herberger (11), Burdenski (12), Röhrig (13), Kupfer (14), Herrmann (15), Fischer (16), Klodt (17), zweiter DFB-Vorsitzender Huber (18), Morlock (19), Picard (20), Barufka (21), Blessing (22).*

◁ 174 *Sepp Herberger beim Sandkastenspiel. Ein Bild aus den Anfangsjahren der Trainerausbildung in Köln. Links der spätere Leverkusener Trainer Theo Kirchberg, der kleine Mann in der Mitte ist Helmut (Fiffi) Kronsbein, rechts neben Herberger Herbert Burdenski.*

◁ 175 *Nostalgisches Gruppenfoto aus der Zeit der weiten Hosen und engen Jacken. 1948 stellten sich vor einem Auswahlspiel Mittelrhein-Westfalen in Köln (vordere Reihe) Heinz Flotho mit Knickerbocker, Hans Schäfer, Berni Klodt, Jupp Röhrig, Erich Matzek, (mittlere Reihe) Herbert Widmayer, Paul Koschmieder, Kurt Zaro, Fritz Herkenrath, (hintere Reihe) Max Michallek, Paul Matzkowski, Ernst Rupieta, Hennes Weisweiler und Jupp Schmidt.*

Fußball vor über 40 Jahren – aus dem Familienalbum zweier Altmeister

Adi Preißler und Herbert Burdenski – gleich nach dem Krieg spielten sie im Westfußball ganz oben mit, der gebürtige Duisburger Preißler seit 1946 in Dortmund, Burdenski seit 1945 in Schalke. Adi Preißler, der sich ganz vom Fußball zurückgezogen hat, wurde nach einem zweijährigen Zwischenspiel im damals berühmten »100 000-Mark-Sturm« von Preußen Münster in Dortmund 1956 noch Deutscher Meister – als 35jähriger. Herbert Burdenski, der 1949 für fünf Jahre das Werder-Trikot überstreifte, ist in seiner Heimat Gelsenkirchen immer noch fast täglich auf der Geschäftsstelle des FC Schalke zu finden. Alte Anhänglichkeit, tiefwurzelnde Verbundenheit, wie sie heute selten geworden ist. Daß die Stars von einst vielfach noch heute enge Kontakte miteinander pflegen, ist vielleicht auch aus den Entbehrungen und Improvisationen in den Kriegs- und Nachkriegsjahren zu erklären. Mangel bindet, Überfluß indes fördert Gleichgültigkeit. Fast jedes Einzelschicksal war seinerzeit abenteuerlich. Wie das des Schützen Preißler. In Wuppertal zur Infanterie eingezogen, fiel er bei einem Spiel unter Soldaten sogleich als guter Stürmer auf. Der TSV Ronsdorf erwirkte seine Spielberechtigung. »Der Verein hatte damals so einflußreiche Leute, daß ich immer zu Spielen raus aus der Kaserne durfte. Und selbst als wir später nach Lingen verlegt worden waren, klappte der Kontakt zum Bataillonschef so gut, daß ich am Wochenende nach Wuppertal fahren durfte. Und weil wir uns damals mit Uniform nicht über 100 Kilometer vom Standort entfernen durften, hatte ich in der Kaserne immer meinen Zivilanzug.« 1944 wurde Preißler zur Neuaufstellung eines Ersatzbataillons nach Minden verlegt. Eine seiner ersten Fragen: »Kann ich bei euch mit Fußball spielen?« Er durfte. Die Wehrmachts-Spielgemeinschaft Minden (so hieß die Mannschaft mit dem „Paradesturm" Erdmann/Brenzke/Preißler/Kleina/Kronsbein) war froh über den tüchtigen Toremacher – und der wiederum blieb, damit die Mannschaft schön siegen konnte, lange vom Fronteinsatz verschont. Adi Preißler sagt heute wie viele seiner Generation: »Daß ich Fußball spielen konnte, hat mir wahrscheinlich das Leben gerettet.«

Wie hat sich – nicht nur auf den Sektoren Kondition, Tempo, Härte – das populäre Spiel in 45 Jahren doch gewandelt! Aus dem lebensrettenden, überlebenswichtigen Hobby von damals ist ein Berufszweig voller Erfolgsdruck geworden; der Spaß von einst hat dabei weitgehend Nüchternheit und Zweckmäßigkeit Platz gemacht.

Fußball ohne Ende

Ungebrochen nach der atemberaubenden Entwicklung ist jedoch die ursprüngliche Kraft, die aus dem Fußballspiel strömt wie aus einer Energiequelle, der veränderte Bedingungen nichts anhaben können. Deshalb sagt Jupp Heynckes mit Überzeugung: «Der Fußball ist nicht totzukriegen. Wir müssen nur seine weitere Entwicklung in eine positive Richtung lenken.» Uli Hoeneß, gefragt, ob es auch im Jahr 2000 noch Fußball gebe: «Bestimmt, und vielleicht bin ich dann Präsident des FC Bayern.»
Franz Beckenbauer, der gefragte, gesuchte Superstar des deutschen Fußballs und vielleicht eines Tages doch wieder ein Hauptdarsteller auf heimischer Kicker-Bühne, ist sich seiner Sache auch sicher: «Der Fußball ist viel zu interessant, viel zu schön, viel zu attraktiv, als daß er eines Tages in Vergessenheit geraten könnte.»
Schließlich Dettmar Cramer: «Ich habe viele Funktionäre, Schiedsrichter, Trainer und Spieler kennengelernt, die versuchten, unser Spiel kaputtzumachen. Wir haben in den Statuten manche Fußballspiel-Verhinderungsparagraphen. Und wir haben alles mögliche erlebt, nicht zuletzt 1982 in Spanien, den Fußball zu zerstören. Es gelingt nicht. Das Spiel ist letzten Endes zu gesund.»

177 *Solche Menschenmassen mobilisiert im Sport wohl nur der Fußball. Zehntausende auf dem Frankfurter Römerberg, viele mit Fahnen und Transparenten, jubeln den heimgekehrten Weltmeistern zu.*

DEUTSCHLAND

Zeittafel

178 *Torwart Fink, Streitle und Pöschl (von links) bei einen Oberliagspiel zwischen Bayern München und dem 1. FC Nürnberg bald nach dem Kriegsende.*

179 *Ruppel (Spfr. Katernberg) räumt auf. In den ersten Oberliajahren ist das Team aus der Essener Vorstadt ein gefürchteter Gegner.*

180 *Das erste Nachkriegs-Finale: Schaffer (Nürnberg) fängt den Ball. Rechts dahinter Max Morlock.*

1945	9. Mai	Mit der bedingungslosen Kapitulation der deutschen Wehrmacht endet in Europa der Zweite Weltkrieg. In den vier Besatzungszonen versuchen die kommunalen Behörden, den Sportbetrieb wieder in Gang zu bringen. Die ersten Vorboten der späteren Verbände bilden sich: «Sparte Fußball» und «Bund für Sport und Körperpflege in Stuttgart»; «Sparte Fußball» im Bayerischen Landessportbund; «Sparte Fußball» im Berliner Kommunalsport.
	Juni	Überall beginnt wieder der Spielbetrieb, doch darf er laut Verfügung der Besatzungsmächte nicht über den lokalen Rahmen hinausgehen.
1946		In allen Besatzungszonen finden wieder Meisterschaftsspiele statt. Während in West- und Norddeutschland jedoch nur lokale Spielklassen eingerichtet werden und Berlin eine (Gesamtberliner) Stadtmeisterschaft durchführt, bilden Süd- und Südwestdeutschland schon jeweils eine Oberliga als höchste Klasse. Als erste Verbände werden der Westfälische, der Badische (Juni) und der Hessische Fußballverband (Juli) gegründet.
1947	Januar	Gründung des Fußballverbands Niederrhein.
	Februar	Erste Interzonen-Tagung von Vertretern aus den drei westlichen Besatzungszonen in Essen.
	Juli	Gründung des Niedersächsischen Fußball-Verbandes. Einführung der Oberliga auch in West- und Norddeutschland. Als Vorstufe zur Deutschen Fußball-Meisterschaft werden in den drei westlichen Besatzungszonen sogenannte Zonenmeisterschaften eingeführt.
	12./13. Dezember	In Stuttgart-Fellbach befaßt sich eine Prüfungskommission für Berufsfußballfragen mit möglichen Entwicklungen hin zum Professionalismus.
1948		Als Vorläufer des Deutschen Fußball-Bundes entsteht der Deutsche Fußball-Ausschuß unter Vorsitz von Dr. Peco Bauwens.
	17. Juli	Gründung des Fußballverbands Schleswig-Holstein.
	25. Juli	Gründung des Saarländischen Fußball-Bundes.

	8. August	Im ersten Nachkriegs-Endspiel um die Deutsche Meisterschaft besiegt der 1. FC Nürnberg in Köln den 1. FC Kaiserslautern vor 75 000 Zuschauern mit 2:1.
	14. September	Mit Beginn der neuen Saison der Oberliga Süd wird der Vertragsspieler eingeführt.
1949	7. Mai	Der Weltverband FIFA hebt das Spielverbot gegen deutsche Mannschaften auf, doch ist die Durchführung internationaler Spiele von der Zustimmung der jeweiligen Militärregierung abhängig.
	11. Juni	Gründung des Fußballverbandes Rheinland.
	1. Juli	Der Deutsche Fußball-Ausschuß veranstaltet in Stuttgart-Bad Cannstatt den ersten Nachkriegsbundestag. Er beschließt die Wiedergründung des DFB, die in einem Festakt in der Oper öffentlich proklamiert wird.
	24. Juli	Gründung des Südwestdeutschen Fußball-Verbandes. Auch in West- und Norddeutschland wird der Vertragsspieler eingeführt.
	2. Dezember	Gründung des Verbandes Berliner Ballspielvereine.
	19. Dezember	Gründung des Süddeutschen Fußball-Verbandes.
1950	30. Mai	Ein Außerordentlicher Bundestag des Deutschen Fußball-Bundes setzt das Vertragsspieler-Statut in Kraft.
	22. Juni	Die FIFA nimmt den inzwischen von Hermann Neuberger geführten Saarländischen Fußball-Bund als selbständiges Mitglied auf.
	22. September	Aufnahme des Deutschen Fußball-Bundes in die FIFA.
	22. November	Erstes Nachkriegs-Länderspiel. In Stuttgart gewinnt die deutsche Nationalmannschaft gegen die Schweiz mit 1:0.
1953	1. Mai	Im ersten Pokal-Endspiel nach dem Krieg gewinnt Rot-Weiß Essen im Düsseldorfer Rheinstadion gegen Alemannia Aachen mit 2:1.
	11. Oktober	Die Nationalmannschaft des Deutschen Fußball-Bundes trägt gegen die Auswahl-Elf des Saarländischen Fußball-Bundes ihr erstes Weltmeisterschafts-Qualifikationsspiel aus und siegt in Stuttgart mit 3:0.
1954	28. März	Das Rückspiel wird in Saarbrücken mit 3:1 gewonnen.
	20. Juni	Im Weltmeisterschafts-Vorrundenspiel unterliegt eine mit Reservisten durchsetzte deutsche Nationalelf in Basel gegen Ungarn mit 3:8.

181 *Der Chef und seine Schüler in den ersten Jahren nach dem Krieg: Sepp Herberger zeigt Dettmar Cramer, Hennes Weisweiler und (ganz rechts) Hanne Sobek hohe Fußballschule.*

182 *Sepp Herberger, Fritz Walter und Toni Turek bei der Ehrung nach dem Berner Weltmeisterschafts-Finale.*

183 *Mitte der fünfziger Jahre ist Borussia Dortmund tonangebend. Gegen den HSV gelingt 1957 der zweite Titelgewinn hintereinander.*

184 *1960 sind die Hamburger «dran»: Ihr dritter Meistertitel. Hier Laufduell zwischen Charly Dörfel und Stollenwerk.*

185 *Gerd Müllers Treffer zum 1:0 im Europameisterschafts-Endspiel von 1972 gegen die UdSSR.*

	4. Juli	Durch einen 3:2-Sieg gegen Ungarn in Bern wird die deutsche Nationalmannschaft erstmals Weltmeister.
1955	13. September	Als erste deutsche Mannschaft bestreitet Rot-Weiß Essen ein Europapokalspiel; die Essener unterliegen der schottischen Elf von Hibernian Edinburgh mit 0:4.
1956	28. Juli	Auf dem Bundestag des Deutschen Fußball-Bundes wird der Saarländische Fußball-Bund unter der Bezeichnung Saarländischer Fußballverband als selbständiger Landesverband wieder DFB-Mitglied.
1960	18. Mai	Nach 4:1 und 1:1 gegen Young Boys Bern, 2:1 und 1:1 gegen den Wiener SK sowie 6:1 und 6:3 gegen Glasgow Rangers steht Eintracht Frankfurt im Finale des Europapokals, muß aber Real Madrid in Glasgow (3:7) den fünften Cup-Gewinn hintereinander überlassen.
1962	29. Juli	Im Goldsaal der Dortmunder Westfalenhalle beschließt der Bundestag des Deutschen Fußball-Bundes die Einführung der Bundesliga für Lizenzspieler.
1963	24. August	Erster Spieltag der Bundesliga.
1966	5. Mai	Erster Europacupgewinn einer deutschen Mannschaft durch Borussia Dortmund im 1960 gestarteten Europapokal der Pokalsieger (2:1 gegen den FC Liverpool in Glasgow).
	30. Juni	Die Deutsche Nationalmannschaft wird nach einer 2:4-Endspielniederlage gegen England in London Vize-Weltmeister.
1969		Bayern München gewinnt seine erste Nachkriegs-Meisterschaft und leitet damit eine bis heute andauernde, beispiellose Erfolgsära im deutschen Vereinsfußball ein.
1971	6. Juni	Durch die Enthüllungen des Vorsitzenden von Kickers Offenbach, Horst-Gregorio Canellas, beginnt der Bundesligaskandal.
1972	18. Juni	Eine spielerisch und taktisch überragende deutsche Nationalelf wird in Brüssel durch ein 3:0 gegen die Sowjetunion erstmals Europameister.

1974	15. und 17. Mai	Durch 1:1 und 4:0 gegen Atletico Madrid gewinnt Bayern München in Brüssel als erster deutscher Klub den Europapokal der Landesmeister.
	7. Juli	Im Münchner Olympiastadion erringt die deutsche Nationalmannschaft mit einem 2:1-Erfolg gegen die Elf der Niederlande zum zweiten Mal den Titel des Weltmeisters.
1977	23. Februar	Franz Beckenbauer bestreitet in Paris (0:1 gegen Frankreich) sein 103. und zugleich letztes Länderspiel.
1980	22. Juni	Zweiter Europameistertitel für die deutsche Nationalelf durch einen 2:1-Sieg gegen Belgien in Rom.
1982	11. Juli	Durch eine 1:3-Niederlage im Finale gegen Italien beschließt die deutsche Nationalelf die Weltmeisterschaft in Spanien zwar als Zweiter, doch hat das Auftreten der Mannschaft bei der WM viel Kritik und teilweise sogar Empörung ausgelöst.
1984	13. Juli	Nach dem Rücktritt von Bundestrainer Jupp Derwall wird in Frankfurt der deutsche Rekord-Nationalspieler Franz Beckenbauer als verantwortlicher Teamchef der deutschen Nationalmannschaft vorgestellt.
1988	21. Juni	Das Ziel, Europameister im eigenen Land zu werden, wird durch eine 1:2-Halbfinalniederlage gegen die Niederlande in Hamburg verfehlt. Vier Tage später erringen die Holländer den Titel durch ein 2:0 gegen die UdSSR.
1989	2. Juli	Die Damen machen es besser und gewinnen durch ein 4:1 gegen Norwegen in Osnabrück die zum dritten Mal ausgespielte Europameisterschaft.
1990	12. Mai	Der FC Bayern München feiert das runde Dutzend seiner nationalen Meisterschaften.
	8. Juli	Durch einen 1:0-Sieg über Titelverteidiger Argentinien wird Deutschland in Rom zum dritten Mal Weltmeister.

186 *Der neue Chef: Franz Beckenbauer instruiert die Nationalspieler.*

187 *Glückliches Quartett nach dem EM-Gewinn: Torfrau Marion Isbert, Sissy Reith, Silvia Neid und Trainer Gero Bisanz.*

188 *Den Pokal liebevoll im Arm: Andreas Brehme. Daneben mit jungenhaftem Grinsen Thomas Häßler.*